天下文化
BELIEVE IN READING

THE WEIRDEST PEOPLE IN THE WORLD

How the West Became Psychologically
Peculiar and Particularly Prosperous

西方文化的特立獨行
如何形成繁榮世界

上冊

JOSEPH HENRICH

約瑟夫・亨里奇──著

鍾榕芳、黃瑜安、陳韋綸、周佳欣──譯

獻給娜塔莉

二十年光陰、六座城市，與三個孩子。

目錄

上冊

第一部：社會與心理的演化

目錄

西方真的特殊嗎？
一個人類學的觀點

林開世

（臺灣大學人類學博物館館長）

為什麼是西方？

近代西方的學術思潮有個一直揮之不去的問題，以最簡單的一句話來概括就是：「為什麼是西方？」（Why the West?）

從韋伯的《基督新教倫理與資本主義精神》，到之前很暢銷的賈德・戴蒙（Jared Diamond）《槍砲、病菌與鋼鐵》，不同的西方學者試圖要為自己的文明如何在短短的兩、三百年內取得全球性的霸權地位，提出一個合理的解釋。而提出的理論也隨著時代的改變、歐美國家在全球政經地位的移動、學術典範政治的更替，強調的重點一直隨之變動。

前幾年，英國歷史學兼考古學者伊安・摩里士（Ian Morris）出版的《西方憑什麼：五萬年人類大歷史，破解中國落後之謎》（*Why the West Rules — For Now*）是另一個有名的例證。早期這些說法都集中於西方社會在文化上的特殊性，特別是理性又節制的宗教倫理、個人主義的價值觀、自由開放的社會等等，但隨著東亞經濟體的崛起、後殖民主義的批判，西方的特殊性開始被新的觀點所質疑。

質疑的重點有二。

第一，這種西方特殊主義的觀點，其實反映的是西方民族中心主義的偏見、西方知識份子自以為是的心態，好像在說世界其他地區都無法用不同的方式、不同的文化價值來達到經濟或政治上的現代化，西方的文化價值或社會制度就是最好的典範、其他社會最終的歸宿，無視非西方文化也有可能基於其原有的傳統價

值與社會制度之上，走一條不同但同等有效的道路。更進一步說，這種西方與眾不同的論點更是迴避了近代西方的霸權其實建立在對非西方殖民地的政治宰制、經濟剝削之上，殖民主義的歷史更是粗暴殘酷、血跡斑斑。所謂的文化特殊性，其實是建立在對其他社會的壓抑與貶抑、合理化自己侵略剝削其他社會的推託之辭。

第二，所謂的特殊性其實並不像以前西方學者以為的那般特殊，新的史料與更細緻的檔案重新考究，指出西方自以為的優勢，其實出現得相當晚，至少到了 18 世紀的時候，無論在經濟或社會秩序上的表現，東亞文明與中亞文明都不見得比西歐社會趨於劣勢。彭慕蘭（2001）的《大分流：現代世界經濟的形成，中國與歐洲為何走上不同道路？》（*The Great Divergence: China, Europe, and the Making of the Modern World Economy*）就是一本最具代表性的歷史翻案作品。

在這一片檢討的聲浪中，所謂的「為什麼是西方？」的說法，也逐漸較少從西方的文化特殊性著手，而是偏向從外在的、偶發性的原因來解釋。

賈德・戴蒙的說法就最具有代表性，在他的《槍砲、病菌與鋼鐵》一書中，以新幾內亞人亞力的問題為起點：「為什麼是白人來這裡，製造出這麼多貨物？而不是我們。」為了回答這個問題，戴蒙縱橫五大洲、跨越人類一萬三千年的歷史，歸納出三個影響西方崛起為霸權的元素，並指出西方取得這些特殊優勢的元素不是因為西歐人有什麼特別優秀的道德倫理或文化價值，而是

因為西歐在地理區位上的優越傳播地位，讓它能夠快速地接收在舊大陸上特別的動植物成功馴養成果，再加上一些歷史上的偶發因素，才讓西方意外地取得領先的位置。

戴蒙刻意壓低西方文化的特殊性，強調環境因素應當要優先於文化解釋，只有在無法自圓其說的時候，才去考慮文化。為了閃避西方優越論的批評，他甚至倒過來提問：為何西方人在體能上、聰明才智上都比不上動作敏捷、思考活潑的新幾內亞人，卻具有如此明顯的競爭優勢？換句話說，意識到強調西方特殊性背後可能引起的民族中心本位問題，戴蒙強調外在的、歷史偶發性因素，來迴避直接回答這個特殊性，而提出一套物質主義的理論，將文化、心理因素當成是不重要的常數。

一位特立獨行的人類學家眼中的
西方文化特殊性

約瑟夫‧亨里奇（Joseph Henrich）教授的這本新書，可以說是對「為什麼是西方？」這個老問題的一套新說法。他不再迴避西方文化的特殊性，相反地，他要指出的正是在西方文明傳統中發展出來的文化特性，造就了西方人特別的心理特徵、價值觀念，而且這些心理特徵有助於西方發展成為繁榮、富裕並具有強大競爭能力的社會。這個說法當然會重新返回一些古典的西方特殊論的論點，像基督教的影響、個人主義與資本主義形成的相

關性等等。亨里奇論點的特殊性在於，他將這些文化的議題，放在一個演化論的框架中，主張文化與基因是以共同演化（co-evolutionary）的方式在演變，而所謂西方的特性不只是經濟上的資本主義或政治上的民主法治等制度上的建立，而是在行為上與心理上都展現出文化上的特殊傾向。

亨里奇目前是美國哈佛大學人類演化生物學系的教授兼系主任，致力於從演化論的觀點來理解人類的心理、行為抉擇，以及文化。他的研究主題非常廣博，從文化學習、文化演化、文化－基因的共同演化、人類的社會化、統御能力、特殊地位的形成、大規模的群體合作如何可能、宗教及婚姻制度與人類演化的關係，到複雜制度的浮現等等。他田野調查的區域則涵蓋南美的亞馬遜流域、智利，以及南太平洋上的斐濟。

亨里奇的資歷有點特別，他大學時雙主修航空工程學與人類學，畢業後還在企業界擔任了兩年的航空工程師才返回學術領域，到加州大學洛杉磯分校攻讀人類學，並於 1999 年在該校取得人類學博士學位。此後，2002 年到 2007 年他先在埃默里大學（Emory University）人類學系任職，接著前往加拿大英屬哥倫比亞大學（University of British Columbia）心理與經濟學系升任教授，並擔任該校文化、認知與共同演化研究中心的主任。2015 年轉到哈佛大學應聘。

不像一般人類學家專注於單一或少數幾個社群個案，從事密集的田野調查，亨里奇從博士生開始就對人類普遍性的法則與跨文化比較的議題有興趣。他早期的研究計畫就是帶領一群人類

學家與經濟學家到不同社會從事一些行為實驗來測試賽局理論（game theory）在不同文化當中的有效性。而他的研究團隊得到的結論，相當程度地否定了那些建立在「人是自利的動物」這個假設之上的賽局理論可以應用在不同的社會。更有趣的是，雖然這些模型失敗了，但是在不同社會中，失敗的方式卻各有不同。

這些實驗建立的模型在不同社會所產生的各種差異，讓亨里奇注意到了西方心理學實驗對象取樣時的偏差，這些歐美大學設計出來的心理與行為實驗的常客其實是一群他稱之為「WEIRD」的人，因為這些人多來自西方（Western）、受過教育（Educated）、工業化（Industrialized）、富裕（Rich）且民主（Democratic）的社會，代表的是心理上與行為上都呈現極端傾向的一批人，難怪這些研究所建立起來的理論無法跨文化去解釋其他社會成員的行為。亨里奇更進一步追問，指出西方心理與行為研究的偏差固然重要，但其實更需要被解釋的是，這些具備「WEIRD」特質的人在心理上的展現差異是如何出現的？本書可以說是他大膽地結合社會科學與生物科學的研究，以一種更全面性、綜合性的方式，來回答這個問題。

促使 WEIRD 群體誕生的文化母體
——基督教教義

作者在本書中首先對文化演化過程的動力機制做出說明，他

主張人類演化上的成功取決於其認知機制透過天擇所生產出來的一種少見的社會習性，他稱為文化學習，是一種人們從別人那裡尋求資訊的能力。這種能力讓那些擁有領先技藝的人具有教導別人的才能，讓人們更有效率地接收到適應環境的能力而不必事事都仰賴個別親身經驗才能累積知識。人類也許不是唯一會學習文化的動物，靈長類學者已經指出有些靈長類可能也有這種能力。但是這種經過天擇後的認知機制，讓我們生理上、心理上都具備前所未有的潛在能力，成為文化的學習者、教導者及發明者。

更進一步來說，這些文化學習過程的提升、強化，與支持這個過程的認知基礎的持續演化，會衍生出更複雜的文化產品，像工具、行為模式、工藝技術、宗教儀式與知識。而新的文化成就又可以在這些產品所形成的平臺上維持與傳播，並繼續創新。這使得那些能夠提升文化學習的人群，更能夠適應周圍的環境。

這種文化演化是一種自我催化的過程，會在其內部衍生一股新的淘汰壓力，影響到基因、人的個體，以及群體這個層次的發展方向。在基因這個層次的主要影響方向，是在促成人們能夠擁有一種願意去學習別人成功適應環境方式的心理傾向。人類也因為這種能力的演化，使得他行動的主要戲碼變得比其他物種更加仰賴後天文化的學習與教育。亨里奇在此特別強調人們所承繼的不只是文化的，而且還是基因的，兩者持續互動的結果會同時增加文化樣貌的複雜性與基因排列改變的速率，這種文化演化的現象是人類這個物種所特有，比起一般生物演化更為複雜與多元，需要我們發展出一套不同的理論來處理。

至於在群體的層次，則會因為群體規模的增大，心智之間的交互連結愈密切，愈能加速文化演化的累積，同時也讓這種文化學習的重要性更為明顯可見。當概念的交換市場愈大，願意教導的人與願意學習的人愈多，就會有愈多的知識累積與專門人士的出現，難怪所有的文明都相當程度地依賴城市，來做為其文化創新與演化的基地。

在了解文化演化的基本運作機制後，本書具體的主要論點，就是要解釋近代西歐文化的特色是如何按照這套機制的邏輯來萌生。亨里奇主張，大約在中世紀開始有一組特定的社會、歷史、概念與制度的過程與模式，在西歐與北歐逐漸形成，創造出一種特殊的文化母體（matrix），促使這些區域的人群展開一段具有實質文化演化的歷程。在此，作者認為最關鍵的文化元素就是基督教教會發展出來的教義與倫理原則（特別是其中的個人在上帝面前的平等觀、婚姻觀），在西歐／北歐的傳播與廣泛地接受，造成社會、經濟與制度上的一系列變遷，塑造這個區域人民的世界觀、信仰與心理傾向，促成了所謂 WEIRD 群體的誕生。

這是一段複雜、多元又充滿想像力的推論，想要了解作者主要論點的讀者可以在本書第 14 章，圖 14.1，找到作者如何將這段文化演化的過程，摘要地建立出一系列推論程序的簡圖。

簡單來說，本書主張中世紀基督教的某些教義，促成亨里奇稱為「婚家計畫」（Marriage and Family Program, MFP）的整套社會規範出現，而這套社會規範與實踐計畫改變了歐洲許多地方的親屬結構與親戚的意義，重新架構了婚姻與婚後的居住模式，

削弱了原本親密的親屬與社區網絡連結，增進了居住與人際關係的流動性，讓教會網絡取代親族網絡成為一股新的整合力量。這樣的改變開啟了後來的市場經濟中的非個人關係，與都市化後出現的非親屬交往方式的發展，更在政治與法律上將這種規範模式常規化、制度化。也就是說，亨里奇認為，當「婚家計畫」建立並鞏固為結構性的力量後，它所啟動的心理與制度上的改變，讓接下來的工業革命、歐洲的全球擴張，以及歐美現代化的政治與經濟系統成為可能。

在這裡，本書將推論的核心重點放在非個人的合群性、個人主義與動機性自我的形成，以及其他一系列心理特質如何動態地發展出一些西方文明的特性：新教節制紀律的倫理觀、個人為中心的法律制度與實踐、近代的市場經濟秩序等等。作者認為這個動態的發展過程，解釋了為何 WEIRD 群體比起其他社會的人呈現出更以自我為中心、更具自我節制與耐性、更願意努力工作、更願意信任陌生人、更崇尚公平、更具分析能力、更相信自由意志等特質。

懷疑與批判——
未盡的議題仍待思考與討論

整體來說，這是一本相當令人讚嘆的著作，論證強烈大膽，論據組織明確，世界上應該沒有多少學者能夠應用如此廣博的資

可以倒過來主張，這些社會內部的階序關係與不平等結構，可能才是讓這群有特權的白人可以繼續宣稱他們擁有理性、人權、正義、耐性、節制等等心理特質的條件？這可能是這本書留給我們繼續思考的重要問題。

序言

2006 年，我從埃默里大學（Emory University）人類學系轉任溫哥華的英屬哥倫比亞大學（University of British Columbia, UBC），成為心理系與經濟系教授，無意間開啟撰寫這本書的旅途。這確實出乎意料，因為我從未在這兩個領域修習過任何課程。抵達英屬哥倫比亞大學後不久，兩條看似獨立發展的故事線，成為撰寫本書的基石。首先是經濟系主任安吉‧雷迪許（Anji Redish）建議我開設一門名為「國家的財富與貧困」的課程，以履行我在該系的教學義務。她注意到我還是加州大學洛杉磯分校的研究生時，曾根據賈德‧戴蒙（Jared Diamond）的著作《槍炮、病菌與鋼鐵》（*Guns, Germs, and Steel*），開設一門專題討論課。這個教學機會讓我得以深究經濟學文獻，理解為何每個國家的繁榮程度各有不同，以及為何工業革命發生在歐洲，而非他處。這項研究與我的興趣不謀而合：我對人類社會的演化一直都很有興趣，但人類學家通常不解釋古代國家崛起後的事。相較之下，當年的經濟學家很少回顧距今五百年前的歷史。每次教課，我都會修改閱讀書目，這也讓我開始探索並批判這個領域。這些研究非常有趣，但我並沒有意識到，在我致力了解人類心理差異的過程中，這些知識有多重要。

第二條重要故事線，始於我在英屬哥倫比亞大學認識的兩名社會心理學家：亞拉‧諾倫薩揚（Ara Norenzayan）與史蒂夫‧海涅（Steve Heine）。亞拉是亞美尼亞人，18 歲從飽受戰爭摧殘的黎巴嫩移民到加州弗雷斯諾（Fresno）。在研究生涯初期，他探索的是知覺、思考與推理的文化差異。史蒂夫的研究靈感（我

懷疑是）來自與日本妻子相處，他比較的是加拿大人和日本人如何看待自己與他人的關係，以及這樣的看法如何影響其動機、決策與自我感。我們三人各自都注意到了，在我們的專業領域中，若與兩個以上的群體相比，西方人通常會顯得不太尋常。據傳，大名鼎鼎的心理學家丹尼爾‧康納曼（Daniel Kahneman）與阿莫斯‧特沃斯基（Amos Tversky）在地下美食街孕育要研究理性決策的計畫。我們在這條美食街享受中式外賣，並下定決心，要彙整對心理學至關重要的所有跨文化研究。仔細審查我們能找到的所有研究之後，我們得出三個驚人的結論：

1. **研究樣本充滿偏見**：關於人類心理和行為的知識，大多是透過研究西方社會的大學生而來。當時，有96%的受試者來自北歐、北美或澳洲，其中約70%是美國大學生。
2. **心理多樣性**：在許多重要領域中，都能發現不同群體存在心理上的差異，這表示實際的差異比我們在心理學或行為經濟學教科書或重要期刊上讀到的，還要大得多。
3. **心理奇特性**：若自多個群體取得跨文化資料，就可以發現西方人的樣本通常會分布在極端。從心理學的角度看來，西方人是很特異的存在。

綜上所述，這三項發現意味著我們（科學家）所知的心理學

知識，幾乎全都來自心理和行為上與眾不同的群體。重點是，目前並沒有簡潔明瞭的方法可以說明在西方大學生身上發現的這些心理模式，是否適用於其他文化群體，因為這五十年來的研究已發現，不同群體之間的感受性（susceptibility）存在著差異，包括視錯覺、空間推理、記憶、注意力、耐心、冒險性、公平性、歸納能力、執行功能（executive function）、圖形辨識等。

地下街午餐的四年後，亞拉、史蒂夫和我三人終於在《行為與腦科學》（*Behavioral and Brain Sciences*, 2010）期刊發表〈世界上最古怪的人？〉（The weirdest people in the world?）一文，也在《自然》（*Nature*）雜誌上發表評論。在這些文章中，我們稱這些心理與行為實驗的常客為「WEIRD」，因為這些人來自西方（Western）、受過教育（Educated）、工業化（Industrialized）、富裕（Rich）且民主（Democratic）的社會。當然，我們懷疑西方人群體與國家內部也都可能存在重要的心理差異，但這些差異並不常出現在已發表的研究或教科書中。

在《行為與腦科學》投稿的文章，的確強調心理學與行為科學研究的取樣多有局限，但我仍不滿意，因為這篇文章並不能真正解釋什麼。我們要如何解釋所有這些心理上的差異？為什麼「WEIRD」這個群體如此不尋常？實際上，如果沒有理論與說明的引導，我們甚至無法確定「WEIRD」群體確實與眾不同。我們很好奇，屬於「WEIRD」群體的研究者（他們是相關領域的霸主）是否會在不知不覺中，著眼於能凸顯自身與所屬群體優勢的心理學或行為研究？那天午餐時，史蒂夫也好奇，如果日本研究者沒

有先參考西方的研究概念、方向與重點，就發展出他們自己的版本，那日本的心理學會是什麼模樣？

文章發表後，要如何解釋我們發現的眾多心理學差異，成為我關注的焦點。這本書便是我研究至今的全紀錄。不過，在編寫這本書時，我先出版了另一本書《我們成功的祕密》（The Secret of Our Success, 2016）。那本書的想法本來應該成為本書的第一部，但當我一打開這座知識水壩，一切就傾瀉而出，各篇章水到渠成，無人能擋。隨著《我們成功的祕密》已成氣候，我便能胸有成竹地開始彙集本書的必要元素。感謝我的出版社（Farrar, Straus and Giroux）理解「工欲善其事，必先利其器」的道理。

為完成此計畫，我必須運用與整合社會科學和生物科學的研究。因此，我得依靠眾多友人、同事和科學家的幫忙，他們花費數十年光陰，以自身知識、智慧與洞察力傾囊相助。曾在無數對話與電子郵件中幫助過我的每一個人，我無以言謝。

我這個任性的文化人類學家在英屬哥倫比亞大學研究期間，屢次因心理學和經濟學龍困淺灘，因此我想向對我照顧有加的眾多學者與親友表達感謝。史蒂夫和亞拉的貢獻當然無庸置疑；另外，讓我受益匪淺的夥伴還有泰德・史林格蘭（Ted Slingerland）、派翠克・法蘭索瓦（Patrick Francois）、希萬・安德森（Siwan Anderson）、毛里西歐・德雷里希曼（Mauricio Drelichman）、阿蕭克・卡特瓦（Ashok Kotwal）、凱利・漢姆林（Kiley Hamlin）、馬克・蕭勒（Mark Schaller）、穆克什・伊斯瓦蘭（Mukesh Eswaran）、潔西卡・崔西（Jessica Tracy）、戴

倫‧黎曼（Darrin Lehman）、南西‧嘉里尼（Nancy Gallini）、安迪‧拜隆（Andy Baron）、蘇‧柏區（Sue Birch）、珍妮特‧沃克（Janet Werker），其中特別感謝希萬及派翠克為我的初稿提供建議。

在正式準備開始著書之際，我受邀加入加拿大先進研究所（Canadian Institute for Advanced Research, CIFAR）中的「體制、組織與成長」（Institutions, Organizations, and Growth, IOG）研究計畫團隊。這突如其來的驚喜，讓我有機會持續與優秀的經濟學家及政治科學家接觸，感謝加拿大先進研究所與整個「體制、組織與成長」研究團隊，我獲益良多，先前與阿伏納‧格雷夫（Avner Greif）和喬爾‧莫科（Joel Mokyr）兩位經濟史學者的對話，也讓本書的架構更趨完整。特別感謝喬爾，因為他對我的每一章都給予回饋，而且不厭其煩回答我無知的經濟史疑問。另外也感謝吉多‧泰伯里尼（Guido Tabellini）、麥特‧傑克森（Matt Jackson）、托爾斯登‧佩爾松（Torsten Persson）、羅蘭德‧貝納布（Roland Bénabou）、提姆‧貝斯利（Tim Besley）、吉姆‧費倫（Jim Fearon）、莎拉‧洛斯（Sara Lowes）、蘇雷什‧納杜（Suresh Naidu）、湯瑪士‧藤原（Thomas Fujiwara）、勞爾‧桑切斯‧德‧拉希拉（Raul Sanchez de la Sierra）、娜塔莉‧巴烏（Natalie Bau），與他們對話讓我受益無窮。當然，與戴倫‧艾塞默魯（Daron Acemoglu）和詹姆斯‧羅賓森（James Robinson）持續對談也十分重要，因為這些對話迫使我偵測出研究的缺漏，讓自己的論述更為精煉。在哈佛大學與詹姆斯共同任

教時，他也會確保學生仔細檢視了我的每一條論述。

2013 至 2014 年，我非常幸運，來到紐約大學（New York University）史登商學院（Stern School of Business）參與商業與社會研究計畫（Business and Society Program）。我在史登商學院的工作效率驚人，在此與心理學家強納森·海德（Jon Haidt）共同任教，每週與他對談，我都受益良多。這段期間，經濟學家保羅·羅默（Paul Romer）與鮑伯·法蘭克（Bob Frank）也給我了許多實用的建議。

到哈佛大學任職後，因為一群年輕經濟學家的幫助，本書內容有了極大的進展。2016 年，我在每週的酒吧聚會喝了幾品脫的酒之後，第一次告訴班傑明·恩柯（Benjamin Enke）我的著書計畫。他對此非常興奮，並在隔年整理發表了一篇精采的論文，我在本書第 6 章大量引用了這篇論文。大約是在同一段時間，我聽聞我的其中一位博士後研究員提到強納森·舒茲（Jonathan Schulz）正在耶魯大學研究「表親婚（cousin marriage）與民主」的相關主題，便想邀他前來演講。對大多數人（尤其是經濟學家）而言，「表親婚與民主」聽來有點詭異。但對我來說，顯然我跟他的科學研究之路最後會殊途同歸。聽完他的演講，我立即邀請他成為實驗室的博士後研究員，並邀請他參與我和經濟學家強納森·波尚（Jonathan Beauchamp）的合作計畫。強納森為了回到學術領域而離開了國際貨幣基金組織的工作，我們這個三人組後來又加入了伊朗裔的經濟學家杜曼·巴哈拉米－拉德（Duman Bahrami-Rad）。團隊的智慧結晶最後刊登在《自然》雜誌，並

成為本書的第 6 章與第 7 章。感謝團隊成員閱讀本書草稿，並提供了實用的回饋。

每週與奈森・納恩（Nathan Nunn）及利安德・赫爾德林（Leander Heldring）談話，也讓我收穫豐碩。在每一次共同任教的課堂上，我會提出我的想法，而奈森和利安德都會給我很多回饋。

我的研究室團隊也包容了我對本書議題的迷戀。謝謝麥可・穆圖克里西納（Michael Muthukrishna）、拉胡爾・布伊（Rahul Bhui）、艾亞娜・威拉德（Aiyana Willard）、瑞塔・麥克那瑪拉（Rita McNamara）、克莉斯汀娜・莫亞（Cristina Moya）、珍妮佛・賈奎特（Jennifer Jacquet）、馬希克・楚德克（Maciek Chudek）、海倫・戴維斯（Helen Davis）、安克・貝克（Anke Becker）、湯米・弗林特（Tommy Flint）、馬丁・朗（Martin Lang）、班・普爾斯基（Ben Purzycki）、麥克斯・溫克勒（Max Winkler）、曼維爾・辛格（Manvir Singh）、莫西・賀夫曼（Moshe Hoffman）、安德列・戈梅茲（Andres Gomez）、洪澤（Kevin Hong）、葛拉漢・諾布利（Graham Noblit），謝謝你們這幾年來給予我的回饋與洞見。特別感謝卡米・克汀（Cammie Curtin）和蒂芬妮・黃（Tiffany Hwang），兩人先後擔任我的實驗室助理，都對本書貢獻卓著。

寫書過程中，我在與眾多研究者和作家的對話中受益良多，這些對象包含丹・史邁爾（Dan Smail）、羅伯・柏伊德（Rob Boyd）、金・希爾（Kim Hill）、莎拉・馬修（Sarah

Mathew）、薩沙・貝克（Sascha Becker）、傑若德・魯賓（Jared Rubin）、漢斯－卓欽・沃許（Hans-Joachim Voth）、凱瑟琳・沃斯（Kathleen Vohs）、恩斯特・費爾（Ernst Fehr）、麥特・賽德（Matt Syed）、馬克・小山（Mark Koyama）、諾爾・強森（Noel Johnson）、史考特・阿特然（Scott Atran）、彼得・圖爾欽（Peter Turchin）、艾瑞克・金布羅（Eric Kimbrough）、莎夏・沃斯托納塔夫（Sasha Vostroknutov）、阿爾貝托・阿萊西那（Alberto Alesina）、史蒂夫・史迪奇（Steve Stich）、泰勒・柯文（Tyler Cowen）、法爾瑞・庫許曼（Fiery Cushman）、賈許・格林（Josh Greene）、艾蘭・弗斯科（Alan Fiske）、理查德・豪斯曼（Ricardo Hausmann）、克拉克・巴瑞特（Clark Barrett）、寶拉・朱利亞諾（Paola Giuliano）、亞歷山卓拉・凱薩（Alessandra Cassar）、德維許・羅斯塔基（Devesh Rustagi）、湯瑪士・塔爾赫姆（Thomas Talhelm）、艾德・葛拉瑟（Ed Glaeser）、菲利普・瓦倫西亞・凱薩多（Felipe Valencia Caicedo）、丹・賀魯舒卡（Dan Hruschka）、羅伯特・巴羅（Robert Barro）、瑞秋・麥克克里瑞（Rachel McCleary）、森迪爾・穆蘭納珊（Sendhil Mullainathan）、萊拉・布洛狄斯基（Lera Boroditsky）、麥可・包爾（Michal Bauer）、茱利・奇蒂洛娃（Julie Chytilová）、邁克・古爾文（Mike Gurven）、凱蘿・胡文（Carole Hooven），還有許許多多，不勝枚舉。有些人提供我資料，而我會在各章注釋中表達我的感謝。我拜訪過賓

　　西方文化的特立獨行如何形成繁榮世界

州大學兩次，和旅伴柯倫‧艾琵瑟拉（Coren Apicella）深入對談，讓我從中獲得許多靈感。柯倫‧艾琵瑟拉針對哈扎人（Hadza）狩獵採集者的研究，也收錄在第11章之中。

我也想感謝我的編輯，FSG 出版社的艾瑞克‧欽斯基（Eric Chinski），他在定稿前提供我非常多有幫助的回饋。另外也感謝我的經紀人柏克曼公司（Brockman Inc.）從很久以前就一直鼓勵我進行這個計畫。

最後，我要對家人獻上最誠摯的感謝，納塔莉（Natalie）、柔伊（Zoey）、潔西卡（Jessica）、喬許（Josh），這十年來，你們用愛支持我為這個艱巨任務所付出的努力。

喬瑟夫‧亨里奇

麻薩諸塞州，劍橋

2019 年 8 月 1 日

導論：你的大腦被動了手腳

你的大腦改變了，腦內神經重新連接，如此才能習得你的社會非常重視的技能。大部分的社會中，多數民眾都沒有這樣的技能，或者所學無幾，直到最近，情況才開始有所不同。為了習得這個能力，你做了以下這些事情：[1]

1. 特化大腦左半球的腹側枕顳區（ventral occipito-temporal region），此區位於語言、物體與臉部辨識中心的交界。
2. 加厚胼胝體。胼胝體是連結左右腦訊息的高速公路。
3. 改變前額葉皮質中負責語言產出的部分（即布洛卡區），也改變負責多種神經認知功能的區域，這些功能包括言語處理與猜測他人想法。
4. 提升語文記憶（verbal memory），提高大腦處理語言時受刺激的程度。
5. 將臉部辨識處理功能移到大腦右半球。一般正常人（不包括你）會同時使用大腦的左半球和右半球來處理臉部訊息，但身懷獨特技能的你，會偏向由右半球處理。[2]
6. 減弱了你辨識臉部的能力。這可能是因為你臨時改動了左半球的腹側枕顳區，因而影響到專責處理臉部辨識的區域。
7. 減弱了原來預設的視覺處理能力，以往是注重全貌，現在則更善於分析。你注重的是將場景或物體拆解成

小零件，而非觀看整體的布局或模式。

這是什麼樣的心智能力？什麼樣的能力會讓你的大腦翻新，獲得新的特殊技能，還會誘發特定的認知缺陷？

這個超乎尋常的能力就是閱讀，你的識字程度應該非常高。

要習得這個能力，需要大腦不同區域特定的神經迴路互相連接。為了處理字母與字詞，腹側枕顳區生成了文字箱（letterbox），而腹側枕顳區會與鄰近負責物體辨識、語言與說話功能的區域連結。腦部受損因而傷到文字箱的患者無法辨識文字，但他們仍能辨識數字，也能算術，這表示該區域是特地為了閱讀而打造。[3]

文字箱的迴路是為了特定的書寫系統而量身打造。例如：希伯來文的字母會激發希伯來語讀者的文字箱，而英語讀者會以處理圖像的方式來處理希伯來文的字母，而不是像他們處理羅馬字母的方式那樣。文字箱同時也會為更深入的非視覺圖像編碼。例如：即使「READ」和「read」的長相完全不同，文字箱還是會將之登錄為相似字。[4]

讓我展示一個例子，下一頁開始會出現一些大型符號，請不要閱讀這些符號，而是觀察這些符號的造型。該閱讀的時候，我會告訴你。

White Horse
白馬

西方文化的特立獨行如何形成繁榮世界

如果你看得懂中文，我敢說你一定是不由自主地讀出上方的「白馬」一詞。大腦的閱讀迴路速度飛快，是全自動進行，而且就如同我們剛才示範的，這個迴路完全超乎你的控制，你自動讀出了看到的文字。反之，除非你讀得懂英文，否則你應該可以順利地欣賞上方英文字母有趣的輪廓，而這個英文字詞同樣也是「白馬」的意思。心理學家做實驗測試高度識字群體時，很喜歡將字詞一閃而過，速度快到受試者沒有意識到剛才他們看到了字。然而，我們知道他們不但看到了這些一閃即逝的字，他們還讀了這些字，因為這些字的意義正悄悄影響受試者的大腦與行為。這種潛意識的促發行為，證明我們無法關閉閱讀的迴路，而大腦在閱讀及處理閱讀內容時，我們甚至也渾然不覺。雖然認知能力是文化建構而成，但仍是全自動、不由自主且無法控制，就如文化的其他層面一樣。[5]

　　習得閱讀能力，讓大腦生成特定的迴路，並影響不同領域的心智能力，如記憶力、視覺處理能力，以及臉部辨識能力。識字無須改動人類的遺傳密碼，卻能改變生理與心理功能。與只有 5%成人具有高識字程度的社會相比，一個有 95% 成人具有高識字程度的社會平均來說會擁有較厚的胼胝體與較差的臉部辨識能力。即使兩個群體的基因沒有差別，也仍然會出現這樣的生物學差異。因此，識字能力是一個很好的例子，說明即使基因完全相同，文化也可以改變人類的生理機制。文化可以改變我們的大腦、荷爾蒙、生理構造以及心智功能，如知覺、動機、人格、情緒等，也確實讓我們改變了。[6]

與識字能力有關的神經與心理變化，應視為文化組合的一部分，這個文化組合包含習俗、信仰、價值觀（如正規教育）、制度（如學校）；另外還包含科技，如全音素文字（alphabet，即字母）、音節文字（syllabary）與印刷機。放眼各個社會，習俗、規範與科技共同修補了我們經遺傳而演化的神經系統，並創造出新的心智能力。我們在全世界發現各式各樣的心理與神經變化，擴及語文記憶到胼胝體厚度等領域，若要理解這些變化，我們就必須深入探究價值觀、信仰、制度與習俗的起源及發展。

　　閱讀能力的例子可以說明，為何有如此多心理學家與神經科學家普遍都會誤解實驗結果，還會不斷對**人類**大腦與心理做出錯誤的推斷。神經科學家研究其所屬大學的學生，發現一個確鑿的實驗結果，那就是大腦右半球習於處理臉部辨識。其他研究者便跟隨著優良的科學實踐，繼續將這些以西方大學生為研究對象的結果，套用在不同的群體身上。經歷這麼多次複製，人們便推斷這種偏向右半球的臉部辨識，是人類神經認知功能的基本特徵，而非高度閱讀能力的副產物。若這些人像心理學家一樣習於探查文化差異，請了美國大學的東亞籍學生來參與實驗，他們可能就會再度驗證先前的實驗結果，而更加確信存在臉部辨識的右半球傾向，這是因為每一個大學生識字程度都很高。想當然耳，當今世界不乏文盲，估計約超過 7.7 億人，比美國人口的 2 倍還多，他們只是不常出現在大學的實驗室中而已。

　　重點是，高度識字的社會相對來說其實很新，與大多數曾存在世上的社會截然不同。這表示，現代人無論是在神經或心理，

都與歷史和演化史上的人有所不同。

若你未能了解到與識字能力有關的科技、信仰、社會規範，對人類的大腦與心智歷程有多大的影響力，就直接研究這群奇特的現代人，那你可能會得到錯誤的結果。即使你研究的是心理學與神經科學中看似較為基礎的特徵，如記憶、視覺處理與臉部辨識能力，也可能會發生同樣的情況。

想解釋大腦與心理的這些功能在現代社會的現象，我們就必須了解高度識字能力的起源與傳播：我們大多數人是何時開始閱讀？又為什麼會開始閱讀？人類的信仰、價值、習俗、科技、制度，是從何處竄起，讓我們開始持續發展這樣的能力？原因又是什麼？如此一來，一切就從神經科學與全球心理多樣性的問題，轉變為文化演化與歷史的問題。

神之所向

識字能力在社會中的傳播，並不只是單純因為文字系統崛起，但這樣一個系統確實幫了忙。文字系統在勢力強大、發展成功的社會中已存在千年，時間可追溯至五千年前。然而，不久前，沒有一個社會有超過 10% 的人能夠閱讀，而且比例通常更低。

突然之間，識字能力在 16 世紀迅速擴展至整個西歐。到了約 1750 年，荷蘭、英國、瑞典、德國突然超越了有更多大都會的義大利與法國，成為世界上識字程度最高的國家。在這些國家當中，超過一半以上的人都能夠閱讀，出版社也爭先恐後出版書

冊。在圖 P.1 當中，可以看到 1550 年至 1900 年間識字程度擴張的情形。請記得，這種擴展的現象代表人類的大腦正在經歷心理與神經上的轉變：幾百年來，人類語文記憶增加、臉部辨識能力往右半球移動、（整體而言）胼胝體逐漸變厚。[7]

　　為什麼這樣的情形會在歷史上某時某地發生，原因並不是那麼明顯。創新熱潮與名為工業革命的經濟成長，最早是等到 18 世紀後期才降臨英國，然後擴及歐洲其他國家，所以最初識字程

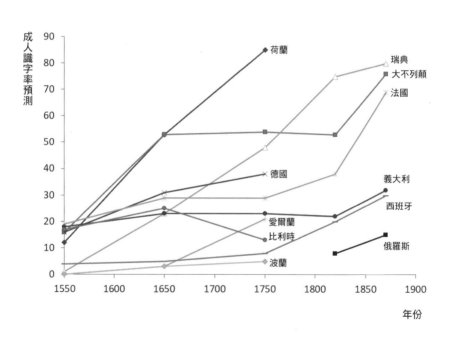

圖 P.1　1550 年至 1900 年間，歐洲國家識字率之變化。
此係根據書籍出版資料評估，該資料使用的是更加直接的識字測量方法。[8]

　西方文化的特立獨行如何形成繁榮世界

度的散布，並不是受到工業化產生的誘因與工作機會影響。無獨有偶，大不列顛要一直到 17 世紀後期的光榮革命後，才出現國家層級的立憲政府，所以識字能力亦非純粹是政治因素或國家政治的多元主義之故。事實上，在政府出資的義務教育出現之前，歐洲與美國有許多地方早已出現識字程度高的現象，且持續了很長的時間。當然，這並不代表最後識字能力沒有受到財富、民主制度與政府財政支持的影響而持續擴展，但這些支持的出現為時已晚。那麼，到底是什麼在推動識字現象？

一切始於 1517 年萬聖節過後不久，在德國特許鎮（charter town）威登堡（Wittenberg），修士馬丁・路德（Martin Luther）發表了舉世聞名的《九十五條論綱》（Ninety-Five Theses）。在這份論綱中，路德要求針對天主教教會發售贖罪券（indulgence）的行為，進行學術辯論。當時的天主教徒可以購買一種被稱做「贖罪券」的憑證，來減少已故親戚在煉獄中贖罪的時間，也可以降低自身懺悔的嚴重程度。[9] 路德的《九十五條論綱》代表宗教改革的崛起，歷經開除教籍與刑事訴訟，路德勇氣與能力倍增。在這之後，他發表的神學、社會政策、天主教徒生活相關文章，從他威登堡的避風港往外散布引起深刻迴響，並持續擴散、影響了非常多人，先是歐洲，接著是全世界。很快地，基督新教從德國出發，在荷蘭與大不列顛生根茁壯，接著跟隨英國殖民的步伐擴展到北美洲、紐西蘭、澳洲。時至今日，基督新教衍生的教派仍持續在南美洲、中國、大洋洲與非洲傳播。[10]

深植於基督新教的概念就是每個人都應與神和耶穌建立個

人連結。為達到這個目的，無論男人或女人皆須自己閱讀和詮釋神聖經典《聖經》，而不是全數依賴所謂的專家、牧師或權威機構（如教堂）。這個原則就是大名鼎鼎的「**唯獨聖經**」（*sola scriptura*），這表示所有人都必須學習如何閱讀。而既然不是每個人都能成為拉丁文流利的學者，那《聖經》就一定得翻譯為當地語言。[11]

路德除了將《聖經》譯為德文，使之大為流通，他還開始宣揚識字與學校教育的重要性。他面對的是一場十分艱巨的挑戰，因為據估計，當時使用德語的人口當中只有約 1% 的人識字。路德從自己的所在地薩克森（Saxony）開始，推動統治者要負起消除文盲和興學的責任。1524 年，他寫了一本小冊子，名為《促德意志王國所有市議員興辦基督教學校》（To the Councilmen of All Cities in Germany That They Establish and Maintain Christian Schools）。在這本小冊子與其他文章中，他敦促家長和領導者興學，以教導孩子閱讀經典。神聖羅馬帝國有許多公爵和王子都相繼信奉基督新教，因此他們常會將薩克森視為榜樣，而識字與學校教育也隨著新教逐漸傳播開來。其他地區如大不列顛與荷蘭的識字人口也愈來愈多，但當時，是德國率先將正規學校教育視為世俗統治者與政府的神聖職責。[12]

歷史上，新教與識字之間的關聯一直都有文獻記載。由圖 P.1 可知，識字率成長最快的國家，往往都是新教扎根最深的國家，甚至直到 1900 年仍是如此。一個國家的新教徒比例愈高，識字率也愈高。英國、瑞典、荷蘭的成人識字率都將近 100%，而西

西方文化的特立獨行如何形成繁榮世界

班牙和義大利等天主教國家，識字率最高也只成長到50%。總之，若要解答為何20世紀初，不同國家有不同的識字率，看國家的新教徒比例就可以解釋一半的原因。[13]

上述的相關性與其他類似的分析，都將新教與識字或正規學校教育相連。問題是，我們無法斷定是新教讓識字率提高、正規教育興起，抑或是識字與教育讓人們選擇信奉新教。或也有可能是經濟成長、代議政府成立、印刷機等科技發展後，新教和識字情形才出現。幸好歷史無意間在普魯士設計了一場實驗，讓經濟學家薩沙‧貝克（Sascha Becker）和路德格‧沃斯曼（Ludger Woessmann）得以一窺端倪。

出於下列原因，普魯士提供了絕佳案例。第一，普魯士很早就有宗教自由的基礎概念。1740年，普魯士的腓特烈二世*宣布，任何人都應該以自己的方式獲得拯救。這句話充分體現宗教自由之意，即普魯士人可自由選擇宗教，不受政治領袖自上而下的命令約束。第二，普魯士境內各地區的法律和管理制度都十分類似。如此一來，識字和信奉新教之間的任何關係，就不太可能是出於宗教與政府之間隱而不顯的關聯。

針對1871年普魯士的人口普查分析，發現新教徒較多的郡

---

* 譯注：Friedrich II（1712-1786），史稱腓特烈大帝（Frederick the Great）。

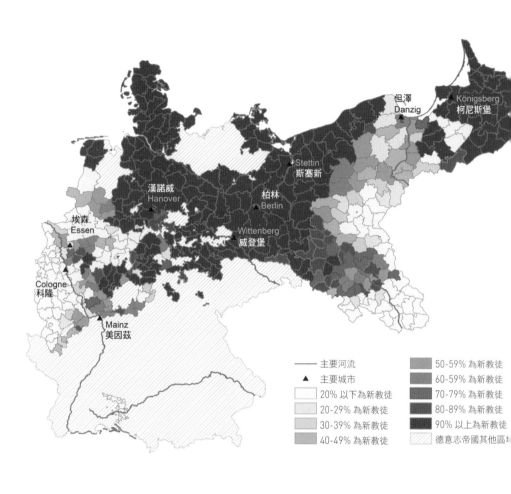

圖 P.2. 1871 年普魯士各郡縣的新教徒比例圖。[14]
地圖上標記出一些德意志城市，如宗教改革中心威登堡，
以及約翰尼斯‧古騰堡*生產的同名印刷機所在地──特許鎮美因茲。

　　　西方文化的特立獨行如何形成繁榮世界

縣，識字率較高、學校較多，往返學校的通勤時間也較短。若都市化與人口統計學的影響保持不變，就會出現這樣的模式，且其證據往往更為有力。信奉新教與學校之間的關聯在 1816 年變得更為明顯。這個時間點是在德國工業化之前，由此可知，宗教與學校教育和識字的關係，並非工業化與經濟成長的緣故。[15]

但信奉新教與識字和學校教育之間仍只是相關。[16] 我們都知道，不能僅由相關性推斷因果關係，而證明因果關係的唯一方法就是透過實驗。但這個準則不再無懈可擊，因為研究者想出了妙計，來解析真實世界的準研究數據。在普魯士，自威登堡開始流傳的新教就有如「投石入水產生漣漪」（套用馬丁·路德的比喻）。因為如此，1871 年，離威登堡愈遠的普魯士郡縣，新教徒的比例就愈少。與威登堡的距離每隔 100 公里，新教徒的比例就下降 10%（如圖 P.2）。即使在統計上，我們移除所有經濟、人口與地理的因素，這樣的關係仍然存在。我們可以說，因為離宗教改革的起點（威登堡）近，所以普魯士出現新教徒。當然，還有很多重要的因素（如都市化的影響），但以普魯士的例子來看，自 1517 年起就是行動新據點的威登堡，本身就對新教產生影響。

普魯士的放射狀地理模式，讓我們可以在統計上將「與威登堡的距離」獨立出來，解釋不同郡縣之所以會有新教徒比例的變

---

* 　譯注：Johannes Gutenberg（1400-1468），發明西方活字印刷術。

化，是因為與威登堡的距離所致，而非識字率高低或其他因素。如此一來，我們便可將之視為一場實驗，在不同郡縣分配不同比例的新教徒，看看會帶來什麼影響，而各郡縣與威登堡的距離，就能讓我們計算實驗的新教徒數量有多大。接著就可以看出「我們分配的」新教徒比例，是否仍與識字率高、學校數量多有關。如果有關，我們就可以從這場自然生成的實驗中推論，基督新教的確提高了識字率。[17]

這個在統計上令人眼花撩亂的結果，實在很驚人。較靠近威登堡的普魯士郡縣，新教徒比例的確比較高；不只如此，新教徒多，也與識字率高、學校數量多有關，這表示宗教改革帶來的新教徒風潮，提升了識字率與興學率。儘管 1871 年的普魯士平均識字率都很高，但比起全是天主教徒的郡縣，全是新教徒的郡縣識字率還是高了接近 20 個百分點。[18]

同樣的模式在 19 世紀的歐洲其他地區和今日全球各地的宣教地區都可以看見。在 19 世紀瑞士募兵的認知測驗中，則能發現宗教改革的餘波。比起來自全天主教徒地區的年輕男性，來自全新教徒地區的年輕男性在閱讀測驗上獲得優異表現的可能性高出 11 個百分點；不僅如此，在數學、歷史與寫作測驗上，他們也有優勢。即使一區的人口密度、生育率、經濟狀況不變，這樣的關係仍然成立。瑞士也與普魯士如出一轍，19 世紀，距離瑞士宗教改革重鎮蘇黎世和日內瓦愈近的社區，新教徒就愈多。值得注意的是，和其他瑞士城市（如伯恩和巴塞爾）距離較近的地區並沒有出現這樣的關聯。和普魯士一樣，這個案例也能讓我們認

西方文化的特立獨行如何形成繁榮世界

定新教的確促成高識字率，並讓閱讀與數學能力有小幅進展。[19]

　　宗教信仰對識字率和學校教育早期的發展至關重要，但自身的物質利益（material self-interest）和經濟機會（economic opportunities）卻非如此。馬丁‧路德和其他宗教改革領袖對識字與興學這麼有興趣，並不是為了他們自己，也不是因為宗教改革百年後造成的經濟和政治利益，「唯獨聖經」之所以合理，是因為它引領信徒走向永恆救贖之途。還有什麼比這個更重要？同樣地，占人口大多數的農民，並沒有為了更好的經濟前景或工作機會而學習這項技能。相反地，新教徒相信人必須識字，才能自行閱讀《聖經》，進而培養道德感，與上帝建立更緊密的關係。幾個世紀後，工業革命在德國與周邊地區轟轟烈烈展開，因新教而識字的大批農民與當地新教學校形成受過教育且蓄勢待發的勞動力，他們快速推進經濟發展之餘，也催生出第二次工業革命。[20]

　　新教致力於普及識字與教育的行為，也可以在現今全球新教與天主教傳教時所產生的不同影響中看到。在非洲，1900 年基督教傳教活動較多的地區，一百年後有較高的識字率。然而，早期的新教傳教區打敗了他們的天主教競爭對手。正面交鋒之下，早期就有新教傳教的地區，平均識字率比天主教傳教地區高出 16 個百分點。同樣地，曾有新教傳教的社區居民，也比天主教傳教的社區居民接受多出 1.6 年的正式學校教育。這樣的差異很大，因為 20 世紀後期的非洲人平均也只受過 3 年的學校教育，且只有約一半的成人識字。而這個現象是獨立於地理、經

濟、政治因素之外，國家教育經費多寡也與學校教育和識字比例沒有太大的關係。[21]

但傳教上的競爭卻產生了非常大的影響。向同一群人傳教而針鋒相對時，無論是天主教或新教的傳教士，都更努力地消除文盲。事實上，若沒有對識字教育痴狂的新教傳教士前來下戰帖，天主教傳教士對於消除文盲的努力其實並不是那麼明顯。除此之外，詳細分析非洲數據的結果顯示，新教傳教團不僅成立正式的學校，也灌輸「教育的重要性」此一文化價值觀。16 至 17 世紀的歐洲也是如此，天主教徒之所以會對消除文盲與興學有興趣，有一部分即是因為新教徒對這兩件事如此執著。[22]

除了透過競爭影響天主教，路德的新教也因提倡政府有責任教育人民，無意間為普及公立教育鋪了路。路德的論述打從一開始就強調家長要確保孩子識字，除此之外，也認為創校是當地王子與公爵的義務。因宗教驅動創辦公立學校，讓普魯士成為公立教育的典範，更引起大不列顛與美國等國家仿效。

特別的是，「唯獨聖經」更促使女性識字率提升，一開始是歐洲，爾後擴展至全世界。舉例來說，在 16 世紀的布蘭登堡邦（Brandenburg）＊，男子學校的數量有了雙倍成長，從 55 間來到 100 間，而女子學校則成長了 10 倍，從原本的 4 間成長到 45 間。到了 1816 年，一個郡縣或城鎮中的新教徒比例愈高，女孩相對於男孩上學的比例就愈高。事實上，宗教改革初期，人們有不同宗教可以選擇（天主教或新教），而這樣的選擇帶來了這些準實驗數據，這一小部分若只用與威登堡的距離來解釋，則關係仍然

存在。這就表示，新教很有可能促成女性識字率提升。除了歐洲，天主教傳遍全球的同時，新教也在教育女性上持續發揮影響力。舉例來說，在非洲和印度，早期的新教傳教士對女孩識字與學校教育的影響力，比天主教傳教士還大上許多。新教對女性識字教育的影響特別重要，因為與不識字的母親相比，識字母親生的孩子數量較少，但更健康聰明，長大後也更為富裕。[23]

1560 年，宗教改革傳到了蘇格蘭，蘇格蘭因而建立了一個核心原則，即為窮人設立免費全民教育。蘇格蘭也在 1633 年首先設立教育稅，並於 1646 年確立。這個早早施行全民教育實驗的國家，很快便成為智者的發祥地，如大衛・休謨（David Hume）和亞當・斯密（Adam Smith），甚至可能促成了蘇格蘭啟蒙運動（the Scottish Enlightenment）的誕生。這個小地方在 18 世紀智者雲集，讓伏爾泰寫下了這句話：「我們的文明，都仰仗蘇格蘭。」[24]

順著我理出的因果連結，我們得出：「人人應自行閱讀《聖經》」的宗教信念四處傳播，使得人們不分男女皆識字，首先影響歐洲，接著擴及全球。普遍識字的結果，讓人類的腦部產生變化，也帶來認知能力的轉變，如記憶力、視覺處理、臉部辨識、對數字的敏銳度，以及解決問題的能力。普遍識字也間接改變了

---

* 譯注：現為德國東北部的一個邦，16 世紀時為普魯士領土。

家庭規模、兒童健康與認知發展，因為母親識字與教育程度愈來愈高。這些心理學與社會上的轉變可能加速創新發展與新制度成形，長遠下來促成了經濟繁榮。[25]

當然，就如同偉大的德國社會學家馬克斯‧韋伯（Max Weber）的理論所述，新教造成的影響遠遠不止消除文盲而已。我們將在第 12 章可以看到，新教可能也影響了人的自律行為、耐心、社會行為，以及自殺傾向。[26]

宗教史、生物學史，與心理學史

這本書的重點並不在於新教或識字，不過，我仍會試著解釋，為何中世紀末的歐洲人會這麼容易受到新教個人主義的不尋常信仰影響。對大多數前現代社會來說，每個人（甚至女人也是）都應自行閱讀並詮釋古老的神聖經典，而非純粹依賴偉大的聖人，這種觀念簡直是介於離經叛道與危險之間。[27] 受到宗教人士與世俗菁英群起反對的新教，理應在大多數時空都不受歡迎。要解釋西方基督教這不同尋常的本質，以及我們的家庭、婚姻、法律、政府制度，我們就得深入歷史，探索奇特的宗教準則與禁律是如何重整歐洲的親屬關係，而這樣的親屬關係又如何改變社會生活與人的心理，最後前無古人、後無來者地推動了基督教社會的興起。你會發現，新教與其重大影響和故事結尾的距離，會比跟故事開頭的距離還近。

儘管如此，識字與新教的案例仍是四項重點的縮影，而這些

縮影將會貫穿整本書。我們來看看這四項重點為何：

1. 宗教信仰威力強大，可以形塑人的決策、心理與社會。閱讀神聖經典主要的用意是與神連結，但無意間產生了重大的影響，促成某些宗教群體比其他宗教群體更能存活下來並持續散播。

2. 信念、實踐、科技、社會規範——也就是文化——可以形塑我們的大腦、生理與心理，包括動機、心智能力與決策偏誤。你無法將「文化」從「心理」分割出來，也無法將「心理」與「生理」劃清界線，因為文化實際上就是會改造我們的大腦，因而形塑我們的思考方式。[28]

3. 受文化引導的心理變化可以透過影響人們注意什麼、怎麼做決策、偏好什麼樣的制度、多有創造力，來引發各式各樣的事件。而在本案例中，文化藉由推動識字而激發分析性思考、強化長期記憶力，同時刺激正規學校教育、書籍生產與知識傳播。因此「唯獨聖經」可能成為創新的推進器，並成為訂定法律、擴大投票權、組成立憲政府的基礎。[29]

4. 識字為我們提供了第一個例子，解釋為何西方人在心理上會變得如此不尋常。當然，隨著基督教與歐洲制度（如小學制度）廣布全球，許多群體近來識字程度也變得極高。[30] 然而，如果調查 1900 年的全球資料就

可以發現，來自西歐的人都顯得較為奇特，他們胼胝

體比較厚，臉部辨識的能力也比較弱。[31]

　　如你即將見到的，識字並非特例，而是心理與神經學的巨

大冰山中，總是為眾多研究者忽略的一小角。下一章，我會先從

探測這座冰山的深度與形狀開始。人類本質、文化變化與社會演

化的思考基礎確立之後，我們會探討西歐普遍產生一系列心理差

異的方式及原因，也會探究這將如何幫助我們了解繁榮的現代經

濟、創新、法律、民主與科學。

YOUR BRAIN HAS BEEN MODIFIED
導論：你的大腦被動了手腳

—————————— 注釋 ——————————

1. Dehaene, 2009; Dehaene et al., 2010; Dehaene et al., 2015; Szwed et al., 2012; Ventura et al., 2013. 「文字箱」（letterbox）出處：Dehaene, 2009.

2. 現代社會中的文盲辨識臉部時，大腦右半球可能還是會用得稍微多一點（Dehaene et al., 2015）。但是，這樣的傾向可能不會出現在沒有書面文字的社會中，而這樣的社會在人類歷史上比比皆是。在現代社會中，即使目不識丁者最終未能精通閱讀，他們仍然可以在充滿書面文字與字母的世界中生存下來。

3. Coltheart, 2014; Dehaene, 2014; Dehaene et al., 2015; Henrich, 2016; Kolinsky et al., 2011; Ventura et al., 2013. 文字箱的位置因人類神經地理學（neurogeography）而受限，因此在面對不同文字系統（如英語、希伯來語、中文、日語）時，只有微小的差別。

4. 還有一個許多讀者因識字而精進的認知技巧，就是能夠分辨鏡像的能力，如和「ʃ」和「ʅ」。這種能力精進與否，取決於學習過程中遇到的特定字母，若讀者學的是以拉丁文為基礎的字母，就要習得分辨橫向鏡像，如「d」和

「b」、「p」和「q」。這種與特定字母有關的特化能力，不只用於辨識字母，也延伸到其他造型與物件上。這類讀者能立即分辨非字母的符號（如「>」和「<」），但如果兩個鏡像圖像代表的物件其實相同，這類讀者反而要花比較長的時間才能辨認出來。這種缺陷很古怪，因為人類就如其他靈長類動物一樣，天生傾向忽略橫向鏡像圖像之間的差異，因此世界上大部分的古文字都不會有鏡像圖像。而學習以拉丁文為基礎的字母（所有西歐語言都有使用），則強迫學習者改掉我們注意力系統天生的傾向。有關識字對認知功能的影響概覽，請見：Huettig and Mishra, 2014.

在為沒有書面文字的語言設計新的字母時，人類這種天生的缺陷隱而不顯。例如十分優雅的克里語，這是一種音節文字，由衛理公會的傳教士詹姆士・艾凡斯（James Evans）於 1830 年代設計，這種語言大都是鏡像符號。詹姆士主要閱讀的語言是英文，所以他完全沒有意識到，分辨鏡像圖像對人類而言，天生就是個困難（Berry and Bennett, 1995）。這種新的字母在克里語使用者間廣為流傳，直到最後書面英語大行其道。

5. 潛意識促發效應的現象存有爭議（Kouider and Dehaene, 2007）。

6. Henrich, 2016, Chapter 14.

7. Becker and Woessmann, 2009, 2010; Buringh and Van Zanden, 2009.

8. 資料來源：Buringh and Van Zanden, 2009.

9. 理論上來說，煉獄並不存在時間的概念，因此天主教徒理應不會覺得贖罪券能夠「減輕刑期」，但贖罪券卻往往可以減少信徒待在煉獄受苦的一定時間，甚至如果信徒買較貴的贖罪券，靈魂就可以更快從煉獄中解脫（Dohrn-van Rossum, 1996）。

10. Dittmar and Seabold, 2016; McGrath, 2007, 1st ed. 更廣泛來說，歐洲各個基督新教教派和正在改革的天主教之間的競爭非常激烈（Pettegree, 2015）。

西方文化的特立獨行如何形成繁榮世界

這種競爭在自由市（free city）與特許鎮中更為激烈，印刷業蓬勃發展之地尤甚。

11. McGrath, 2007. 在第 12 章，我會討論宗教改革之前出現的幾個宗教活動，這些活動也推行了聖經閱讀，尤其是荷蘭教堂中的共同生活兄弟會（Brethren of the Common Life）（Akçomak, Webbink, and ter Weel, 2016）。這代表在宗教改革時期，荷蘭天主教徒中的識字者可能比其他地方的居民多。

12. Becker and Woessmann, 2009.

13. Becker and Woessmann, 2009, 2010; McGrath, 2007.

14. Becker and Woessmann, 2009.

15. 很可惜，1816 年的普查資料中，並沒有關於識字率的確切資訊，因此無法驗證後續的發現（Becker and Woessmann, 2010）。

16. 19 世紀普魯士的新教與識字之間的關係，比不同國家之間類似的相關性更具說服力，因為不同國家之間差異更大（如歷史、制度、文化、氣候等），這些差異都可能會讓新教與識字產生關聯。

17. 在經濟學中，這種令人眼花撩亂的統計現象很常見，稱為工具變數迴歸（instrumental variable regression）（Becker and Woessmann, 2009）。關於威登堡在傳播新教過程中的核心地位，請見：Cantoni (2012)；關於印刷機的重要性與美因茲的相關性，請見：Dittmar and Seabold (2016).

18. 有趣的是，這些因信奉新教而「多出來」的識字率，也解釋了工業革命後，新教徒較多的郡縣所得較高、對農業依賴度較低的情況（Becker and Woessmann, 2009）。

19. Boppart, Falkinger, and Grossmann, 2014. 瑞士宗教改革重鎮是蘇黎世和日內瓦，這兩個城市的領導者分別是烏利希・慈運理（Ulrich Zwingli）和約翰・

喀爾文（Jean Calvin）。中國與此有關的文獻請見：Bai and Kung, 2015; Chen, Wang, and Yan, 2014.

20. Becker, Hornung, and Woessmann, 2011; Becker and Woessmann, 2009; Boppart et al., 2014. 許多人認為，古騰堡的印刷機一定在識字程度擴展的現象中，扮演著重要的角色，而印刷機的確加速了歐洲識字程度與新教的傳播（Cantoni, 2012; Dittmar and Seabold, 2016; Pettegree, 2015; Rubin, 2014）。但印刷機在歐洲以外的地區，推進的力道就沒有那麼強。歐洲印刷機出現之後，世界上其他不在歐洲的城市，識字率並沒有什麼起色。中國和韓國先前已發明自己的印刷機和印刷產業，但這兩個國家識字率同樣也不高（Briggs and Burke, 2009, 3rd ed.）。比較這些情況之後可以發現，印刷成本低廉的書籍在一開始並沒有創造讀者，而是無數熱切的讀者才能成就便宜圖書與小冊子的潛在市場。若沒有新教創造閱讀需求，印刷機不會有什麼顧客造訪。值得注意的是，古騰堡的新式印刷機印製最多的書，當然就是《聖經》，時至今日仍榮登印刷量寶座；另一本是《效法基督》（*The Imitation of Christ*），托馬斯・金碧士（Thomas à Kempis）著，教導信徒過虔誠的生活。路德發起宗教革命的一千五百年前，猶太人的第二聖殿（Second Temple）被毀，新的宗教規範讓男性識字率大增，因而能勝任都市中的職業。跟新教徒的案例一樣，猶太人因特殊的信仰，認為男性必須閱讀《妥拉》（Torah），因此促進識字現象，不過在這個案例中，並沒有發現印刷機的蹤影（Botticini and Eckstein, 2005, 2007, 2012）。

21. Gallego and Woodberry, 2010; Nunn, 2014. 20 世紀前半葉，非洲有 90% 的正式學校教育都是由基督教傳教士提供。1940 年代，去殖民化在即，當時奈及利亞與迦納的學生中，有 97% 都是上教會學校，加列哥（Gallego）和伍德貝瑞（Woodberry）的分析資料包含人口密度的統計控制（statistical control）、法治強度，以及該地與海洋、河流、國家首都的地理距離。有趣的是，研究人員很早就注意到，非洲較早受到殖民的地區，比其他歐洲殖民

　西方文化的特立獨行如何形成繁榮世界

地擁有更高的識字率，但是在新教徒與天主教徒之間的戰爭引爆時，這樣的「英國殖民優勢」就消失了。納恩（Nunn, 2014）也得出相似的結論，同時也控制了早期探險家、鐵路、農業適宜性、奴隸貿易強度的影響。納恩的分析指出，早期傳教士的影響擴及整個當地族群與社群。以傳遞傳教士對於宗教的影響而言，族群的重要性比當地社群高出 3 倍。中國與印度的類似文獻請見：Bai and Kung, 2015; Chen et al., 2014; Mantovanelli, 2014.

22. 納恩（2014）的研究證明，與對手天主教傳教士不同，新教傳教士的影響確實是透過傳播和灌輸與教育相關的宗教價值觀而發揮作用的。

23. Becker and Woessmann, 2008. 該研究指出，與天主教相比，新教讓更多女孩入學。新教的影響力相對較小，只讓女孩的入學率提升了 3% 到 5%，但在當時的環境下，這已經算是大幅進展，因為在 1816 年，女孩的入學人數已將近普魯士所有學生人數的一半（47%）。針對印度和非洲的研究，請見：Mantovanelli, 2014; Nunn, 2014. 這些影響也可以透過其他方式推論出來。南美洲的瓜拉尼人（Guarani，譯註：南美洲原住民）因耶穌會傳教而提升識字率，耶穌會對女性識字率的影響更是深遠（Caicedo, 2017）。

    關於識字母親對孩子的影響，請見：Bus, Van Ijzendoorn, and Pellegrini, 1995; Kalb and van Ours, 2014; LeVine, LeVine, Schnell-Anzola, Rowe, and Dexter, 2012; Mar, Tackett, and Moore, 2010; Niklas, Cohrssen, and Tayler, 2016; Price, 2010; Smith-Greenaway, 2013. 但我對這些研究有兩個疑慮：第一，大多數（並非全數）的研究忽略了父母基因的影響力。有些父母的基因會驅使他們閱讀、精進語言能力，父母將基因傳給孩子而影響孩子的閱讀能力。這可能會讓家長和孩子都讀得更多，並發展出特定的認知能力，這與家長實際上做了什麼並沒有關係。第二，這些認知能力的優勢到了成年後還剩多少，目前學界仍不清楚（Harris, 1998; Plomin et al., 2016）

24. Becker, Pfaff, and Rubin, 2016.

25. Becker et al., 2016; Young, 2009. 請注意，有一份將都市化當作測量經濟成長指標的分析指出兩點：(1) 在神聖羅馬帝國中，與天主教相比，新教並未助長都市化發展，直到 19 世紀才開始嶄露頭角；(2) 新教對識字的影響主要是發生在都市之外（Cantoni, 2015）。但請記得，在工業化之前的時代，大多數人都住在鄉下。新教在都市地區的正面影響可能較為薄弱，因為有反宗教改革的勢力，以及如耶穌會等修道院的阻礙。識字與相關認知能力對 1800 年後的經濟成長產生了什麼影響，請見：Cantoni, 2015; Hanushek and Woessmann, 2012。

26. Becker et al., 2016. 這份研究結果回應了韋伯（1958）有關新教與資本主義的假說。廣義而言，過去十年間有大量的研究強力支持韋伯的假說，但他似乎低估了識字與社會網絡的重要性，也高估了「工作倫理」。詳見第 12 章。

27. McGrath, 2007.

28. Henrich, 2016.

29. 若公務員因實務理由必須學會識字，則識字率成長的群體應為擔任公職的民眾。

30. Henrich, Heine, and Norenzayan, 2010a, 2010b.

31. 印刷機問世使得小說造價便宜，再加上高識字率，可能讓愈來愈多讀者更能感受到他人的痛苦——也就是變得更有同理心。這裡的原理是，人們藉由閱讀虛構的故事，練習設身處地，站在他人角度思考。西方社會也有許多研究呈現與此說法一致的結果，證實讀愈多虛構故事的人，會更能同理別人，也更能判讀他人的情緒（Mar, Oatley, and Peterson, 2009; Mar and Rain, 2015; Mar et al., 2006）。然而，對於閱讀虛構故事就能促進同理心，這點仍有學者存疑（Bal and Veltkamp, 2013; Kidd and Castano, 2013; Panero et al., 2016）——或許其實是較有同理心的人會讀更多虛構的故事。確立兩者之間的因果關係非常重要，因為同理能力與利社會行為、樂善好施的慈善行為

有正相關，與暴力行為則是負相關。可能因高識字率與豐富的書籍產量而提升的同理心，也許能夠解釋為何自 16 世紀以來，英國和歐洲的暴力現象都大幅下滑（Clark, 2007; Pinker, 2011）。這個說法是有可能的，因為研究指出，同理心是可以訓練的（van Berkhout and Malouff, 2016）。

Part I

The Evolution of
Societies and Psychologies

第一部
社會與心理的演化

一、WEIRD 心理

西方對於人的概念，是一個有界限、獨特、或多或少融為一體、充滿動機與
認知功能的世界；同時也是一個覺察、情緒、判斷與行動的動態中心。兩者
組成一個獨特的整體，與其他整體成為對比，也與社會與自然背景成為對
比。對我們而言，這樣的概念根深柢固且難以改變，但以世界各地文化的角
度看來，這個概念相當獨特。

　　　　　　——人類學家克利弗德·紀爾茲（Clifford Geertz，1974，頁 31）

你是誰？

也許隸屬 WEIRD 一員，來自西方（Western）、受過教育（Educated）、工業化（Industrialized）、富裕（Rich）且民主（Democratic）的社會。若是如此，你可能在心理上相當獨特。與今日大部分的世界還有從古至今的人類不同，我們 WEIRD 群體尊崇個人主義、以自我為中心、控制導向、不墨守成規，且愛好分析。我們關注自己，注重自己的特質、成就與抱負，更勝於人際關係與在社會中應扮演的角色。無論處於何種情境，我們的目標都是「做自己」，覺得隨情境變換自我的他人是虛偽，而非具有彈性。跟所有人一樣，我們傾向和同儕與權威人物交好，但在事情與自身信念、觀察及偏好相衝突時，我們比較不願意遵從他人的想法。我們認為自己是獨特的存在，而不是在時間與空間延伸的社會網絡節點。行動時，我們喜歡控制感，也喜歡自己做決定的感覺。

推論時，WEIRD 群體傾向找出通用的分類與準則來組織這個世界，並直接以這樣的標準來理解模式、做出預測。我們會把複雜的現象簡化，把複雜現象拆解並歸類為不同屬性或抽象的分類，可能是將之想像為不同的粒子、病原體，或人格。我們經常未能察覺現象中不同要素之間的關係，或不符合我們分類的現象之間有何相似之處。也就是說，我們是見樹不見林。

WEIRD 群體也特別有耐心，通常都很刻苦耐勞。我們擁有強大的自制能力，願意忍受當下的不舒適與不確定性，以換取之後的滿足感（如金錢獎賞、享樂、安全感）。事實上，WEIRD

群體有時會以辛勤工作為樂，且認為工作非常淨化人心。

矛盾的是，儘管我們 WEIRD 群體的個人主義與自我中心非常強烈，卻傾向遵守公平公正的規定或原則，對陌生人也十分信任、坦誠、公平且願意合作。其實，與大多數群體相比，WEIRD 群體比較不會偏袒朋友、家人、同種族的人，或是自己的當地社群。我們認為靠關係是不對的，我們迷戀抽象原則更勝於情境因素、實際情形、人際關係與權宜之計。

情感上，WEIRD 群體常為愧疚感所苦，因為他們無法符合所處文化的標準與期待，但更多時候是因為無法符合自己的標準與期望。大部分非 WEIRD 群體的社會則是由羞恥感（而非愧疚感）主宰人們的生活。自己、親戚，或甚至朋友，無法符合所屬社群強加於其上的標準時，人會感到羞恥。例如：如果非 WEIRD 群體中，某人的女兒與非屬同一社會網絡的對象私奔，在他人批判的眼光之下，他們會覺得「丟臉」。WEIRD 群體會感到愧疚則是因為選擇午睡而非上健身房，即使上健身房並非義務，而且沒去也不會有人知道。愧疚感取決於自身標準與自我評斷，羞恥感則是取決於社會標準與公眾評斷。

這只是其中的一些案例，也就是我所提過的心理學冰山的一角，這冰山中還包含知覺、記憶力、注意力、推理能力、動機、決策，以及道德判斷的能力。但我在這本書中想回答的問題是：WEIRD 群體在心理上是如何變得如此獨特？為什麼他們與眾不同？

回顧古典時代晚期（Late Antiquity）*，我們可以發現，有

一個基督教分支教派讓特定的社會規範與信念廣傳。數個世紀以來，這組社會規範與信念讓歐洲某些地區的婚姻、家庭、繼承與所有權制度產生天翻地覆的轉變。家庭生活基礎產生的轉變造成心理上的變異，這變異促成新的都市化型態誕生，讓非個人的貿易崛起，也使自願組織快速增加。這些自願組織包括商業行會、特許市鎮、大學、跨區修道會，而這些組織多使用新穎且益發個人主義的規範與法規來管理。在解釋 WEIRD 心理的過程中，我們也會說明 WEIRD 群體奇特的宗教、婚姻與家庭制度。如果你還不知道我們的宗教、婚姻與家庭制度有多奇怪，請準備好，要開始囉。

了解中世紀後期某些歐洲群體在心理上與眾不同的過程與原因之後，另一個更大的謎題浮現：西方的崛起。為何西歐社會在約一千五百年之後稱霸全球？為何 18 世紀末由新科技與工業革命驅動的經濟成長仍發生在同一個地方，且此處還興起全球化浪潮，在今日持續引領全球？

如果有一群外星人類學家曾在 1000 年或甚至 1200 年時，在銀河軌域棲息地上分析人性，他們絕對不會猜得到，在千禧年後半葉主宰世界的居然會是歐洲人，他們可能會覺得是中國或伊斯蘭國家引領全球。[1]

---

* 譯注：指古典古代至中世紀之間，約 284 至 700 年。

這些外星人在位於高處的軌道沒能發現的是，在中世紀的某些歐洲社群中，有一種新的心理特質正在悄然崛起。這逐漸興起的 WEIRD 心理原型，逐漸成為以下發展的基礎：非個人市場、都市化、立憲政府、民主政治、以個人為主的宗教信仰、崇尚科學的社會，以及持續不斷的創新。簡言之，這些心理上的轉變成為現代社會發芽成長的土壤。因此，為了理解當代社會發展的根源，我們必須探討我們的心理在文化上如何適應最基本的社會制度——家庭，並與之共同演化。

就從近看冰山開始吧。

說真的，你到底是誰？

請用以下句型造十個不同的句子：

我是。

如果你屬於 WEIRD 群體，你的答案可能會是「好奇的」或「熱情的」，或者是「科學家」、「外科醫生」、「划獨木舟的人」這類的短語。你可能不太會說出類似「喬許爸」或「瑪雅媽」這種回答，即使這答案也沒有錯，而且這身分在你生活中更具分量。把重點放在個人特質、成就，以及抽象或理想化的所屬社群角色，而非注重個人關係、家庭中的社會角色或實體的所屬社群，這正是 WEIRD 心理的特質，也是讓我們在全

　西方文化的特立獨行如何形成繁榮世界

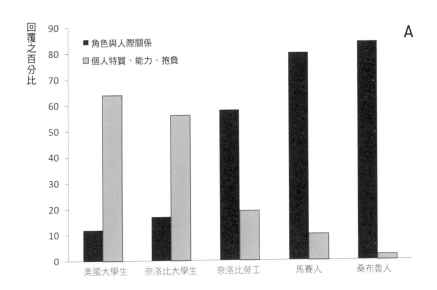

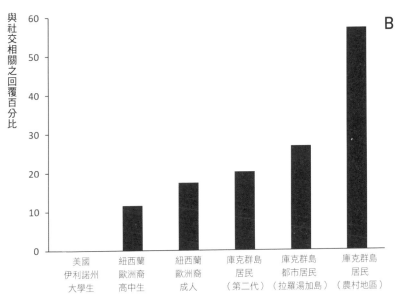

圖 1.1 不同群體的個人身分認同。

（A）上方的圖表利用「我是誰」這個問題，展示不同群體是較為注重自己的角色與人際關係，還是個人特質與成就。長條顯示不同地區每一位參與者回應的平均百分比。

（B）下方的圖表利用「我是……」造句法，來展示參與者的回覆是否與社會相關，數據為平均百分比。[2]

球視角下顯得獨特之處。

　　圖 1.1 說明非洲人與南太平洋人如何回覆「我是誰」（見圖 1.1A）與「我是……」（見圖 1.1B）的問題。圖 1.1A 的數據讓我可以計算回覆中有多少百分比的參與者特別個人主義，會談到個人特質、抱負與成就；又有多少百分比的參與者會提到社會角色與人際關係。光譜的一端是美國大學生，他們幾乎只關注自己的個人特質、抱負與成就；而在光譜另一端的則是馬賽人與桑布魯人，這兩個部落在肯亞的農村地區，以父系氏族為主，生活為傳統的牧牛型態。在他們的回覆中，至少有 80% 都與自己的角色及人際關係有關，偶爾（等於或低於 10%）才會強調自己的特質或成就。在這個光譜的中間，是奈洛比（肯亞繁忙的首都）的兩種群體。一是奈洛比的勞工，他們來自不同部落，回覆內容多與角色和人際關係有關，不過比例低於馬賽人和桑布魯人；二是奈洛比大學（這是一間走歐式制度的大學）的大學生，完全都市化的他們，回覆內容與美國參與者更為相似，大都關注自己的個人特質或成就。[3]

　　在地球的另一端，圖 1.1B 的故事也如出一轍。紐西蘭和庫克群島之間緊密的政治與社會關係，讓我們得以比較庫克群島居民與紐西蘭 WEIRD 群體的互動程度所造成的差異。這份數據與肯亞的不同，只能讓我從所有因素中，將社會角色與人際關係分出來。先從庫克群島其中一個島的農村地區開始，這個地區的人仍遵循傳統的世系群體系，而他們回覆的內容平均有將近 60% 與社會有關。再來看拉羅湯加島，此地是庫克群島的

首都，也是熱門旅遊地，居民回覆與社會相關內容的頻率降到了 27%。而在紐西蘭移民後代當中，有這類回覆的頻率降得更低，來到 20%；這個百分比非常接近歐洲裔紐西蘭人的 17%。紐西蘭高中生的比例更低，來到 12%。相較之下，美國大學生通常是等於或低於這個百分比，有些研究還發現美國大學生與社會相關的回覆百分比為零。

　　除了這項研究，還有很多相似的心理學研究，讓我們可以將美國人、加拿大人、英國人、澳洲人、瑞典人，與包含日本人、馬來西亞人、中國人、韓國人在內的各種亞洲人做比較。比較的結果是，WEIRD 群體的答覆通常都落在分布的極端，他們十分注重自己的個人特質、成就、抱負與性格，更勝於他們的角色、責任與人際關係。美國大學生尤其如此，即使在 WEIRD 群體中，他們似乎也特別以自我為中心。[4]

　　注重個人特質與成就更勝於其角色與人際關係，是一種心理組成中的關鍵特質，我將之稱為**個人主義情結**（individualism complex）或**個人主義**（individualism）。可以把個人主義想成是一種心理組成，藉由測量 WEIRD 群體的知覺、注意力、判斷力與情緒，來幫助世人了解 WEIRD 群體的社會世界。我預設大部分的群體都會展現與其所屬社會之制度、科技、環境、語言「相稱」的心理組成，不過就如你所見，WEIRD 群體的組成特別不一樣。

探索個人主義情結

　　要理解個人主義，我們就先從光譜的另一端開始。[5] 在大多數的歷史中，人都是在緊密的家庭網絡中成長，遠房親戚與姻親也交織其中。在這些關係規範的世界中，人們的生存、身分、安全、婚姻、成功，皆取決於親屬網絡，此網絡通常形成各自分散的制度，如氏族、世系群、家屋、部落。而這就是馬賽人、桑布魯人、庫克群島居民的世界。在這恆久的網絡之中，每個人都肩負非常多世襲的義務、責任、特權，而這些都在緊密的社會網絡中，與他人息息相關。例如：一個人**有義務**為遭到殺害的二代堂表親*報仇，也**有權**與表姊妹（母親兄弟的女兒）結婚，但與外人通婚則是禁忌；另外，他**有責任**要舉行所費不貲的祭祖儀式，若怠忽職守就會為整個世系群招來厄運。個人行為受到情境與涉入關係強烈箝制。管理這些關係的社會規範形成了所謂的**親屬為本制度**（kin-based institutions），這個制度限縮了人們結交新朋友、工作夥伴、配偶的範圍，讓他們將心力都投注在不同的血緣關係內團體（ingroup）上。很多親屬為本制度不僅影響到遺產繼承與新婚夫妻住處，也創造了財產公有制（如土地為氏族所有）以及罪刑共同承擔制（如父親可能會因兒子犯罪而入獄）。

　　這種社交上的互相依賴也造成情感上的互相依賴，讓人對自己的內團體產生強烈的身分認同，並依照社交互動產生極強的內團體與外團體之分。事實上，在這個世界裡，雖然你可能不認識某個遠親或隔了三、四代的同族族人，但只要他們仍藉

　　　　　　　西方文化的特立獨行如何形成繁榮世界

家族血緣與你相連，你們就永遠都是內團體的成員。反之，若無法透過密集長久的社會關係連結，即使他們是熟悉的臉孔，也仍是陌生人。[6]

在這個世界中，贏得成功與尊重的關鍵就是駕馭親屬為本制度，這代表 (1) 順應內團體成員；(2) 遵從權威人士（如長者或智者）的意見；(3) 監督與你關係密切的人（但不能是陌生人）；(4) 將內團體與其他人分得清清楚楚；(5) 隨時幫助你所屬的網絡獲得集體成就。除此之外，由於風俗習慣造成的諸多義務、責任、限制，人們行事的動機往往不是「接近導向」，以建立新關係或認識新朋友為目標；而是「迴避導向」，以避免可能的偏差行事、激起事端，或讓自己和他人蒙羞。[7]

以上是其中一個極端。現在，我們來對照光譜的另一端──個人主義。想像一下駕馭一個親緣關係淺薄的世界所需的心理特質，在這樣的世界要贏得成功與尊重，取決於 (1) 磨練出屬於自己的特質，(2) 用這些特質吸引朋友、伴侶、工作夥伴，接著 (3) 維持這些關係，只要這些關係對彼此有益，就會持續下去。在這樣的世界，每個人都在尋找更好的關係，而這樣的關係也許會長久，也許不會。人們極少擁有長久的關係，多半都是短暫的朋友、

---

*　譯注：second cousin，指堂表兄弟姊妹的子女。與自己同輩的堂表兄弟姊妹則為「first cousin」，本書譯為「一代堂表親」。

同事與泛泛之交。為了適應這樣的世界，人開始將自己和他人視為獨立個體，而定義這些獨立個體的，包括才能（如作家）、興趣（如喜歡拼布）、抱負（如成為律師事務所合夥人）、德行（如注重公平）、原則（例如「無人可凌駕法律」）。如果加入志同道合的團體，這些特質會被放大或更顯突出。一個人在他人與自己眼中的聲譽（後者即自尊），主要是由個人特質與成就形塑而成，而非透過滋養一個龐雜的特定關係社交規範所控管的長久血緣網絡而得。[8]

為了展開對全球心理差異的觀察，我們先把個人主義情結壓

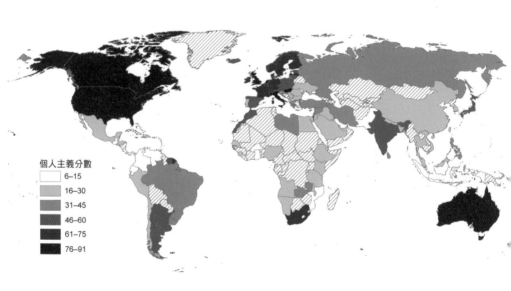

圖 1.2　個人主義地圖，使用霍夫斯泰德綜合量表製作而成，涵蓋 93 個國家。
顏色愈深的區域，代表個人主義愈盛，斜線區域則為缺乏相關數據。[9]

　　西方文化的特立獨行如何形成繁榮世界

縮成單一維度。圖 1.2 的地圖所展現的是荷蘭心理學家海特・霍夫斯泰德（Geert Hofstede）提出的著名綜合量表，用來測量個人主義，資料來源是全球各地的 IBM 員工。這個量表問受試者的問題，與他們對於自己、家庭、個人成就與目標的取向有關。例如有一個問題是：「在工作上充分發揮技能與能力，對你來說有多重要？」另外一個問題是：「有挑戰性、會讓你很有成就感的工作，對你來說有多重要？」愈個人主義的人，愈想發揮能力並從工作取得成就感。此量表的優點不在於它聚焦於心理的單一面向，而是它將個人主義的不同元素聚集在一起。不出你所料，得高分者是美國人（91 分）、澳洲人（90 分）與英國人（89 分）──無疑是世界上最具 WEIRD 特質的幾個群體。最高分的國家之下，世界上最為個人主義的國家幾乎都落在歐洲，尤其是北歐和西歐，或是有許多英國後裔的國家，如加拿大（80 分）與紐西蘭（79 分）。值得注意的是，圖 1.2 也顯現了我們的無知，因為心理學上，非洲與中亞地區大部分仍屬未知領域。[10]

此份個人主義綜合量表與其他大型全球調查結果驚人地一致。例如：偏個人主義的國家，其人民的家庭關係較疏離，裙帶關係也較為淡薄，這表示公司主管、經理、政治人物比較不會雇用或提攜親戚，此類國家也比較不會區分內團體與外團體、幫助外來移民的意願較高，也比較沒那麼拘泥於傳統與習俗。

偏個人主義的國家較為富有、更具創意，也更有生產力。這些國家的政府更有效率，更有能力提供公共服務及建造基礎設施，如公路、學校、電力、水利設施等。[11]

一般都認為，個人主義心理與國家財富和政府效率等措施之間的強烈正相關，反映了一種單向的因果關係，亦即，經濟繁榮和自由的政治制度造成較強烈的個人主義。我也認為，這樣的因果關係確實會讓人民的某部分心理往這個方向發展，並且可能也在今日世界多數國家中，掌控了經濟發展與都市化進程。例如我們已經看到的，搬到都市可能會影響庫克群島居民與奈洛比勞工的自我概念（見圖1.1）。[12]

　　然而，這樣的因果關係是否反之**亦然**？如果有其他因素，在經濟發展與高效率政府之前就已經先創造了許多個人主義者，則這樣的心理變化是否會刺激都市化、商業市場、經濟、創新，並創立新的統治制度？針對以上兩個問題，我的答案為：以上皆是。為了見識這個過程，我們先來觀察曾與個人主義情結交織的廣大心理組合。一旦你看出關鍵的心理元素，一切應該就會一目了然，知道這些改變何以對歐洲的經濟、宗教與政治帶來這麼大的影響。

　　在繼續心理變異的全球之旅以前，先讓我強調四個必須銘記在心的重點：[13]

1. 人的多樣性應受到讚揚，心理多樣性也是如此。我並非要藉由彰顯 WEIRD 群體的獨特性來詆毀這個群體或其他人，我的目標是探索心理多樣性的起源，還有現代世界的起點。

2. 別將 WEIRD 群體與非 WEIRD 群體做二元之分！我

　　　　　西方文化的特立獨行如何形成繁榮世界

們將會在許多地圖與圖表中看到，全球的心理變異是持續變化中，且呈現多個向度。

3. 心理變異不只發生在國家之間，也在不同的層級出現。有時候我會不斷用國家平均值來比較，因為這是我能取得的資料。然而，在這本書中，我們會時常檢視國家內的心理差異，如區域、省份、村落，甚至是不同文化背景的二代移民。即使 WEIRD 群體通常集中於全球分布的某一端，我們還是會探索並說明在歐洲、「西方」及工業化世界中既有趣又重要的差異。

4. 我們觀察到的群體差異，都不應被視為是某國家、部落或種族中固定不變或必備的特質。這本書反而是在講述我們的心理為何及如何隨時間轉變，而且仍會持續轉變。

培養 WEIRD 自我

要適應個人主義的社會世界，代表要讓個人特質在不同的情境與關係中都持續不變。反之，要在關係至上的世界中成功，就代表要以不同的策略與行為來駕馭不同的關係。自不同社會所得的心理學證據也展現了這樣的模式，包括美國、澳洲、墨西哥、馬來西亞、韓國、日本。與世界上大多數的地區相比，以人格特質如「真誠」或「冷酷」而言，在面對不同關係，如年輕同儕、朋友、家長、教授、陌生人時，WEIRD 群體的行為更為一致。相較之下，韓國人與日本人只有在同樣的關係情

境之**中**才會表現一致。也就是說，他們對待母親、朋友或教授的方式並不相同。他們能夠在不同的關係情境**之間**自在轉換，在教授面前保守謙遜，面對朋友卻活潑幽默。結果就是，美國人有時會將富有彈性的行為表現視為「雙面人」或「偽善」，但這種因應不同關係而調適自己的行為，許多群體視為是智慧、成熟與善於社交的表現。[14]

　　各個社會不同的期待與規範刺激且形塑了多元的心理反應。例如：在一項比較韓國人與美國人的研究中，受試者的父母和朋友要判斷受試者的性格。美國受試者中，比起在各種情境行為不一致的人，行為一致的人會收到父母和朋友較多「善於社交」和「討人喜歡」的評價，也就是說，在 WEIRD 群體中，你**應該要**在不同關係中表現一致，若能做到，你的社交關係就會更順風順水。同時，對韓國受試者的研究則顯示，在不同關係中表現一致，與社交技巧或討喜的程度之間都沒有關聯，所以表現一致沒有辦法讓你在社交上更為加分。回到美國，受試者的父母和朋友對於受試者性格的認同程度，是韓國的 2 倍。這表示比起韓國，美國受試者朋友「眼中」的「那個人」，跟其父母眼中的更為相似，而在韓國，受試者父母與朋友眼中，同一個人的表現則會有不同。最後，在不同關係中保持一致的表現，跟生活滿意度與正向情緒之間的關聯，美國比韓國更為強烈。綜上所述，在社交和情緒方面，在不同關係中表現一致（也就是「做自己」），在美國得到的收穫都比較多。[15]

　　以上研究證明，心理學非常重視自尊與正向自我觀感（selfview）這些概念，可能是一種 WEIRD 現象。相較之下，在被研究過的少數非 WEIRD 社會中，高自尊與正向自我觀感和生活滿意度或主觀幸福感皆**沒有**強烈關聯。在許多社會中，培養獨特個人特質而顯現「真我」的自尊並不重要，**他人的肯定**（面子）才重要。[16]

在 WEIRD 社會中，要培養在各種情境和關係中都保持一致的特質所帶來的壓力，最終導致**性格主義**（dispositionalism），即傾向認為行為由個人特質決定，而個人特質會影響不同情境中的行為。例如：「這個人很懶」（性格）可以解釋為何他無法把工作做好，還是說，他可能是生病或受傷了？性格主義在心理上有兩個重要表現。第一，性格主義讓我們在表現不一致時，感到渾身不自在。如果你修過社會心理學，你可能知道這叫**認知失調**（Cognitive Dissonance）。現有資料顯示，WEIRD 群體受**認知失調**所苦的情況較為嚴重，他們會做很多心理調適來減輕不適感。第二，性格取向的思考也會影響到我們對他人的評價。心理學家將這樣的現象稱為**基本歸因謬誤**（Fundamental Attribution Error），只不過很明顯，這並非「基本」的謬誤，這是屬於 WEIRD 的謬誤。整體而言，WEIRD 群體特別容易將行動或行為模式歸因於他人的「內在」，推斷是性格（例如：他很「懶散」或「靠不住」）、人格（她很「內向」或「謹慎」）、潛在的信念或意圖（「他知道什麼，他什麼時候知道的？」）所致。其他群體則更注重行為與結果，不那麼重視內在。[17]

滿懷愧疚，但絕不羞恥

根據來自 37 個國家、針對 2,921 名大學生所做的研究發現，身處在愈個人主義的社會，就會經歷愈多類似愧疚的情緒，而羞恥的情緒則較為少見。事實上，美國、澳洲、荷蘭等國的學生幾乎未曾感受過羞恥，但他們有過類似愧疚情緒的次數比其他社會的人都還要多。這類經歷多半受到道德影響，並對自尊及人際關係影響很大。總而言之，WEIRD 群體特別容易有愧疚的情緒。[18]

為了更加了解這個現象，我們必須先深入研究羞恥與愧疚。羞恥深植於遺傳相關的心理組合當中，並與**在他人眼中社交價值降低**有關。會感受到羞恥，可能是違反社會規範（如婚外情）、無法達到當地的表現標準（如心理學考試不及格），或發現自己位處主流階級下層之時。羞恥有個明顯且具普遍性的表現，包括視線往下、肩膀垮下，並試圖蜷起身體，讓自己「看起來體型更小」。這些表現對社群發出的訊號，是這些表現欠佳者承認自己違規或有缺失，並請求寬恕。感到羞恥的人，會有想要縮小並消失於眾人眼前的心情、避免與他人接觸，也可能會離開該社群一段時間。這類失敗經驗的公眾性舉足輕重。如果沒有大眾的眼光，就沒有羞恥，不過他們仍會害怕自己的祕密曝光。最後一點是羞恥感會傳給他人。在關係至上的社會，一個人犯罪或行事不當，會為父母、手足帶來羞恥，也會繼續傳遞延伸到堂表親及其他遠親。羞恥感藉親屬關係傳遞的現象十分合理，因為親屬同樣也會受到評判，還可能因為親人的行為而受到懲罰。[19]

愧疚就不一樣了。愧疚是一種內心的指引系統，至少有一小

部分是文化的產物。不過，愧疚也可能與其他心理因素有關，如後悔。感到愧疚的原因，是將自身的行為感受與完全由自己設下的標準相比而得。我可能會因為自己在家吃掉一整個大披薩而感到愧疚，也可能因為走在週日清晨空無一人的曼哈頓街道時，沒有把零錢給街友而感到愧疚。會產生這樣的情緒，是因為我沒能達到自己的個人標準，而不是因為我違反常規，或損害了我**在他人眼中**的聲譽。

當然，有時我們會因為公然違反社會規範而同時感到羞恥和愧疚，例如因兒子行為不當而打他。在這個例子中，羞恥來自於覺得他人會因此看輕自己（「我是那種會打小孩的人」），愧疚則來自於自身內化的行為標準（例如：即使在盛怒之下也不能打小孩）。與羞恥不同，愧疚並沒有普遍的表現方式，而且可以持續數週甚至數年，讓人陷入自省之中。相較於羞恥會讓人自然而然從社交情境「抽離」或「迴避」，愧疚則會讓人「接近」他人並想平息激起愧疚感的事，例如讓朋友或伴侶失望而產生的愧疚感，會讓人想要道歉並修復關係。[20]

我們可以清楚觀察到，為何羞恥感會主導關係至上的社會。第一，不同情境與關係會有不同的社會規範，這些社會規範常緊迫盯人，讓人更容易搞砸事情和犯下令人羞恥的錯誤，而這些錯誤在緊密的社會網絡中，更容易被成員發現。第二，相較於個人主義社會，關係至上的社會期待每個人必須身兼多個角色，並培養多種至少達到最低門檻的技能，這讓人更不容易符合他人眼中的標準。第三，社會互賴（social interdependence）意味著，即

使自己沒有做任何可恥之事，仍可能感到羞恥。當然，許多由羞恥掌權的社會還是可能出現愧疚的情緒，但愧疚在社會運作上的影響並沒那麼顯著，也不是主力。[21]

相較之下，愧疚則主宰著個人主義社會。當個人培養自己的獨特特質與能力時，愧疚就是一種讓人恪守自己設定標準的情感機制。例如：素食主義者吃培根會愧疚，即使旅行期間身處異鄉，身邊全都不是素食主義者，沒有人會評價其吃培根的行為，他還是會感到愧疚。這裡的概念是，在個人主義社會中不太會感到愧疚的人，會努力培養自己的性格特質，恪守自己的個人標準，並維持高品質的人際關係。相較於愧疚，羞恥在這裡則無聲無息，因為在個人主義社會中，管控各種關係與情境的社會規範較少，在分散的群體中，遵守社會規範與否也比較不會受到嚴密檢視。[22]

看看我！

半個多世紀以來，心理學家一直對人類願意遵從同儕與權威人士的行為感到著迷。[23] 在社會心理學家索羅門·艾許（Solomon Asch）的著名實驗中，每一個受試者會和幾個看似也是受試者的人一起進入實驗室，然而，這些「受試者同伴」其實是研究者設下的暗樁。每一回合，每一組都會看到三條線段，分別標記為1、2、3號，還會有一條對照線段（見圖1.3圖示）。每一個人都必須大聲說出，三條線段中，哪一條跟對照線段一樣長。在預先說好的回合中，暗樁全都會說出不正確的答案，接著才是真正的受

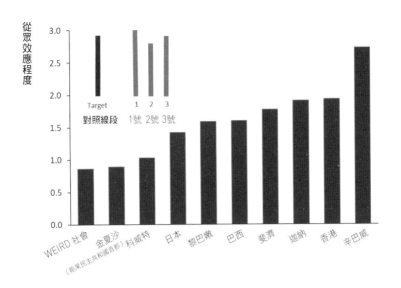

圖 1.3　艾許從眾實驗（Asch Conformity Experiment）：十個群體的從眾效應程度。
　　　　WEIRD 社會、日本、巴西的數據為多項研究之平均值。[24]

試者回答。題目本身很簡單，獨自受測時，98% 的受試者均回答
正確。因此研究的問題在於：人有多容易越過自己的知覺判斷，
做出與他人一致的答覆？

　　答案取決於你在哪裡長大。WEIRD 群體的確會從眾，這讓
索羅門感到很驚訝。只有大概四分之一的受測者完全沒有受到其
他同儕的影響。然而，比起其他受測群體，WEIRD 群體的從眾
現象較少。圖 1.3 展示的是十個國家大學生的從眾（conformity）
程度。從最左邊的 WEIRD 社會開始，到最右邊的辛巴威，從眾
的威力一路上升了 3 倍。[25]

這些研究後續的分析結果發現兩個有趣的模式。第一,愈不個人主義的社會愈從眾(與圖 1.2 和 1.3 的數據相關)。第二,自艾許實驗後的半個多世紀以來,美國人的從眾動機下降了,也就是說,比起 1950 年代早期,美國人更不從眾了。這兩個發現並不足為奇,但很開心能知道心理學的研究結果證實了我們的直覺。[26]

WEIRD 群體傾向忽略他人的意見、偏好、觀點與要求,不只針對同儕,也包括長者、家中長輩和傳統權威。補充完這些從眾的對照研究後,我會在後面的章節探討全球調查數據。這些數據顯示,與其他群體相比,WEIRD 群體並不重視從眾,不認為「順從」是兒童必須培養的美德,也不像大多數社會一樣尊重傳統或古聖先賢,長者在他們的心目中不像在其他群體那麼有分量。[27]

假設過去發生了一些事情,讓人變得不那麼從眾、不那麼順從,也不那麼想聽從長輩、傳統權威及古聖先賢的意見,那麼這些改變是否會影響組織、制度與創新的文化演化?

棉花糖是留給不急著吃的人

以下是一系列選擇題:你比較想要 (A) 今天就拿 100 元,還是 (B) 等一年拿 154 元?如果你選今天就拿 100 元,我會讓等一年的甜頭增加,問你要選 (A) 今天就拿 100 元,還是 (B) 等一年拿 185 元。但如果你一開始是回答等一年拿 154 元,我就會降低

延遲領款的吸引力，問你要 (A) 今天就拿 100 元，還是 (B) 等一年拿 125 元？如果你接著從 (B) 延遲領款換成 (A) 今天就拿 100 元，我會把延遲領款的甜頭提高到 130 元。藉由這類的單選題「滴定法」，研究者可測量人的耐性，這也稱做時間折扣（temporal discounting）或延宕折扣（delay discounting）。缺乏耐心的人會幫未來「打折扣」，即他們看重立即回饋多過於延宕回饋；反之，有耐心的人為了拿到更多錢，會選擇等待。

國與國之間、國內不同區域之間、個人之間，耐心的差異都極大。經濟學家湯瑪士・多曼（Thomas Dohmen）、班傑明・恩柯和合作團隊就利用剛才提到的滴定法及問卷調查，測量來自 76

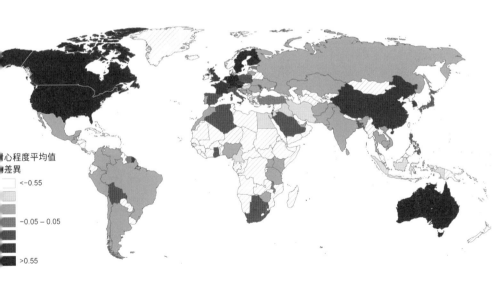

圖 1.4　76 個國家的耐心分布圖。
顏色愈深的區域表示愈有耐心，斜線區域為缺乏相關數據。[28]

個國家、共 8 萬個受試者的耐心。圖 1.4 的地圖呈現了各國之間的差異，顏色較深的區域代表人民平均較有耐性的國家。淺色區域的國家，人民傾向選擇今天就拿 100 元（已換算為當地幣值及購買力），而深色區域的國家，人民傾向等一年換取更多的報酬。例如：最有耐性的瑞典人可以拒絕眼前的 100 元，只要報酬超過 144 元，就願意等一年。反之，非洲的盧安達人一年後至少要拿到 212 元，才願意放棄當下的 100 元。以全世界的平均值而言，除非等一年可以領到 189 元，否則受測者不會延宕滿足。

這張圖凸顯全球各國耐心的差異持續擴散，包括歐洲。先從最有耐心的國家開始，深色區域的國家有：瑞典、荷蘭、美國、加拿大、瑞士、澳洲、德國、奧地利、芬蘭。[29]

在這些實驗中，無論是國與國之間、國內不同地區，甚至是同區域內的個人相較，愈有耐心，經濟、教育、政治條件就愈好。若以各國相較，愈有耐心的國民會為國家帶來愈高的人均國內生產毛額（GDP），也更具創新能力，這些國民儲蓄率較高、受到較多正式教育，在數學、科學、閱讀方面的認知技能也較強。從制度層面來看，有耐心的國家有較穩定的民主制度、財產權較清楚、政府也較有效率。即使分開看世界上各個區域，以上結果與耐心的強烈關聯依然存在。事實上，在經濟發展欠佳的區域，如撒哈拉以南非洲（sub-Saharan Africa）、東南亞、中東地區，耐心與經濟成長的關聯最為強烈。也就是說，在經濟與政治制度效率較為不彰的地區，延宕滿足傾向對經濟發展而言可能更顯重要。[30]

西方文化的特立獨行如何形成繁榮世界

如果是比較國內不同地區或同地區的個人，也會出現一樣的模式。同一個國家中，耐心平均值愈高的區域，人民收入愈高，受到的教育也愈多。同理，同一區域中，愈有耐心的個人收入愈高，待在學校體系中的時間也愈長。

延宕折扣的方法，與心理學家所稱的**自我調整**（self-regulation）和**自我控制**（self-control）有關。為了測量兒童的自我控制程度，研究者讓兒童坐在桌前，桌上有一顆棉花糖。研究者對兒童說，如果等著不吃，到研究者回來，就可以吃兩顆棉花糖。接著研究者離開房間，暗中觀察兒童要花多久時間才會投降並吃下那顆棉花糖。有些兒童立刻吃掉了棉花糖；有幾位則是等了 15 分鐘以上，直到研究者妥協，回到房間給了第二顆棉花糖；其他兒童屈服的時間則在這兩者之間。兒童的自我控制程度是以等待的秒數測量。[31]

這類心理研究總能精準預測受試者生活中的真實行為。棉花糖實驗中較有耐心的幼兒，在成為青少年和成人之後，待在學校的時間較長、成績較好、儲蓄較多、薪水較高、較常運動、吸菸的情況較少，且吸毒、酗酒、犯罪的機率也比較低。以棉花糖實驗測出成年成就屢試不爽。實驗結果與智商和家庭社經地位無關，即使比較同一家庭的手足，愈有耐心的兒童成年後的表現一樣比其他兄弟姊妹來得好。[32]

如同個人主義、愧疚及從眾行為一樣，耐心和自我控制的培養也是為了要融入自己所處的制度與技術環境。在關係至上的社會中，自我控制並不會帶來什麼報酬，所以我們不應預設耐心與

成就的關聯是全球通用。然而，如果當地社會規範鼓勵自我控制、懲罰不耐煩行為，則個人培養出的心理技巧將會全用來增強自我控制能力。在我們繼續探索的路途中，將看到文化學習、儀式、一夫一妻制、市場、宗教信仰會對培養耐心與自我控制造成什麼樣的影響，而這樣的影響將為新的政府體制與經濟快速成長奠定基礎。

收到罰單的聯合國外交官

　　紐約聯合國總部有代表 149 個國家的外交官，這些外交官有豁免權，無須繳交違規停車罰單，此規定執行到 2002 年為止。他們可以在任何地方停車或併排停車，甚至可以擋住車道、停在建築出入口或擁擠的曼哈頓街道，都不用付罰款。這個豁免權影響甚巨：自 1997 年 11 月至 2002 年底，聯合國外交代表團共累積超過 15 萬張**未繳**罰單，罰金總額高達約 1,800 萬美元。

　　這對紐約客不是件好事，但此情此景卻自然而然成為經濟學家愛德華·米格爾（Edward Miguel）和雷蒙·費斯曼（Raymond Fisman）的一場實驗。將近 90% 的聯合國代表團都距離聯合國總部大樓 1 英里之內，所以大多數外交官都面臨一樣的擁擠街道、雨天與下雪天，這讓愛德華和雷蒙得以比較各國外交官累積了多少罰單。

　　而這差異還真不小，自此豁免權結束的 2002 年往前推算的五年間，英國、瑞典、加拿大、澳洲還有其他幾個國家的外交官，

一張罰單都沒有拿到；同時，與其他國家相較，埃及、查德、保加利亞收到最多罰單，三國外交代表團的**每一個成員都累積了超過 100 張罰單**。放眼全球，代表團母國的國際貪腐指數愈高，就會累積愈多張罰單。母國貪腐程度與代表團在曼哈頓的停車行為，兩者之間的關聯與代表團大小、外交官收入、違規類型（如併排停車）、違規時間點無關。[33]

2002 年，違規停車的外交豁免權終止，紐約市警察局開始取締，只要累積超過三項違規停車就會吊扣外交官的車牌，從此外交官違規停車的比例大幅下降。然而，就算新制上路讓整體外交官違規比例降低，來自最貪腐國家的外交官仍然拿到最多張罰單。

根據真實世界數據（real-world data）所做的研究顯示，不同國家的代表團從母國帶來了一些心理取向或動機，這些取向或動機會經由停車行為放大，尤其在無外部制裁的情況下更是如此。[34]然而，這並非一場受到嚴密控制的實驗室實驗。例如：無視法律的外交工作人員可能是受到乘客想法的影響，也可能是因為想惹怒他們認為仇外的警察；而貪腐程度較低的國家（如加拿大）看起來也許行事公正且喜愛陌生紐約客，但我們並不能完全肯定。

現在，來看看「非個人的誠實賽局」這個實驗。這個實驗邀請來自 23 個國家的大學生進入小房間，房間裡有一臺電腦、一顆骰子和一個杯子。受試者收到的指示是用杯子擲骰子兩次，並將第一次的擲骰結果輸入電腦，他們會依照擲骰子數字的多寡獲

得現金。骰到 1 點有 5 美元，2 點有 10 美元，3 點有 15 美元，4 點有 20 美元，5 點有 25 美元，而 6 點則是 0 元。基本上，骰的數字愈高，得到的錢就愈多，0 元的 6 點除外。

這個實驗的目的是要判定受試者的非個人誠實傾向，實驗中也盡量減少受試者對於有人監看或受他人（包含實驗者）評價的擔憂。受試者是獨自一人待在小房間，如果擔心有隱藏攝影機，只要把骰子用手遮住即可。當然，這就表示沒有人知道受試者真正骰出的數字是什麼，就連實驗人員也不知道。雖然沒有辦法知道每一個人真正骰出的數字，不過我們還是可以藉由機率理論來知道如果受試者遵守規則，結果將會如何。

我們來看每個國家的受試者骰出「高報酬」數字（也就是 3、4、5 點）的比例有多少。一個骰子有六面，如果受試者都據實以告，則骰出的結果應有半數屬於「高報酬」，因此 50% 是我們的**公正指標**（impartial benchmark）。相較之下，自利的人應該只會報出 5 點。如果某個國家的人都很自利，我們可以預測擲骰子的報告 100% 都是高報酬，這是我們的**自利指標**（self-interested benchmark）。

可想而知，所有國家都落在這兩個指標之間。在瑞典、德國、英國這些 WEIRD 國家中，報出高報酬點數的機率，大約比 50% 的公正指標還高了約 10 到 15 個百分點。然而，與各國相較，坦尚尼亞報出高報酬點數的機率從上述百分比升高到接近 85%。結果與預期的一致，每一個群體都會違反公正指標，但有些群體違反的情況比別人多。[35]

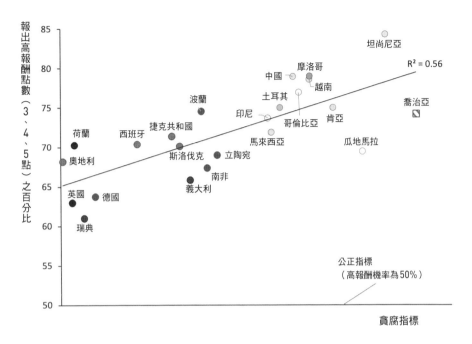

圖 1.5　各國受試者報告骰出 3、4、5 點之百分比與貪腐指標之關聯。
圓點顏色愈深代表該國心理上的個人主義分數愈高，如圖 1.2 所示。
代表喬治亞共和國的斜線方塊則是缺乏個人主義的資料。[36]

　　圖 1.5 為這場簡易實驗中，報出高報酬點數的百分比與各國貪腐指標之間的強烈關聯。如同聯合國外交官的違規停車現象，母國愈貪腐的人就愈有可能違反公正原則。然而，與外交官不同的是，這次是受到控制的實驗，連實驗者都不清楚誰到底做了什麼，所以差異一定是來自於受試者帶了什麼進到小房間裡。

　　有個重點要知道，這是一場典型的 WEIRD 實驗。這個實驗測量的是人的動機，即是否會遵守公正與任意分配法則，而非遵

從自己的利益（不過，為什麼擲出 6 點就拿不到錢呢？）。謊報擲骰數字而多得的錢顯然不是從他人手中拿走的，而是隱約從非個人機構如研究團隊或其贊助者身上取得。沒有人會因為你該報 6 卻報 5 而直接受到傷害，整個過程也確實匿名。同時，因為浮報擲骰數字或純粹把「5」輸入電腦而多拿的錢，可以分給孩子、父母、朋友或窮困的堂表親。事實上，謊報數字可能被視為是個機會，利用某個非個人組織來幫助家庭或好朋友。在某些地區，選擇不違反這種愚蠢的規定來幫助親友，會被視為是不負責任。

為何有這麼多 WEIRD 人士會違背家族利益並遵守這個任意的公正原則，還期待他人也要一同遵守？而這樣的心理層面是否會影響到統治制度的形成與運行？

糟糕的朋友

你坐在好友的車上，他撞到一個行人。你知道他時速是 1 小時 35 英里，而這個城市的最高速限是 1 小時 20 英里。

除了你之外，沒有其他目擊者。好友的律師說，如果你可以在宣誓後作證他的時速只有 1 小時 20 英里，他也許就無須承擔嚴重的法律後果。

你認為：

a. 你朋友絕對有權利期待身為好友的你，幫他作證說他

西方文化的特立獨行如何形成繁榮世界

圖 1.6　43 國的經理人在乘客難題中做出普遍主義（即非關係型）回應之百分比。
顏色較深的區域代表該區域之經理人做出普遍主義回應、不願幫助朋友的百分比。
斜線區域表示無相關數據。[37]

的時速是 20 英里。

b. 你朋友沒有權利期待你會幫他作證，並且是作假證說
他的時速只有 20 英里。

　　這就是在全球經理人與商業人士之間流通已久的乘客難題
（Passenger's Delimma）。如果你的選擇是 (b)，那你可能相當
WEIRD，就像加拿大、瑞士、美國的人一樣，其中 90% 的受試
者都不想作證，也覺得他們的朋友不該有這樣的期待，這就是普

遍主義（universalistic）或非關係型（nonrelational）的反應。反之，尼泊爾、委內瑞拉、南韓的多數受試者都說他們願意在宣誓後說謊幫助朋友，這就是**特殊主義**（particularistic）或**關係型**（relational）的反應，代表人對家庭與朋友的忠誠。圖 1.6 的地圖為 43 個國家以普遍主義回應的百分比，顏色愈深的區域代表回應中普遍主義較多、特殊主義較少。[38]

乘客難題並沒有什麼特別的內容。願意幫朋友作證的區域，該區的人還願意 (1) 把公司的內部資訊提供給朋友；(2) 造假朋友的健康檢查，好讓朋友的保費降低；(3) 公開發表評論時，誇大朋友餐廳的料理品質。對這些地區的人來說，幫助朋友才是「正確」答案。他們不會試著想將自己區分為遵守公正法則、直言不諱的個人，反之，他們對朋友非常忠誠，想鞏固自己的長期關係，即使可能會牽涉不法情事。在這些地方，裙帶關係在道德上合情合理。相較之下，在 WEIRD 社會中，很多人不喜歡那些會偏袒親友、不重視公平原則與無名準則（anonymous criteria，如資格、功績或努力）的人。

相信陌生人

「一般而言，你會說大多數人都值得信任，還是說與人相處時必須處處留心？」面對這個著名的普遍信任問題（Generalized Trust Question, GTQ），你會怎麼回答？

調查中，回應「多數人值得信任」的百分比成為一種原始評估資料，讓我們得以研究非個人的信任（impersonal trust）並繪

西方文化的特立獨行如何形成繁榮世界

製為全球分布圖。普遍信任問題受到廣泛使用，因此我們不只可以探究各國分布，還可以延伸到各地區、各省，以及美國各州。圖 1.7 顏色愈深的區域，代表該區回應「大多數人都值得信任」的比例愈高。

WEIRD 群體的非個人信任度最高，不過在美國國內與歐洲境內皆出現了有趣的差異。各國相較，認為多數人值得信任的

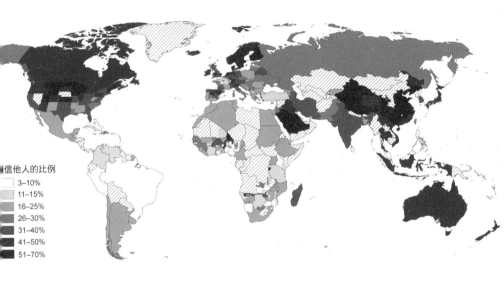

信他人的比例
3–10%
11–15%
16–25%
26–30%
31–40%
41–50%
51–70%

圖 1.7　非個人的信任之全球分布圖。
此為各國與某些大國各區域針對普遍信任問題的回覆分布圖，顏色愈深的區域代表非個人的信任度愈高。具體來說，該地區有愈多人認為大多數人都值得信任，則該地區的顏色就愈深。斜線區域代表我們對該區域一無所知。美國方面顯示的是自 1973 年至 2006 年各州「信任者」的比例平均值。[39]

比例，從挪威的 70% 到千里達及托巴哥的 4 ～ 5%。在美國，北達科他州（North Dakota）和新罕布夏州（New Hampshire）最為信任他人，有 60% 的居民相信他人；另一端則在阿拉巴馬州（Alabama）與密西西比州（Mississippi），只有 20% 的居民信任他人。歐洲各區域的差異也頗為顯著，例如義大利北部的特倫托（Trento），其信任度（49%）是義大利南部西西里（Sicily，26%）的 2 倍。同樣的分布模式也出現在西班牙的北部與南部。[40]

普遍信任問題的資料很有用，因為受試者多達數十萬人且遍布全球。儘管如此，我們仍應考量這些資料可能無法捕捉真正遇到陌生人且牽涉到金錢時，人們真實的反應是如何。為了尋求答案，研究者整合了數百個實驗的數據。在這些實驗中，實驗者將陌生人分組並擺上現金，觀察在投資方面出現的信任度為何。此數據涵蓋 30 個國家，參與者超過 2 萬名，結果顯示在匿名實驗情境中真的信任陌生人的人，該地區的參與者在面對普遍信任問題時，也傾向回答「大多數人值得信任」。[41]

然而，雖然能透過普遍信任問題找出**非個人**的信任者，卻有可能會出現誤解，因為有些地方的人在其密集的關係網絡中有廣泛的信任度，但不擴及與陌生人之間的交流。例如：中國人密集的社會網絡讓許多人對身邊的人都是高度信任，不過他們**非個人**的信任度卻不高。確切問到有多信任陌生人、外國人或第一次見面的對象時，這種模式的特性就會出現。中國受試者回答普遍信任問題時顯現出信任，但又很明顯不信任陌生人、外國人及剛認識的人。[42]

西方文化的特立獨行如何形成繁榮世界

非個人的信任是**非個人利社會行為**（impersonal prosociality）這種心理組合的一部分。這種心理組合與一系列的社會規範、期待與動機有關。這些社會規範、期待與動機則是關於公平、公正、正直、與陌生人或匿名者的合作，甚至是與抽象的制度合作（如警方或政府）。面對完全不在我們社會網絡裡的人，我們會產生什麼樣的感受，這種傾向就是非個人利社會行為。我要怎麼對待這個人？這就像是對匿名者的利社會行為底線，也可以說是一種預設的應對策略。[43]

　　非個人利社會行為也包含處罰違反公正規範者的動機、捷思（heuristics）*與策略。若某地方的人民傾向相信陌生人，且會與剛認識的人合作，則如果有人違反公平或誠實的公正原則，即使該行為不會直接影響到他們自己，他們仍傾向施以處罰；同時，如果有人受到違反規範者的傷害，也不太願意採取報復行動。

　　這些心理上的差異都與全球各國的收入有強烈的關聯性。該國國民有較多非個人利社會行為，則人均國內生產毛額較高、經濟生產力較高、政府更有效率、貪腐情形更少，且創新速度也較快。當然，如果法院、警察、政府等正式制度運作良好，發展非個人利社會行為會比較容易，但這一開始是怎麼做到的？難道內團體忠誠、裙帶關係、任人唯親（也就是對朋友忠誠）與貪腐，

---

*　譯注：對情形尚未全盤了解時，根據個人經驗所使用的直觀推理方式。

不會讓公平公正又有效率的正式統治制度在建構之時力量減弱？如果是有利於非個人利社會行為的心理狀態先形成，然後才出現互補的正式統治制度呢？[44]

對意圖痴迷

兩個互不相識的男人，鮑伯和安迪，走在非常熱鬧的戶外市集中，市集人滿為患，很難在人群中走動。安迪停下腳步，看起展示的商品，並把原本背著的包包放在地上。鮑伯注意到安迪放在地上的包包，趁安迪不注意，鮑伯彎下身子拿起安迪的包包便離開了。

鮑伯所為是好還是不好？（請使用下方的量表做選擇）

□ 非常壞　　□ 壞　　□ 不好也不壞　　□ 好　　□ 非常好

接下來，看看這一題：

兩個互不相識的男人，羅伯和安迪，走在非常熱鬧的戶外市集中，市集人滿為患，很難在人群中走動。羅伯停下腳步，看起展示的商品，並把原本背著的包包放在地上。羅伯的包包旁邊，有個長得很像的包包，這是安迪的包包，而羅伯並不認識安迪。羅伯轉身拿

包包時，不小心拿了安迪的包包，接著他就離開了。

在這個故事中，你會怎麼評價羅伯？羅伯所為是好還是不好？（請使用上方的量表）

大多數美國人批判羅伯時，明顯不像批判鮑伯時那麼嚴厲，只評價羅伯為「壞」而不是「非常壞」。同樣地，判斷處罰鮑伯和羅伯的程度，也從「非常嚴重」（鮑伯）降到了「嚴重」（羅伯）。在這兩個故事中，羅伯和鮑伯唯一的差別，就在於他們的心理狀態，也就是他們的意圖。鮑伯偷了安迪的包包，而羅伯則是不小心拿錯了。兩個例子中的安迪都受到同樣的傷害。

為了探究意圖在道德判斷中扮演的角色，人類學家克拉克‧巴雷特（Clark Barrett）與哲學家史帝夫‧勞倫斯（Steve Laurence）和我組成一個團隊，提供一組與前述相似的小故事給全球 10 個不同群體的數百位受試者，包含亞馬遜雨林、大洋洲、非洲、東南亞的傳統社會人民。我們的目標並非取得整個國家或地區的樣本（像前述的數據那樣），而是想觀察遺世獨立、位處鄉間且仍維持傳統生活型態的小型社會，這些群體大都自行生產食物，包含打獵、捕魚、耕作或放牧。為了有對照數據，我們也邀集住在洛杉磯的受試者。受試者讀到的小故事主要講述偷竊、下毒、毆打、觸犯飲食禁忌等，透過這些小故事，即可檢測諸多可能影響受試者判斷鮑伯或羅伯這種人的因素。[45]

結果發現，以他人心理狀態當作判斷依據的程度，在不同社會間有極大的差異。一如既往，WEIRD 群體又落在分布圖的極

端，非常依賴我們對他人心中或腦中看不見的狀態所做的推測。

圖 1.8 整理出了受測者對於以上偷竊情境小故事的回應，長條的高度代表受測者評價鮑伯（故意偷竊）和羅伯（過失偷竊）嚴重程度的差異。這些分數結合善與惡的衡量標準、受試者認為犯罪者名聲損害的程度，以及認為犯罪者應受到多重的懲罰。研究結果顯示，在不同群體中，意圖確有其重要性，愈長的長條代表受測者衡量羅伯與鮑伯應受的懲罰、名聲受損、好壞程度時，意圖占的分量愈重要。在圖表右側，洛杉磯人與烏克蘭東部人在乎意圖的程度最高，對鮑伯的評價比羅伯嚴屬許多，圖表分布的另一側是斐濟的亞薩瓦島居民，他們對鮑伯和羅伯的評價就相差無幾。其他群體如巴布亞紐幾內亞新愛爾蘭的瑟瑟昂加人，以及納米比亞的辛巴族牧人，他們也會因犯罪者意圖而影響對犯罪者的評價，但意圖造成的整體影響並不大。

圖 1.8 中，因偷竊情境而呈現的心理模式，也在其他犯罪案件中顯現，如毆打、下毒、觸犯禁忌等。意圖的重要性從斐濟亞薩瓦島的零分，到 WEIRD 群體的最高分。[46]

以他者的心理狀態做出道德判斷，這樣的差異已在後續研究中受到證實，且不只局限於將小型社會與 WEIRD 群體相比。例如：對陌生人做出道德或法律上的判斷時，日本人在乎意圖的程度比美國人低，較為傳統的社群更是如此。將意圖用於判斷，很大程度是取決於群體關係的性質。日本的例子很值得注意，因為日本的正規法律制度幾乎就是美國的翻版，但因為日本人潛在的心理與美國人不同，所以制度運行的方式非常不一樣。[47]

西方文化的特立獨行如何形成繁榮世界

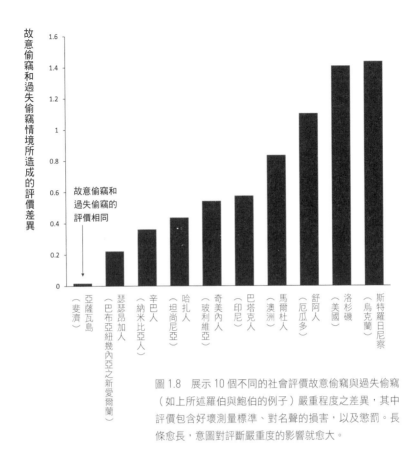

故意偷竊和過失偷竊情境所造成的評價差異

故意偷竊和
過失偷竊的
評價相同

亞薩瓦島
（斐濟）

瑟瑟昂加人
（巴布亞紐幾內亞之新愛爾蘭）

辛巴人
（納米比亞）

哈扎人
（坦尚尼亞）

奇美內人
（玻利維亞）

巴塔克人
（印尼）

馬爾杜人
（澳洲）

舒阿人
（厄瓜多）

洛杉磯
（美國）

斯特羅日尼察
（烏克蘭）

圖 1.8　展示 10 個不同的社會評價故意偷竊與過失偷竊
（如上所述羅伯與鮑伯的例子）嚴重程度之差異，其中
評價包含好壞測量標準、對名聲的損害，以及懲罰。長
條愈長，意圖對評斷嚴重度的影響就愈大。

　　許多 WEIRD 群體都對這個研究結果感到非常意外。對
WEIRD 群體來說，意圖、信念、個人性格對道德判斷真的非常
重要，以致於其他社會的人大都（或全部）以做了什麼（即成果）
來做出評價時，就抵觸了 WEIRD 群體認為心理狀態非常重要的
強烈直覺。但在這 1 萬年間，大多數人對陌生人做出道德判斷時，

可能都覺得心理狀態因素沒那麼重要。這樣的預期是直接來自關係至上的社會中，親屬制度運行的方式。你會在後面的章節讀到，親屬制度在文化上演化，創造出緊密又持久的社會單位，方法包含在氏族與世系群中分散責任、刑事罪責與羞恥，使得進行道德判斷時，個人心理狀態的重要性降低或全然抹滅。[48]

見樹不見林

2000 年，我回到馬普切人（Mapuche）的身邊。馬普切人是智利鄉村地區的原住民，我曾在 1997 年至 1998 年來此地研究，並將之做為博士論文的一部分。馬普切人的小農村在白雪覆頂的安地斯山脈山腳下，身邊圍繞著綿延起伏的丘陵地。馬普切人現在仍用牛拉鐵犁耕田來種植小麥、燕麥與少量蔬菜。淵遠流長的家族會共同參與播種和脫粒等工作，這些工作在年度豐收祭時達到頂峰，讓原本分散的家族聚集一處。我花了近一年的時間在田地與社群間遊走，有時還要避開憤怒的看家犬，為的是採訪務農的馬普切人，偶爾做些心理學和經濟學實驗。別的先不提，我學到的是牛群竟能拉動你深陷泥濘的四輪速霸陸汽車，十分可靠。我還學到，你是有可能跑贏一群看家犬的，只要你可以在 7 分鐘內奔馳好幾英里，牠們就會比你先耗盡體力。[49]

這次旅行，我也帶了一些實驗來做，這是我和密西根大學（University of Michigan）心理學家理查・尼斯比（Richard Nisbett）交流的時候學到的。尼斯比和他的幾位學生，現在都是

很有成就的心理學家，他們發現了東亞人與歐美人在依賴「分析性」思考與「全面性」思考方面，存在重大差異。這裡的關鍵區別在於，關注的是「個人」或「關係」。分析性思考的人會將物品或部件放大檢視，把它們分開來看，接著指定這些物體或部件的屬性，以解釋其作用。他們想找的是精確的規則或條件，讓他們可以將個體（包括動物或人類）放到分散未重疊的分類中。他們解釋事物的方式是想出「類型」（她是哪一種人？），並指定這些類型的屬性。分析型思考者思考趨勢時，會傾向「看」直線，並假設除非出了什麼事，否則事情會依照目前的方向繼續前進。反之，全面性思考的人並不將重點放在部分，而是聚焦於整體，特別是每一部分之間的關係與其互相連結的方式。身為複雜關係網絡的一員，他們認為時間是非線性的，甚至本來就是一種循環。50

　　有很多實驗都檢測了分析性思考與全面性思考的不同面向，在其中一個「三件組實驗」（the Triad Task）中，我給受試者看一張對照圖與另外兩張標示為 A 與 B 的圖。舉例來說，我的對照圖是一隻兔子，而另外兩張圖分別是 (A) 一條蘿蔔和 (B) 一隻貓。跟受試者確認看過的圖片後，我問他們對照圖（如兔子）應「搭配」(A) 還是 (B)。在這兩張圖中，一張代表規則導向的分析性方法，另一張則代表全面性或功能性取向。如果受試者用貓配上兔子，則他們**可能**是以抽象的規則來分類（兔子和貓都是動物），將兩者搭配在一起。然而，如果他們是選擇用蘿蔔配上兔子，則他們可能是以特定的功能性關係為先，即兔子吃蘿蔔。

圖 1.9 是包含馬普切人的全球分布數據，執行的實驗也類似三件組實驗。這個實驗的受試者是透過 yourmoral.org 網站而來，共有來自 30 個國家、超過 3,000 位的受試者參與。不出所料，WEIRD 群體的數據堆在光譜的一端（即黑色長條），而全球其他群體則分散在光譜各處。與大多數的社會相比，WEIRD 群體的分析性非常高。至於馬普切人，若純粹照表面數值來看，他們大部分都是全面性思考，回答分析性選項的機率平均只有五分之一。[51]

　　以我對馬普切人所做的民族誌研究來看，我認為這些數據可能隱含著更大的心理學差異。我回頭訪問每一個馬普切受試者時發現，他們大多數看似「分析性」的選擇，其實都是經由全面性推理而得。例如：對照圖是一隻豬，可以「搭配」的是一隻狗（分析性思考，兩者都是動物）或一根玉米（全面性思考，豬會吃玉米）。選擇狗的馬普切人解釋，這是因為狗會「保護」或「守護」豬隻，這顯然再合理不過，因為大多數農民都會仰賴狗來保護他們的家園與牲畜，避免遭盜賊（或討厭的人類學家）侵擾。馬普切人找出許多在脈絡上十分合理的全面性關係，來解釋他們看似「分析性」的選擇。他們真正屬於分析性的回覆大約低於 10%。

　　在各個社會之間，使用分析性而非全面性思考的傾向，會影響我們的注意力、記憶、知覺，而這些又會影響我們的表現，即使是有客觀正確答案的任務亦如此。例如：看完一段水下景觀影片，在記憶測驗中，東亞人比美國人更能記得影片的背景與脈絡。眼動軌跡追蹤告訴了我們原因：東亞人花較多時間用眼睛探索影

　　　　西方文化的特立獨行如何形成繁榮世界

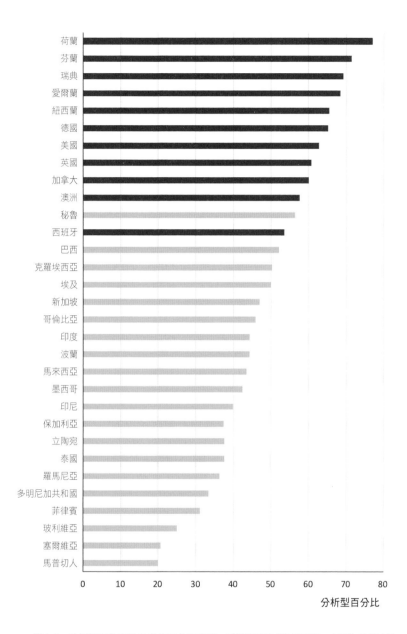

圖 1.9　分析性與全面性思考的三件組實驗，受試者來自 30 個國家，人數為 3,334 位。
黑色長條為 WEIRD 國家。馬普切人的數據來自內容稍有不同的三件組實驗。[52]

像各處，而非在焦點或中央位置的動物及物體。[53] 反之，美國人的注意力和眼動軌跡都集中在焦點上，忽略了脈絡與背景。這樣的注意力模式決定受試者會記住什麼內容。

如果某個群體變得更偏向分析性思考，也傾向在道德或法律決斷時把意圖考慮進去，那這會如何影響法律、科學、創新與政府制度的後續發展？

剩下的冰山

專注在己、個人主義、不從眾、有耐心、容易信任他人、分析性思考、對意圖痴迷，以全球視角與歷史脈絡而言，WEIRD群體在心理上非比尋常，而以上這些只是其中一小部分的樣本。我們也會高估自己所有物的價值（即稟賦效應〔endowment effect〕）、高估自己的天賦、想讓自己看起來不錯（自我膨脹〔self-enhancement〕），而且很愛自己做決定。表 1.1 列舉本書討論的一些關鍵心理特質，有些我已經談過，有些我們將會在後面的章節遇到。

如果你因為 WEIRD 群體在心理上如此獨特而感到驚訝，那你不孤單。心理學與經濟學的研究學者還有大部分行為科學的研究者，在全球實驗之中揭示驚人的心理變異模式時，他們也感到十分驚訝。許多研究者直接假設他們可以用美國大學生或任何 WEIRD 群體的樣本來做實驗，就能自信滿滿地主張有關全人類

西方文化的特立獨行如何形成繁榮世界

表 1.1　WEIRD 心理的關鍵要素

個人主義與個人動機
- 專注在己、自尊、自我膨脹
- 愧疚多於羞恥
- 性格取向的思考（人格）：歸因謬誤與認知失調
- 從眾程度低、不遵循傳統與長者意見
- 有耐心、自制、自我控制
- 注重時間、工作勤奮（重視勞動價值）
- 控制欲、喜愛做決定

非個人利社會行為（以及相關的世界觀）
- 公正原則勝於脈絡的特殊主義
- 對匿名他人、陌生人與非個人組織（如政府）皆能信任、公平對待、坦承、合作
- 注重心理狀態，尤以道德判斷時為甚
- 不太在意復仇，但願意懲罰第三方
- 少有偏愛內團體
- 自由意志：個人可以自己做決定，且這樣的決定很重要
- 道德的普遍主義：認為道德真理就跟數學定律一樣真實存在
- 線性時間觀且具線性發展的概念

知覺與認知的能力與偏誤
- 分析性思考勝於全面性思考
- 注意力會放在前景與中央位置的角色
- 稟賦效應：高估自己所有物的價值
- 場域獨立：將物體與背景分開
- 過度自信（對自己重視的能力）

的大腦、荷爾蒙、動機、情緒與決策是如何。[54]

　　雖然有愈來愈多證據出爐，但許多心理學家與經濟學家仍處於驚嚇之中，要不就還在否認，因為結果顯示，大多數課本、學術期刊與熱門的紀實書籍告訴我們的，其實都不是全人類的心理狀態，而只是 WEIRD 群體的文化心理狀態。即使到了現在，警鐘已敲響許久，仍有 90% 的實驗受試者屬於 WEIRD 群體。儘管如此，好消息是科學的齒輪已開始轉動，不同學科的研究者也共同推動起這座科學轉輪。[55]

　　我們就以本書的核心問題做為本章尾聲：

1. 我們要如何解釋以上提到的全球心理差異？
2. 為何 WEIRD 社會如此與眾不同，時常占據全球心理與行為分布的極端之處？
3. 在近幾世紀的工業革命與歐洲的全球擴張中，這些心理變異扮演了什麼樣的角色？

　　為了處理這些難題，我們會檢視中世紀天主教會無意間改變了人們心理的過程，因為其設下獨特的婚姻與家庭準則，讓歐洲緊密相連的氏族與親類瓦解為連結薄弱、互不相干的小型核心家庭。這樣的變化造成了社會和心理的改變，而社會和心理的改變又促成了如同業公會、特許市鎮、大學等自願社團興起，擴大非個人市場，加速城市發展。到了中世紀中期，更具 WEIRD 特質的思考、推理、感受方式因這些持續進行的社會變動而產生，進

　　　　西方文化的特立獨行如何形成繁榮世界

而推動新的法律、政治與宗教誕生，讓創新與西方科學加速發展。

　　但在我們進入主要環節以前，我們必須先了解人類的本質與社會的演化。我們到底是什麼樣的動物？我們應該用什麼方式思考文化與文化演化的角色？制度是什麼，又是從哪裡來？文化、制度、心理是如何交會並共同演化的？為何親屬、婚姻、儀式在多數社會中如此重要？社會是如何成長擴大並漸趨複雜，原因又是什麼？宗教在這個過程中又扮演了什麼角色？

—————————————— 注釋 ——————————————

1. Acemoglu and Robinson, 2012; Clark, 2007a; Diamond, 1997; Hibbs and Olsson, 2004; Landes, 1998; Mokyr, 2002; Morris, 2010.

2. Altrocchi and Altrocchi, 1995; Ma and Schoeneman, 1997. 圖 1.1A 中「個人特質、能力、抱負」等變數，是與 Ma and Schoeneman 的「個人特質」與「自我價值感」變數並用。圖 1.1B 中的「角色與人際關係」變數，廣義而言涵蓋了圖 1.1A「角色與人際關係」中可能出現的答案。

3. Ma and Schoeneman, 1997.

4. Heine, 2016; Henrich, Heine, and Norenzayan, 2010a. 提到自我概念時（也就是如何回覆「我是……」和「我是誰……」這類問題）常出現一種錯誤的想法，就是假設會注重個人特質、成就、興趣的現象，常與群體或社會性不和（Yuki and Takemura, 2014）。但事實並非如此。關鍵的差異在於個人與群體間的關係。馬賽人、桑布魯人及庫克群島的居民，都身處在複雜的家族結構中，這樣的家族結構包含廣泛的社會規範，賦予每個人相對於群體內他者的眾多義務、責任與權益。相較之下，具備 WEIRD 特質的人會找尋與其個

人興趣、目標、原則、抱負相符的陌生群體，並自願加入。知道某人是哪一個群體的成員，就可以了解這個人的興趣與價值觀，無論是「皮艇運動者」或「共和黨黨員」皆是如此。這種團體成員的關係經常是基於原則或活動產生，而非因特定關係形成，自願加入的團體成員更迭的時候更是如此。我若回答「我是科學家」，我的答覆可能不會讓你想到我和科學家同事一起出去玩，或受傷時我們互相幫忙，而是傳達出（希望啦），我決心要以理性和研究證據形成開放式的提問，並藉此了解世界。所以這是一個群體沒錯，但重點在於我這個人。

5. 我這裡提及的尺度常是從「個人主義」到「集體主義」（collectivism）（Hofstede, 2003; Tönnies, 2011; Triandis, 1994, 1995）。這種尺度形成的光譜至少已獲認可超過一個世紀。丹‧賀魯舒卡（Dan Hruschka）有一篇有趣的討論，請見：evolution-institute.org/article/infections-institutions-and-life-histories-searching-for-the-origins-of-ind. 請注意，在本書，我盡量避免使用「集體主義」，因為這個詞有太多語意模糊之處。

6. Heine, 2016; Hofstede, 2003; Triandis, 1989, 1994, 1995.

7. 當然，創造出這些制度的關係管控社會之間差異很大，這些社會的人民在心理上也有極大差異。例如：許多中國人非常成就導向，不過他們的動機通常是源自於滿足家人的期待，而非滿足自己內心的標準。然而，這樣的成就導向，讓中國看起來比較不像傳統社群，而比較像是一個 WEIRD 社會（至少表面上看來是如此）。無獨有偶，日本原本是以親屬為本的社群制度，在19 世紀後期的明治維新與第二次世界大戰之後，又加上了承襲自歐洲與美國具 WEIRD 特質的社會、政治與經濟制度。這樣的制度綜合體讓日本形成十分獨特的社會心理，既非 WEIRD 社會，也不同於常與日本被兜在一起談的南韓或中國（Hamilton and Sanders, 1992; Herrmann-Pillath, 2010）。

8. 在個人主義世界中尋求人際關係時，人們常會 (1) 宣揚自己的個人特質，同

時 (2) 在不同的社會情境都還是盡可能保持一致，以展現自己的「獨特」特質有多穩固。個人認為相對持久的面向是他們的個人特質，而非人際關係，因為鄰居、雇主、朋友都可能隨時間變換。內團體與外團體之間的分別在這裡完全不同，因為內團體通常不會把世襲網絡與外人分開，而是常基於社會分類建立而成，這樣的社會分類代表潛在的個人特質，包含原則、信念、偏好、興趣（如「自由黨員」或是「天主教徒」）。在這樣的世界中，人的宗教信仰、政黨、姓名、國家、城市、支持的球隊、性別、伴侶，都一直在變換。

9. Hofstede, 2003.

10. 全球心理差異還有其他重要的面向（Gelfand et al., 2011; Hofstede, 2003; Triandis, 1994）。

11. Acemoglu, Akcigit, and Celik, 2013; Gorodnichenko and Roland, 2011; Talhelm et al., 2014.

12. Hruschka et al., 2014; Hruschka and Henrich, 2013a, 2013b.

13. 仍有許多批評者會忽略這幾個重點，並假裝我沒有說過這些。

14. Campbell et al., 1996; Church et al., 2006; English and Chen, 2011; Heine, 2016; Heine and Buchtel, 2009; Kanagawa, Cross, and Markus, 2001. 很可惜，這些研究有太多都只看東亞與美國的大學生。

15. Suh, 2002.

16. Campbell et al., 1996; Diener and Diener, 1995; Falk, et al., 2009; Heine and Buchtel, 2009; Heine and Lehman, 1999. 這個研究結果多有局限，因為：(1) 心理學家的研究對象多為 WEIRD 群體；(2) 心理學家研究非 WEIRD 群體時，對象也大都是東亞大學生。以跨文化觀點探討臨床心理學與心理治療，請見：Ethan Watters (2010).

17. Foster, 1967; Heine, 2016; McNeill, 1991; Nisbett, 2003. 在我們的大腦中也可

以見到心理上適應不同世界的社會誘因，例如：近來有神經科學的研究指出，認為自己是獨立個體，與認為自己是關係網絡中一個與他人互相依賴的節點，前者的眼窩前額皮質（orbitofrontal cortex）比後者更大（Kitayama et al., 2017）。

18. Wallbott and Scherer, 1995. 這個研究結果，主要是靠受試者敘述的經驗再做分類，而非研究者提供給受試者的情緒標籤。WEIRD 群體對於愧疚與羞恥之間的差別完全摸不著頭緒，尤其是美國人（Fessler, 2004）。

19. Fessler, 2004; Martens, Tracy, and Shariff, 2012; Sznycer et al., 2016, 2018; Tracy and Matsumoto, 2008; Wallbott and Scherer, 1995; Wong and Tsai, 2007.

20. Benedict, 1946; Elison, 2005; Fessler, 2007; Levy, 1973; Scheff, 1988; Tracy and Matsumoto, 2008; Vaish, Carpenter, and Tomasello, 2011; Wong and Tsai, 2007.

21. 在階層嚴明或實行種姓制度的社會中，底層階級的人光是跟上層階級的人共處一室都會感到羞恥，因為上層階級會輕視底層階級。

22. 無獨有偶，WEIRD 群體如果沒有幫朋友搬家、沒有去醫院探望生病的朋友，他們也會感到愧疚，而這樣的情緒會讓他們與這些朋友親近，試圖修復、維護關係，但這些行為很少是因具義務性質且受緊密網絡嚴密檢視的社會規範而起。

23. Milgram, 1963. 若心理學是在其他地方開展，如香港或斐濟，我想從眾這個現象就會十分明顯，因而不足為奇。

24. Bond and Smith, 1996. 感謝戴米恩‧莫瑞（Damien Murray）提供數據資料。

25. Asch, 1956; Bond and Smith, 1996. 圖中從眾效應的大小來自實驗組與對照組誤差平均值的差異，以標準差為尺度。所以若從眾效應的大小是 1，表示實驗組平均值比控制組平均值高出一個標準差。

26. 龐德與史密斯（Bond and Smith, 1996）利用整套資料（我在這套資料中彙集所有 WEIRD 國家，以利繪製圖表）做了更多分析，他們發現，不只是霍夫斯泰德的個人主義量表與從眾效應相關，另外兩份個人主義量表也是如此（Schwartz and Bilsky, 1990; Trompenaars and Hampden-Turner, 1998）。

27. 從眾效應如何影響生活，可以想想左撇子的例子。在現代 WEIRD 社會中，大約有 10 ～ 16% 的成人為左撇子；WEIRD 世界之外，無論是亞洲或歐洲，左撇子的比例通常都低於 6%，有時甚至會低於 1%。中國左撇子的比例則是 0.23%，非洲傳統的祖魯（Zulu）社群的左撇子比例更是趨近於零（Coren, 1992; Kushner, 2013; Laland, 2008; Schaller and Murray, 2008）。

28. 由多曼等人重新繪製（Dohmen et al., 2015）。感謝安克・貝克（Anke Becker）與繪製群提供資料以利出版。

29. Dohmen et al., 2015. 此耐心測量方法包含利用假設性的金額實行我先前提及的時間折扣測量方法，以及用問卷詢問受試者為未來放棄當下酬賞的意願。這份調查的設計與組合，係基於這份調查在真實實驗室情境中，是否能預測含實際金錢的時間折扣測量結果而定（Falk, et al., 2016）。另外，這些選擇題當中的金額，皆依受測者國家的購買力衡量訂定。

30. 自 1820 年經濟發展加速以來，愈有耐心的國家，經濟成長就愈快速，無論是二戰後的短期經濟或長期而言皆是如此。移除統計上其他眾多影響因素之後，這樣的關聯仍然存在。這些因素包括緯度、降雨量、氣溫、是否被歐洲殖民、人與人之間的信任（下文將探討更多信任的主題）。

31. 這種測量方法也與執行功能有關（Casey et al., 2011; A. Diamond, 2012; A. Diamond and Lee, 2011; A. Diamond and Ling, 2016; Duckworth and Kern, 2011; Mischel, Shoda, and Rodriguez, 1989; Mischel et al., 2011; Strömbäck, 2017）。

32. Chabris et al., 2008; Dohmen et al., 2015; Duckworth and Seligman, 2005; Falk

et al., 2016; Kirby et al., 2002; Mischel et al., 1989; Moffitt et al., 2011. 舉例來說，八年級生在秋季開學時若不對未來打折扣（即選擇了 B：延宕），則年底時，他們的學業成績和成就測驗分數都會比較高。事實上，雖說耐心和智商都很重要，但在預測學業成就上，耐心比智商更為重要。值得注意的是，近來研究也認可棉花糖實驗預測學業成就的能力（Watts, Duncan, and Quan, 2018）。但這項研究似乎透過涵蓋廣泛的控制變項來挑戰棉花糖實驗的結果。這些控制變項反映的是文化形塑耐心的方法，如兒童經歷的社會情境、家庭環境、父母的耐心等。簡而言之，若在統計上，將一開始讓耐心產生差異的因素移除，就很容易弱化耐心測量方法與後續學業成就之間的關係。

33. Fisman and Miguel, 2007. 有趣的是，得到較多美國援助的國家，其外交官會吃上較少的罰單。這份研究中使用的貪腐指數結合了所有主要的國際貪腐指數，並選取第一個主要成分，所有的指數之間都有高度相關。

34. 如果著眼於個人的行為而非全體外交代表團的行為，則會發現在新制上路之前，在聯合國待愈久的外交官，就愈有可能拿到罰單。沒有罰則威脅的情況下，自身利益會逐漸將外交官員自身的文化標準腐蝕殆盡，來自貪腐程度較低的國家尤其如此。同理，2002 年的紐約市警察局執法有決定性的影響，但此舉對貪腐程度較低的國家，效力卻特別強大。

35. Gächter and Schulz, 2016. 我們沒有理由認為收入多寡或賭注大小會影響實驗結果，相關補充材料請見：Gächter and Schulz (2016)。值得注意的是，各國的金額已經過調整，在不同地區也呈現相同的購買力。

36. 改編自：Gächter and Schulz (2016)。

37. Trompenaars and Hampden-Turner, 1998. 感謝丹‧賀魯舒卡提供資料（Hruschka and Henrich, 2013b）。

38. Trompenaars and Hampden-Turner, 1998.

39. 此全球分布圖涵蓋的資料來自奧岡與卡胡克（Algan and Cahuc, 2013）、世界價值觀調查（Inglehart et al., 2014）以及民調機構「非洲晴雨表」（Afrobarometer）（www.afrobarometer.org）所做的調查。

40. Algan and Cahuc, 2010, 2013.

41. Johnson and Mislin, 2012. 呈現同樣關聯的大型實驗，請見費爾等人的研究（Fehr et al., 2002）；將普遍信任問題連結到實驗室中的經濟實驗，以測量合作與公平的研究，請見：Francois, Fujiwara, and van Ypersele, 2011; Herrmann, Thöni, and Gächter, 2008; Peysakhovich and Rand, 2016.

42. 中國受試者對於普遍信任問題的回覆令人印象深刻，而這也展現了（至少一部分的）關係至上制度的威力，而非 WEIRD 群體身上展現的非個人利社會行為。我們可以藉由一份研究了解這樣的差異，這份研究的對象是就讀商學院的美國與中國經理人（Chua, Ingram, and Morris, 2008; Chua, Morris, and Ingram, 2009, 2010; Peng, 2004）。與美國籍的同行不同，若某人與中國經理人同處於較為廣泛的社會網絡中，且與之有其他多重關係，則中國經理人較偏好與其發展專業關係。這種重要的商業關係是商場建立信任的基礎，同時也是十分私人的人際關係。除此之外，商業夥伴在經濟上的依賴也表示個人關係存在，而這樣的關係有時也會模擬如同家人的關係，如兄弟或父子，中文裡甚至有一個詞來形容與工作有關的個人關係網絡，這個詞就叫做「關係」。中國人的專業網絡中通常也會有比較多親戚，這點也毫不意外。反之，美國經理人會跟特定的一些同事擁有緊密的關係，但這並不會影響他們對這些同事的信任。也就是說，美國人並不會因為與某個同事交情甚篤，就更加信任他。同理，跟中國人比起來，美國人和商業夥伴在經濟上的依賴，並不會讓美國人與之發展成個人關係。WEIRD 群體的友誼應是「純粹」的，且不受這些「混亂」的依賴關係影響。這類研究認為，中國的產業與商業雖然採用 WEIRD 世界的結構，看起來也與 WEIRD 社會無異，但其實仍以關係至上的網絡為基礎發展建構。有了這個概念，我們就可以回頭看看全球調

西方文化的特立獨行如何形成繁榮世界

查，以及其他與信任有關的問題。在中國，在「你是否信任剛認識的人？」這題回答「是」的人，只有11%；而美國、英國、法國、德國則有三分之一到二分之一的人回答「是」。無獨有偶，會信任外國人的中國受試者只有9%；反之，52%的德國人說他們會信任外國人，這個回覆在美國與澳洲的比例上升到超過65%（Greif and Tabellini, 2010）。在中國，信任的關鍵就是在緊密的網絡中建立個人關係，如此才能以非正式的方式，建立經濟上與社會上互相依賴的關係。

43. Thoni, 2017.

44. Alesina and Giuliano, 2010, 2013; Algan and Cahuc, 2010, 2013; Falk et al., 2018; Herrmann et al., 2008; Hruschka and Henrich, 2013b.

45. Barrett et al., 2016.

46. 這個研究結果並不能反映缺乏推斷其他心理狀態或意圖的能力。多年來，我和同事在斐濟亞薩瓦島執行無數的心智化能力實驗，心智化即推論他人信念、意圖、動機的能力。實驗結果發現，亞薩瓦島居民心智化能力很強，他們的語言中有足夠的詞彙用來討論心理狀態。然而，他們不習慣公開討論他人的心理狀態，也不會將之用於對陌生人做道德評斷，正如這個實驗所顯示的。他們注重的是結果，而非推理而得的心理狀態。在我們設計的下毒情境中，主角或有意或無心地把毒藥倒進自家村莊的水源中，造成鄰居中毒，幾乎致死。有趣的是，納米比亞的辛巴人和坦尚尼亞的狩獵採集者哈扎人在下道德評斷時，都不會將主角的意圖考慮在內。

47. Hamilton and Sanders, 1992; Robbins, Shepard, and Rochat, 2017. 近期將日本與美國兒童放在一起比較的文化神經科學研究，漸漸發現大腦不同的活化模式，造就了推理他人心理狀態的能力（Kobayashi, Glover, and Temple, 2007）。

48. Curtin et al., 2019; Gluckman, 1972a, 1972b.

49. 針對馬普切人的研究，請見：Faron, 1968; Henrich and Smith, 2004; Stuchlik, 1976.

50. Miyamoto, Nisbett, and Masuda, 2006; Nisbett, 2003; Nisbett et al., 2001.

51. yourmorals.org 這個網站提供使用者有趣的心理學實驗，所以使用者不太可能符合任何國家人口的隨機性，甚或代表性。我們結合其他數據庫來解決這個問題的一小部分，這些數據庫的受試者有接受三件組實驗，另還有其他實驗。在大學生受測者中，思考最具全面性的受試者，從中東的阿拉伯人到中國和東歐的參與者（Varnum et al., 2008），最後是英國人與美國人。感謝亞拉・諾倫薩揚提供中東阿拉伯人的數據。並且，跟信任問題一樣，義大利北部人比義大利南部人更善於分析性思考（Knight and Nisbett, 2007）。

52. 感謝湯瑪士・塔爾赫姆提供 yourmorals.org 的數據（Talhelm, Graham, and Haidt, 1999）。

53. Chua, Boland, and Nisbett, 2005; Goh and Park, 2009; Goh et al., 2007; Goh et al., 2010; Masuda and Nisbett, 2001; Masuda et al., 2008; Miyamoto et al., 2006. 文化神經科學家在功能性磁振造影（fMRI）中，為受試者執行三件組實驗，發現東亞人與歐洲裔美國人的大腦執行策略不同（Gutchesset et al., 2010）。

54. Falk et al., 2009; Heine, 2016; Nisbett, 2003.

55. Falk et al., 2018; Henrich, Heine, and Norenzayan, 2010a, 2010b; Nielsen et al., 2017; Rad et al., 2018.

二、創造一個文化物種

大自然為社會造人時，她讓人類天性渴望取悅他人，並對冒犯弟兄的行為不由自主地感到厭惡。她教導人類對他人喜愛的感到愉悅，對他人不喜愛的感到厭煩。她讓人類覺得，他人的認可是最愉快討喜的事，他人的反對則是最反感窘迫的事。

—— 亞當・斯密（Adam Smith），《道德情操論》（*The Theory of Moral Sentiments*）第一部第三章，頁 34，1759。

這些人嚎叫著，搥打威廉‧巴克利的胸脯，於是他知道，自己將被他們殺死。然而，他漸漸發現，這個由澳洲狩獵採集者組成的小型遊群其實是在歡呼，因為他們把他錯認成死去的親人了。拯救他的這群人相信死而復生的人皮膚是淺色的，就像他們的新生兒一樣。巴克利幾天前撿到這個遊群插入死者墳上的長矛，所以造成遊群的誤會。如此幸運的神來一筆，讓巴克利直接躋身其親屬網絡中，而族人將他無法說話、身體虛弱又笨拙的現象視為死亡帶來的不幸副作用，將之一筆勾銷。[1]

幾週前，1803 年 12 月底，巴克利和幾個獄友從澳洲流放地脫逃，在維多利亞的原始海岸流亡，他很快便跟同夥分手，而同夥最終全都死了。巴克利自己也處於死亡邊緣，他無法覓食、找不到淡水，也無法生火，他的新原住民家族救了他，並照顧他直到恢復健康。

巴克利的遊群屬於一個父系氏族，這樣的氏族共有大約 20 個，合起來組成瓦薩榮（Wathaurung）部落。此地的氏族擁有特定領地並享有控制權，包括領域中有價值的資源，如蛤蜊田、水晶沉積岩及動物產卵地。領地為所有氏族成員共同擁有，而氏族成員的身分會經由父親自動傳給下一代。

瓦薩榮人因婚姻與儀式而連結，受部落同盟緊密相連，說的是相似的語言，也擁有相似的習俗。每一個氏族都會和另一個氏族的婚姻團體配對，每個人都必須和配對的婚姻團體成員通婚，與自己所屬的婚姻團體私通會被視為亂倫。男性會為自己的女兒或姊妹安排婚事，常在她們小時候或甚至嬰兒時期就安排妥當。

跟大多數狩獵採集者的社會一樣，男人可以擁有多位妻子。有威望的獵人或勇猛的戰士有時會有五位或甚至六位妻子，能力較弱的男子就會找不到老婆，也沒什麼前途。[2] 巴克利也提到，在定期舉行、將不同氏族和鄰近部落聚集起來的大型儀式中，族人會在身上塗滿白色條紋，還有節奏性擊鼓、眾人同步舞蹈與熊熊烈火。這類儀式有時還包括讓來自散落社群的青少年舉行割禮的成年儀式。[3]

儘管有婚姻和儀式的連結，但在巴克利與瓦薩榮人相處的 30 年光陰中，最令他詫異的是各個遊群、氏族和部落之間的暴力衝突。在傳記中，巴克利共敘述了 14 場衝突，其中有好幾場是致命夜襲及數百名戰士參與的激戰。其中一場衝突中，有 300 位敵對部落族人在遠處空地聚集，巴克利的遊群逃走了，但最後他們仍重新會合、集結盟友，並付出巨大代價保衛領地。另一個畫面也教人膽戰心驚，巴克利的遊群蹣跚走過一堆血腥的屍骸，這是與我方友好的遊群，他們前一天遭到屠殺。大多數暴力衝突，主要是在爭跟女人有關的問題（誰應該跟誰結婚），有些則是為了復仇，因為對方使用巫術導致「不自然」死亡（例如：以巫術誘導毒蛇咬人）。

以下為巴克利描述的一樁衝突，讓我們得以一窺何謂集體負責制。外部氏族的男子「誘騙」了巴克利遊群成員的妻子，說是「誘騙」，但似乎只是這位女子想跟另一個男人在一起。巴克利的遊群遇上「小偷」遊群，於是逃走的妻子被強制帶回，最後住在巴克利的住所，這讓他非常苦惱。幾個月後的夜半時分，女子

的善妒愛人突然出現，將刀刺進熟睡的丈夫體內（巴克利就在他身旁打呼），並帶著女子逃離。幾週後，巴克利的遊群再度遇上這個遊群，只不過這一次，凶手和「被偷走的」妻子已不在此。讓巴克利驚恐的是，他的遊群展開報復，殺了凶手的成年兄弟及4歲的女兒。在巴克利看來，被殺的人完全是無辜的。

巴克利和遊群生活了二十五年，與他最親近的人都因暴力衝突死亡，他因此黯然神傷，開始離開部落獨居。他就跟其他狩獵採集者一樣，學會對陌生人保持害怕與不信任，因為獨自前來的人可能是敵對陣營的偵察者。巴克利也遵照標準做法，以草和樹皮在自己的小營地築起圍籬，以遮蓋夜裡生火的蹤跡。

獨居七年期間，巴克利一直刻意避開與船隻和水手的接觸，但最終，他還是決定要回到歐洲人的世界，在一個叫墨爾本的地方安頓了下來。

為學習而演化

巴克利在澳洲原住民族群中生活的經驗，凸顯出了解人類本質的兩個核心問題：第一，儘管巴克利與其他逃犯一開始有四天份的物資，所處環境還是澳洲生態最為豐饒之處，但以狩獵採集求生的結果還是完全失敗。他們找不到足夠的食物，無法生火、建造居所或做出必備的長矛、網子與獨木舟。也就是說，這些人所在的大陸已有人類覓食生活近六萬年，但他們卻無法在這裡以狩獵採集者的方式生存下來。這是為什麼？既然我們這個物種已

經以狩獵採集者之姿活了幾乎二百萬年，也許有人會認為，我們聰明的靈長類大腦應該很擅長狩獵採集過活才對。如果大腦演化並沒有讓我們更知道怎麼狩獵和採集，那我們聰明的大腦演化到底是為了什麼？

巴克利遇到的社會世界，則凸顯出第二個核心問題。遇見自己的原住民家族後，他幾乎未曾提及飢餓、口渴等占據他故事開端的匱乏情形。相反地，情節轉換到一個受社會規範形塑的世界，這個世界以社會規範將人納入氏族與部落，在文化設下的責任與義務中形成互相依賴的網絡。社會規範規定要包辦婚姻（arranged marriage），鼓勵一夫多妻，並讓一半的人都受亂倫禁忌束縛。跟著婚姻一起的還有儀式，儀式對心理的影響強大，可以團結氏族與部落內部與其間的連結。然而，儘管有這些社會連繫，群體之間仍暴力衝突不斷，形成長期威脅，也成為死亡主因。在這個世界裡，人們的生死存亡十分依賴其社會團體的規模與團結程度。但這些氏族、婚姻團體、儀式、部落，是從哪裡來的？

應對這些問題的關鍵，就在於認定人類是個文化物種。我們跟其他動物不一樣，我們的基因演化是為了向他人學習，以取得大量跟行為有關的資訊，包括動機、捷思、信念，而這些都對我們的生存與繁衍非常重要。與其他物種相比，人類互相學習的能力非常強大，讓我們能獨自累積漸趨複雜的文化知識，如複雜的拋射技巧、處理食物的方法、新的文法、逐漸擴增的社會規範等。這些是我上一本書《我們成功的祕密：文化如何驅動人類演化、馴化人類並讓我們變得更聰明》主要探討的議題，我在該書詳述

我們如何以演化的角度，來理解人類這個物種的起源、心理與文化。而在這裡，我會簡單說明此研究方法的一些基礎，再用這些基礎來探討 WEIRD 心理與現代世界的起源。

要理解文化對於人類本質的重要性，並不是將「演化」或「生物」成因與「學習」或「社會化」成因視為對立兩面，而是剛好相反，研究者將文化納入擴大的演化研究方法，探詢天擇如何形塑我們的靈長類大腦，讓我們以最有效的方式學習各種概念、信念、價值、動機，與實踐，而這些是我們無論在何種生態或社會中生存發展都需要的。因此，透過基因演化，讓我們可以因時制宜地學習，讓我們的心智與行為符合所處環境。

確切來說，我們的文化學習能力經演化磨練之後，能夠知道要**向誰**學習、要學**什麼**，以及**何時**要啟動文化學習，而非依賴其他資訊來源，如個人經驗或先天直覺。這就是文化學習的**對象**、**內容**與**時間**問題，我們在此簡單說明。

為了找出學習的對象，成人、兒童或甚至嬰兒會整合與潛在角色楷模之技能、能力、可靠程度、成功程度、聲望、健康、年齡、性別、族裔相關的線索。學習者優先關注成功者或具威望者，將注意力與記憶力都集中在某些人身上，這些人最有可能擁有一些實用資訊、實踐、動機、價值觀等，能讓人獲得更高的成就或地位。學習者將名望或成功等線索，與自己相像的線索如性別、族裔（像是：會說相同的方言）等等整合後，就可以將注意力集中在某些人身上，這些人擁有的技能、策略與態度，對學習者未來發展角色或社群時可能最為有利。[4]

西方文化的特立獨行如何形成繁榮世界

天擇除了影響我們要向誰學習，也形塑了我們將注意力放在哪裡，如食物、性、流言蜚語，以及我們如何處理、儲存與組織特定的信念與偏好。例如：來自斐濟、亞馬遜雨林、洛杉磯等不同地區的兒童，在學到一個新物種的飲食、棲息地與危險性後，會直接將這些資訊套用在整個分類（如眼鏡蛇）上，且會優先記得該分類的危險性，而非其棲息地、飲食或名稱。若兒童犯錯，犯下的錯也是適應性的表現，也就是將無害物種錯認為有害物種，而非將危險物種錯認為無害物種。這樣的**內容線索**（what-cues）會影響我們的推理、記憶、注意力，幫助我們過濾、組織並回想真正重要的資訊，避免犯錯而付出慘痛代價。[5]

　　當然，我們所處的文化本身也會影響我們後續注意、記得與相信什麼。受文化引導的內容線索，其中一個源頭是來自新的信念或實踐能否與先前習得的「搭配」。例如：假設在成長過程中，你一直都相信隔壁山谷的部落非常邪惡，也相信吃人肉是罪大惡極的，則如果有人跟你說隔壁山谷的部落是食人族，你就會先入為主地相信。邪惡的部落會做邪惡的事，以心理學來說，一切都搭上了。[6]

　　這就帶到下一個問題：學習者該在**什麼時候**依賴文化學習，而非其自身經驗、個人資訊或直覺？答案很簡單：當問題很難、狀況模稜兩可，或自己學習的代價很龐大時，人類就該更依賴向他人學習。在我最愛的實驗中，為了測試這個概念，任務難度與答對所得的現金多寡都受到操控。例如：受試者必須辨識哪一組曲線最長，而他們得到的現金可能會不一樣。他們可以

靠自己的知覺或依賴文化學習（也就是看其他人的決定）。任務愈難（也就是各個曲線的長度愈接近），就有愈多受試者觀察他人的答案，並在判斷時將這些答案考慮在內。實務上，這段過程常會讓人忽略自己的知覺，遵從主流或多數所做的決定。除此之外，只要任務不要過於簡單，答對所得的現金愈多，就只會讓人們**愈來愈**仰賴文化學習，而非自己直接評估或依靠直覺。這表示學習的代價太高，或不可能經由個人經驗或反覆試驗來探索的重要領域中，文化學習將凌駕我們自身的經驗與直覺。想想宗教與儀式就知道。[7]

重點是，這些經基因演化而成的學習能力，並非只是讓我們將文化軟體下載到原有的神經硬體中而已，而是讓我們的腦袋重新接線，改變我們的生物學特性，即文化更新了我們的驅動程式。學習者觀察他人時，就是在主動調整神經迴路，讓自己的知覺、偏好、行為、判斷，與自己所選擇的楷模更加接近。想想上一章測量耐心的延宕折扣實驗（如圖1.4）。學習者若有機會觀察他人的選擇，進而培養耐性，他們就會漸漸調整自己的延宕折扣行為，以符合楷模的行為。大腦掃描研究結果顯示，酬賞與增強學習系統中的紋狀體，為了執行這些心理上的調整，會處理學習者與楷模之間的差異，並誘發內側前額葉皮質中相應的可塑性變化，為特定情境編碼出最為適切的反應。還有一些相似的研究結果也揭示文化學習如何形塑我們的神經，影響我們對名貴酒品、俊帥男子與動聽歌曲的偏好與知覺。藉由選擇性關注特定環境下特定種類的想法與個人，我們的文化學習能力就能調適並為我們

的大腦與生物學特性重新接線，為的就是在這個以文化建構的世界中，讓我們的大腦與生物學特性找到正確的方向。[8]

我們透過學習來選擇性過濾與重組他人的信念、實踐、技巧、動機，形成了一個過程，稱為**累積的文化演化**（cumulative cultural evolution）。累積的文化演化世代運作，並逐漸形成愈趨精密的科技、複雜精細的語言、心理強大的儀式、效能卓越的制度，以及用於製造工具、房屋、武器、船隻的複雜規程。這個過程發生時，可能沒什麼人了解實踐、信念、規程的進行方式與原因，甚至不知道文化原來會「做出」什麼事，事實也常如此。其實在某些案例中，人類不了解文化產物運作的方式或原因，反而能讓這個過程更為順利。我談到儀式和宗教的時候，會說明得更清楚。[9]

累積的文化演化產物令人驚豔之處，就在於這些產物通常比我們聰明，而且聰明得多。從毒藥配方到亂倫禁忌，這些實踐經過文化演化，囊括了我們這些實踐者對這個世界時常缺乏的內隱知識。為了理解這點，我們來看一個例子。這個例子有一個易於理解的目標：剛果盆地的狩獵採集者要製作致命箭毒。這可能是目前所知最為致命的狩獵用毒，能讓獵物在消失於灌木叢之前倒地。毒藥配方包含 10 種植物，其中 3 種毒性極強，分別是顛茄、羊角拗、格木屬的樹皮，光是羊角拗就可以讓一隻河馬在 20 分鐘內倒地不起。這些原料會先跟無花果樹和薯蕷屬汁液一起燉煮變稠，接著加入唾液攪拌，直到液體變成帶褐的紅色，再加入一隻在沼澤生活的蟾蜍（推測可能是為取牠有毒的皮膚），接著將

調合而成的液體煮沸，並加入攪碎的甲蟲幼蟲和螫人的螞蟻。最後，將完成的深色糊狀物倒入樹皮做的袋子中，再把袋子塞進死猴子體內，掩埋數天後，將大戟屬的樹汁液加進這坨致命的黏稠糊狀物，就可以塗在箭上了。[10] 以上過程請**勿**在家嘗試。

　　如果你是一位年輕的學習者，或像巴克利一樣是新來的，你會調整這個製作過程嗎？你會放棄或換掉哪一個植物、昆蟲、兩棲動物或步驟？可以把埋猴子的那段刪掉嗎？或許可以，但也有可能這個步驟能催化一種化學反應，讓毒藥更毒。所以最好是先複製所有的步驟，之後如果你點子特別多又覺得有點無聊的話，你可能就會在程序上做點實驗。但大多數時候，你的實驗結果通常都會得出沒那麼有效的調合物，這表示你的獵物可能會逃逸消失在灌木叢中。我猜，如果由一個民族植物學家團隊來做，也可能需要經歷數百次實驗才能弄懂這整個化學製程，以及精進這份傳統配方的做法。[11]

　　很可惜，我們並不知道這個古老的毒藥配方是如何在文化中演化而來，但我們知道剛果盆地狩獵採集者的文化學習，也探究過不同的學習策略對累積的文化演化而言有何影響。研究結果發現，這些胸懷大志的獵人，一開始是向父親學習如何製作箭毒，大約會有三分之一參考他人洞見來改寫父親的配方，他們參考的對象可能是最成功、最具威望的獵人。將這種傳播模式放入文化演化的電腦模擬程式中，或以真人受試者學習新事物的實驗來仔細模擬，結果發現，文化演化可以將世世代代具高度適應性與複雜的配方、製程及工具彙集起來，且不需要有人理解這些元素組

　　西方文化的特立獨行如何形成繁榮世界

合的方式或原因。在《我們成功的祕密》一書中，我舉了很多不同的例子，包括在炎熱氣候中使用特定香料，能減少藉食物傳播的病原體所帶來的威脅；以及斐濟的食用魚禁忌，可以保護孕婦、哺乳女性與孩子遠離特定海洋生物體內累積的危險珊瑚礁魚毒素。[12]

在至少二百萬年的期間，我們所處的世界讓我們演化，變得更加依賴既複雜且不斷擴增的文化知識技術，用之習得技能、實踐、偏好，而這些都是找尋食物、製作工具，以及在社會世界中立足的重要關鍵。為了在這個世界生存，天擇擴大腦部，使之愈來愈有能力獲取、儲存、組織並重複傳播有價值的文化資訊。天擇強化了我們對文化學習的動機與能力，這包含心智化能力，讓我們能複製他人的動作模式，並推理隱含其中的信念、捷思、偏好、動機與情緒反應，這些能力一步步讓我們與他人的心智連結在一起。[13]

我們愈趨敏銳的文化學習能力，促使累積的文化演化形成更為複雜的龐大適應系統，從而形成在基因與文化之間的自催化反應（autocatalytic feedback）。隨著文化產物的重要性、多樣性和複雜度逐漸提升，天擇也開始強化我們依賴文化學習多過本能與個人經驗的傾向，因為我們從他人身上學到的工具、製程、慣例，變得遠比自己能想到的還要好很多。最後，我們變成非跟文化學習不可，我們的生存依賴社群的遺產。我們因此演化，相信前人積累的智慧，而這樣的「信任本能」便是我們成功的核心。[14]

理解了我們適應性的文化學習能力如何形成累積的文化演化

過程，能幫助我們了解複雜工具、龐雜慣例與精巧語言的由來。但是，社會世界呢？我們要怎麼解釋主宰巴克利部落生活的氏族、亂倫禁忌、包辦婚姻及群體間的暴力行為？這些問題的核心是對於人類社會性的疑問，探詢為何我們會與他人產生連繫，並與之合作，卻也會避開某些人，有時甚至殺了他們。為了掌握這個問題，我們首先必須理解什麼是制度和社會規範，以及它們是如何出現的。接著，我們會探索人類制度的根本，也就是以親屬制度和婚姻為本的人類制度。理解這些原始制度及其心理上的基礎結構，能讓我們做好準備，為的是研究人類社會在政治與社會方面，是如何走到現今的複雜程度、原因是什麼，以及歐洲人在近百年間，又是為什麼會選擇如此獨特的路。

不斷演化的社會

　　與其他靈長類社會不同，人類社會之所以相互交織，是由於社會規範的緣故，這些社會規範經由文化傳播，並集結形成制度。例如：全世界的婚姻制度都是由社會規範組成，這些社會規範會規定可以跟誰結婚（例如不可以是繼子女）、可以有幾個伴侶（例如一次一個）、婚後住哪裡（例如住在夫家）。目前，我們尚未談及**正式**的制度或成文法。我們必須先徹底了解建立在社會規範下的制度，如婚姻與親屬制度，其文化演化過程為何，才能理解讓制度正式成立或形成法律，對制度本身會造成什麼影響。

　　如果說制度是社會規範的集合，那麼社會規範又是什麼？我

　西方文化的特立獨行如何形成繁榮世界

們先來聚焦沒有政府、警察和法院的狩獵採集社會，讓我們更加認識我們的舊石器時代祖先。這為我們提供一個理解的基礎，讓我們得以在下一章探討食物生產普及（農業與畜牧）是如何形塑我們的社會世界與制度。[15]

社會規範是因文化學習與社會互動而生，也就是因文化演化而生。我們會學習製作狩獵用毒藥，同理，我們也會經由文化習得特定的社會行為與慣例，並以此做為判斷他人的標準。一旦慣例與判斷違規行為的標準共同存在，文化演化就能形成一個共享的準則，也就是如果違反或超出規範，就會引發該社群的某種反應。許多社會規範都會規定或禁止某些行為，違反這些社會規範就會招來社群的憤怒；有的規範是社會標準，若超出標準，則會受到社群肯定與尊重。

以下是一個小型社會設立穩定規範的簡單方法：人們學到不能偷名聲良好者的物品。如果有人偷走名聲良好者的東西，這個小偷就會有不好的名聲，而擁有不好的名聲，就表示他人可以隨意剝削你或偷你的東西，且無須受罰。假設犯規的人是個獵人，那任何人都可以趁他睡覺、生病或造訪其他營地時，去偷他的箭、弓弦或箭頭，如果他想知道是誰偷了他的東西，大家就會說沒看到。在這裡，嫉妒、貪婪和老生常談的自利傾向，讓人有動機處罰名聲不好的人，而好的名聲則像一襲魔法罩袍，可以抵禦鄰居黑暗面的侵襲。這也給人強烈的誘因，要避免違規以免名聲盡失、招致受剝削的風險；每一個人也都有懲罰犯規者的誘因，即只要鄰居是名聲不好的人，就可以偷他們的東西而不必受罰。[16]

在這種反偷竊或反剝削的規範基礎上，文化演化就可以支援其他的合作性規範，像是與食物分享有關的規範。例如：某些狩獵採集社會中，會禁止獵人食用獵物的某些部位，規定要將這些部位與他人分享。這個規範促使獵人分享自己捕獲的獵物，因為他們自己無法食用禁忌部位；同時讓違規的獵人得到不好的名聲以強制他們服從規範，這意味著他人可以偷取違規者的東西而不受懲罰。這些規範時常伴隨著動機信念，例如違反禁忌將會使整個遊群捕獵不力，或是違反禁忌者會受到「汙染」，只要跟違反禁忌者有任何互動（包括性行為），就有可能被傳染。這類信念鼓勵人們監控自己遊群中的成員，以免整個群體都捕獵失敗，也增強了眾人對違反禁忌者的排斥，以免遭到這個行走的汙染源感染。[17]

文化演化利用食肉禁忌來促使人們分享食物，並非只是個古怪的巧合。相反地，在人類演化的悠久歷史中，我們與既是疾病也是蛋白質和脂肪來源的肉類互動，讓我們有心理準備要學習與肉有關的禁忌，也要思考汙染的問題。而文化演化利用我們演化心理的這一面來達到自身合作之目的，以新的方法發掘與重新利用人類的心理特異性，這就是文化演化運作的方式。[18]

禁忌只是其中一種促進遊群分享食物行為的方式，而對習於移動的狩獵採集者來說，分享食物對生存非常重要。這些群體分享食物的行為中，令人印象深刻的，是由於所有這種覓食群體都至少會廣為分享一些重要的食物出去，以結果而言，這個現象十分普遍，但這樣的模式卻是由各種不同的規範所維繫。這些規範

包括儀式化的分配行為、所有權移轉、婚姻義務（尤其對姻親），以及將飲食、性與捕獵成功連結起來的禁忌。在不同群體中，文化演化藉由混合搭配這些相同的元素，達成群體層級的相似結果。[19]

所以，整體而言，規範是穩定且會自我增強的信念、實踐與動機，是經文化學習而來，會相互交織影響，每當人們互相學習並將所學與世代交流，規範就會形成。規範創造出社會規範與準則，用以規定、禁止行為，有時則是會認可某些行為。鼓勵這些行為、使之持續發生的，是這些行為造就的名聲，而這名聲則是由該社群的評估與反應而得。特別的是，規範通常囊括信念，可以讓人恪守規範、互相監督並處罰破壞規範的人，如違反禁忌者將會招致捕獵不力的後果。

先天定錨與核心制度

文化演化可能會創造出大量的任意規範，如跟性、儀式、衣著（如打領帶）有關的規範，但並不是所有社會規範都有可能持續演化、保持穩定。第一波社會規範形成時，身為猿類的我們，長久以來已擁有許多與交配、育兒、社會地位、結交盟友有關的社會本能。而此時文化演化在某種程度上已開始運行，其發揮影響力的唯一方法，是以我們靈長類的心理為基礎，增強我們的本能，使之更為敏銳。這些本能包括幫助近親、照顧子孫、與配偶交流、避免近親繁殖（亂倫），興起的規範則會讓這些本能落地生根並開枝散葉。這些規範由更為穩固的心理因素維繫著，往往

比隨意、漂浮不定的規範更持久。

這種心理上的維繫現象，解釋了為何我們最根本的制度是深植於親屬制度之中。就跟其他靈長類動物一樣，人類對近親也有天生的利他傾向，也就是**親屬利他主義**（kin altruism）。我們這方面的心理演化，解釋了為何母親會愛自己的孩子，也解釋了手足為何時常膩在一起。親屬規範不只藉由創造社群的社會期待（如手足**應該要**互相幫助）來增強這些有利的動機，還將這些期待向外延伸，從核心家庭延展至更遠的親戚，甚至是陌生人。若關係較遠的親戚被稱做「媽媽」、「爸爸」、「兄弟」或「姊妹」，社會規範或甚至可能已內化的關係動機，就會隨著這樣的標記往外延伸，成功將關係較遠的親屬漸漸拉近。然而，習於移動的狩獵採集者並不像農業社會是透過規範來穩固社會網絡，狩獵採集者的社會允許（甚至逼迫）個人與家族要形成幅員遼闊的親屬網絡，範圍可能擴及數十至數百英里。[20]

在許多社會中，這種源於親密親屬的先天定錨，可能會跟個人姓名的心理威力結合成制度，幫助人們接合個人廣泛的社交網絡。對非洲喀拉哈里沙漠（Kalahari Desert）的朱瓦希族（Ju/'hoansi）*而言，近親的名稱是用來與遠親或甚至陌生人建立可供類比的關係，能成功將彼此距離拉近。例如：如果你遇到一個名為卡露的年輕女子，而你的女兒也叫做卡露，則你可以叫這位年輕女子喚你為「母親」或「父親」，這會拉近她與你的關係，表示你應該待他如女兒。當然，這就表示卡露不在你結婚對象的名單中。此類命名的慣例，拉近了人們心理上

西方文化的特立獨行如何形成繁榮世界

與社會上的距離，也讓所有人以頗具彈性的方式進入親屬關係網絡中。一項運算資料顯示，這種命名的網絡可以延伸至半徑 60 至 115 英里之外。朱瓦希族就跟其他相似的群體一樣，想把所有人都網羅在一個親屬圈裡頭。遇到親屬圈以外的人，他們就會感到緊張。[21]

除了親屬利他主義，親屬關係也利用了我們的配對結合（pairbonding）本能，而這個本能即是形成婚姻核心的要素。在大多數社會（但不是全部）中，婚姻在許多方面都代表基本制度，也可能代表人類制度最初的原始狀態。配對結合是經演化而成的交配策略，在自然界隨處可見，從企鵝、海馬到大猩猩、長臂猿，皆可見到。這個策略讓雌雄合作，共同撫育後代，以演化的角度來看則存在著交換的意味。女性給予男性性行為的優先權，並對於自己的孩子就是男性的孩子，給予更為肯定的保證。男性為了回報，會花費更多時間與心力來保護女性與她的後代，有時也會供給所需。

藉由錨定這樣的配對結合本能，婚姻規範就可以利用幾個交互影響的方法，來顯著擴大家庭網絡。例如：許多社會的婚姻規範都會限制女性的性欲與行為，如此一來就可以增加丈夫

---

* 　譯注：即桑族（San）。過去多被稱做布希曼人（Bushman），意即「叢林中的人」，這個早期登陸非洲的歐洲人對朱瓦希族的稱呼，帶有貶意。其實這個民族自稱「Ju/'hoansi」，意即「真正的人」。

與其家族的信心，更加確信妻子的孩子是丈夫親生，因此，許多婚姻規範是為了提升**父子確定性**（paternity certainty）。父子確定性利用人類親代投資與親屬利他主義的本能，不只讓父親投入更多心力照顧孩子，也穩固孩子與整個父系家族之間的連結，而婚姻規範藉由認可與彰顯這樣的連結，有效讓新生兒的親類規模成長為雙倍。以更廣泛的視角來看，大多數的靈長類動物都不知道自己的父親是誰，因而錯過了自己一半的親緣關係。[22]

透過穩固孩子與父親，以及配偶雙方的關係，婚姻創造了姻親，即人類學家所稱的親族（affine）。有趣的是，即使親族之間並沒有血緣關係，演化仍合情合理地讓他們與這對夫妻的孩子產生連結。例如：我妻子的姊妹和我母親的兄弟完全沒有血緣關係，但他們都和我的孩子共享基因利益。藉由創造親族，文化演化利用了其他物種沒能使用的共享基因。許多社會的親族關係原本薄弱，但因為有送禮、儀式、共同義務等社會規範，這些親族關係便受到關注與滋養。而在狩獵採集者的社會中，共享肉食的規範常規定獵人必須優先將打獵的戰利品一部分提供給妻子的父母。[23]

婚姻產生的連結對親屬關係影響強大。一個已婚男子若只有一個兄弟和一個女兒，也可以擁有父親家族和妻子親戚的連繫，還可以有兄弟妻子家族與女婿家族的連繫。因此，在狩獵採集者遊群中，平均有超過一半人的親戚都是姻親，而非血親。沒有親族的話，狩獵採集者遊群就幾乎都不是親戚。[24]

文化演化利用我們配對結合的本能，形成一個大型社會與廣闊的社會網絡，而文化演化也常偏好**終身**婚姻關係，因為這種關係能讓更大的親屬網絡連結在一起。威廉‧巴克利在澳洲過著狩獵採集者生活的期間，最親密的夥伴是他的「妹夫」。在他取代的那個人去世，以及創造此親族關係的妹妹過世之後，這樣的關係仍然存在。反之，天擇形塑我們配對結合的本能，這個「設計」的目的只是用來讓父親持續撫養孩子，直至得到回報。當目的不復存在，無論是情緒上或動機上，找尋新配偶的大門都會敞開。在這裡，文化演化與基因演化時常互相矛盾，各自偏好長久和暫時的結合。現在有許多伴侶便時常深陷這樣的天人交戰中，既要符合相守一生的規範，又要滿足短暫配對的情感。

同時，婚姻規範也控制了可以結婚與繁殖後代的對象，這個規範在大多數人都渾然不覺的狀態下建構起社會。文化演化常見用來持續管理婚姻規範的方法，是利用我們天生厭惡亂倫的情感，形成性行為與婚姻禁忌，而這些禁忌適用的範圍，遠比近親繁殖畫出的近親小圈圈還要廣。天擇則給予人類心理適應性，讓我們壓制自己對近親的性吸引力，因為這有可能會產下健康堪慮的後代。這個心理機制藉由一些簡單的信號，讓我們形成厭惡感，避免與手足、雙親、孩子發生性行為。其中一個重要的信號，就是「一同成長」，而顯然這種成長過程中的「親近警報」有時會出錯，造成一起成長但無血緣關係的男女，在性方面對彼此排斥。這個效應十分有趣，你可能會認為，手足或一同成長的對象有這麼多共同經歷的種種，應該比較容易

墜入情網，但實際上並非如此。[25]

　　人類天生對亂倫的排斥，形成心理的定錨，文化演化則在定錨中建立強而有力的亂倫禁忌。透過利用我們對與手足或父母發生性行為的厭惡反應，文化演化只需要「找出」方法來 (1) 將這種感受延伸到其他人，以及 (2) 將之用於評斷他人。這就是想像與繼兄弟姊妹發生性行為時，（可能）會產生的不舒服感受，他們跟你並沒有血緣關係，但你就是覺得不對。在朱瓦希族這種四處移動的狩獵採集遊群中，亂倫禁忌禁止任何人與有共同祖父母、曾祖父母或曾曾祖父母的親戚＊結婚，也禁止與血緣相近的親戚結婚，比如姪女。這個模式與許多農業社會的規範相左，在農業社會中，只有幾個堂表親會列入亂倫禁忌的名單，其他堂表親則是首選的結婚對象。[26]

　　民族誌學者蘿娜・馬歇爾（Lorna Marshall）說明朱瓦希族的婚姻規範時，描述了亂倫禁忌是如何將我們天生對亂倫的厭惡感延展出去。朱瓦希族並不知道亂倫對健康風險的影響，但他們覺得與父母或手足發生性行為非常可怕、噁心且危險，甚至糟糕到有些婦女不願談論此事。然而，談到與堂表親發生性行為，朱瓦希族並沒有那麼強烈的情緒反應，不過他們仍感覺這會「像是」跟手足發生性行為一樣。本質上，他們對與堂表親發生性行為所描述的不舒服感，就是延伸自對手足亂倫的厭惡感。如我們稍後所見，雖然禁止與**所有**堂表親通婚的廣泛禁忌，在農業社會中比較少見，但這個禁忌卻又在歐洲中世紀中期重新崛起，並造成深遠影響。[27]

藉由設下心理定錨，親屬利他主義、配對結合、對亂倫反感的這些本能，解釋了為何婚姻與家庭是人類最為持久的一種制度。我將這種深植於上述本能的制度，稱做**親屬為本制度**。但值得注意的是，在這樣的制度中也存在一些規範，用以和非親屬培養長久的人際連結與關係，做法常是利用我們的演化心理，道理就跟婚姻規範利用我們配對結合與避免亂倫的本能一樣。共同儀式就是一個很好的例子。

共同儀式

民族誌學者梅根‧比塞爾（Megan Biesele）描述了她對朱瓦希族神迷舞蹈（trance dance）＊＊的觀察：「這個舞蹈可能是讓布希曼人（即朱瓦希族）團結一心的重要力量。這個舞蹈以我們無法參透的深刻方式，將人們連結在一起。」[28] 這種共同儀式在大多數小型社會中都有記載，其心理影響力強大，可形成長久的人際連結、修補現存的關係、使團體更為團結。

心理學家受這樣的民族誌見解啟發，開始有系統地將儀式拆解成幾個重要的元素。可以把儀式想成一群「心智駭客」，他們以各種方式，微妙地利用我們心理程式中的瑕疵。我們來看看共

＊　譯注：英語中的親戚稱謂並沒有分父系或母系，這裡的「祖父母」可以是父系或母系。

＊＊　譯注：一種儀式舞蹈，常做治病、消除社群惡事等用途。

同儀式中最為常見的活躍三元素：同步性（synchrony）、目標導向的合作、節奏性音樂。

同步性似乎利用了我們演化而來的動作表現系統（action-representation system），以及心智化能力。與他人動作的步調一致時，用來呈現自己與他人動作的神經機制就會在我們腦中重疊，因為我們身體的表現系統會模仿和預測他人的動作，而表現系統運作的方式讓我們產出這樣的神經副產物，這是一種小故障。這些表現的趨同性（convergence）模糊了我們與他人的分界，讓我們將他人視為與我們相像的個體，甚至是我們自己的延伸。為了演化，這樣的錯覺讓人們的距離拉近，並產生相互依賴的感覺。[29]

同步性也藉著我們的心智化能力，利用了我們會無意識追蹤模仿我們的人，並將之視為對方喜歡我們、想跟我們互動的信號這點。之所以會如此，一部分原因在於，模仿是我們用來推敲他人想法與情緒的工具。如果對方皺眉，你自然而然會微微皺眉，憑直覺捕捉對方的感受。在同步舞蹈、演練、行進時，我們的心智追蹤系統充滿錯誤的模仿信號，認為每一個人都喜歡我們，想與我們互動。由於我們對這樣的隸屬信號通常都會正向看待，同步模式也讓所有參與者都感受相同，正向循環於焉而生。[30]

除了同步性，儀式也藉由把人聚集在一起、攜手合作達成共同目標（通常是完成一項神聖的儀式），來滋養關係、加強合作、提升人際信賴。在兒童與成人的研究中都證實，一起努力達成共有目標，能促進團結、強化人際連結。

　西方文化的特立獨行如何形成繁榮世界

除了同步動作與共同行動，節奏性音樂也以三種方式來形塑心理影響力強大的儀式。第一是實踐，節奏性音樂讓人（至少是有節奏感的人）可以成功跟著節奏律動；第二，一起創作音樂可以視為團體的共同目標；第三，藉由動作加上聲音的二度模式（second modality），讓音樂影響我們的心情，進而強化了儀式體驗。[31]

雖然針對這些儀式元素的系統性實驗仍方興未艾，但目前的研究結果已認為這三個元素彼此相輔相成。也就是說，以精心安排的方式一同活動，並與節奏性音樂同步動作，會讓我們的團結感增大，讓我們更有意願攜手合作，讓成效加乘，而非只是個別分散元素的集合。這種「精心策畫的團隊合作效應」可能是利用了我們的**相互依賴心理**（interdependence psychology），我後面會介紹到。

這些心理學研究得出的見解，與人類學家的觀察不謀而合。除了上述梅根・比塞爾對於朱瓦希族神迷舞蹈的描述，蘿娜・馬歇爾也詳述了這種公共舞蹈儀式的影響：

> 人們主動聚集在一起，共同抵抗外部邪惡勢力的侵襲，以社交程度而言，他們十分親密……無論他們關係為何、各自感受如何、是否喜歡彼此、彼此互相欣賞或充滿怨懟，他們都已成一體，一同歌唱、拍手，並以極度整齊劃一的踏腳與拍掌齊奏，跟著音樂快速移動。[32]

朱瓦希族的舞蹈，很明顯是一種集體力量，要驅逐棘手的惡靈，副產物則是療癒社交傷口與日漸惡化的不滿情緒。[33]

同步動作、節奏性音樂、目標導向的合作，這三者交織之下，給予儀式強大的力量，讓參與者產生共同感受，以及擴大的相互連結（interconnectedness）與相互依賴感（interdependence）。然而，這只是儀式當中的幾個心理上的活躍元素。在接下來的幾章，我們會見識到儀式如何以其他方法來利用並操縱我們的心理，儀式又是如何成為文化演化的基本工具，將人類社會圈在一起。[34] 就跟許多這類「心智駭客」一樣，將我們的心理缺陷轉變為社交技巧。

順帶一提，若你覺得所有亂倫禁忌、近親婚姻、共同儀式看起來都怪怪的，那你就錯了。這在許多、甚至是大多數人類社會中都十分常見。你才是那個特異（WEIRD）的人，請牢記在心。

內團體競爭與共同演化的社會心理學

雖然我展示的只是游牧狩獵採集者制度的一小部分，但應該可以想見，人類演化史上面臨的大都是變化莫測的惡劣環境。為了在這種環境生存下來，人類將游牧狩獵採集者制度規畫得十分完善。例如：朱瓦希族的亂倫禁忌迫使父母為孩子安排遠親聯姻，讓社會網絡大幅擴張。這些相隔遙遠的人脈有其作用，可以成為避風港，抵禦乾旱、洪水、傷害、敵人襲擊等災禍。同理，飲食禁忌讓人們廣泛分享肉食，降低了獵人走霉運時帶來的生存威脅。共同儀式則促進遊群內部與遊群之間的社會和諧。這些制度

形成各式各樣的安全網、開啟貿易機會，也鞏固結盟關係。

　　一個團體是如何創造出制度，能有效迫使個人棄守私利，如分享肉食或不跟迷人的表親結婚？目前並沒有證據證明是人類設計了這些制度，甚或人類知道自己在做些什麼。例如：問到亂倫禁忌時，朱瓦希族中沒有一個人認為是他們促成了不斷擴張的遠親網絡，從而形成某種社會保障。如你所見，這種情況屢見不鮮。即使是自詡其制度建立過程有多理性的 WEIRD 群體，對於制度形成的方式與原因依舊所知甚少。

　　當然，並非所有規範都有所助益，團體確實也常隨意設立規範，有些規範也會設來圖利有影響力的支持者，例如老人。有時，團體甚至會發展出不當規範，無論個人或社群都會遭受其害。然而，擁有不同規範的團體互相競爭時，社會規範就會受到考驗。有利於贏得團體間競爭的規範常會留存下來並廣泛散播，這樣的內團體競爭可能是暴力衝突（如巴克利所見），也可能是沒那麼成功的團體模仿成功團體的行為與信念，或純粹氣勢正旺的團體因出生率高、死亡率低、移入人口多而成長快速。這些與內團體競爭有關的規範，形成互相抵消的力量，讓對團體有益的規範得以存續，勝過文化演化的影響。這些過程也透過不同社會規範交錯混雜，逐漸結合成為愈來愈有效的合作制度，並散播出去。

　　這樣的競爭，無疑在近一萬二千年間擴展了人類社會的規模，但其重要性遠在農業開始發展之前就已存在於我們的演化史當中。我們對這些古代競爭在本質與程度上的理解，多半來自對民族誌與歷史上赫赫有名的狩獵採集者的分析。從北極到澳洲，

無論我們研究的地區為何，都可以看到狩獵採集群體的競爭行為。能把制度和技術做最佳結合的狩獵採集群體，會擴展規模，並逐漸取代或同化較弱的群體。例如：1000年左右，有一個說因紐特皮雅特語（Inuit-Inupiaq）的群體，他們有一組新的合作制度，包含威力強大的儀式及範圍廣泛的食物分享規範。這個群體從阿拉斯加北坡地區和加拿大北極地區開始擴張，經過幾個世紀，他們逐漸取代已在該地居住千年、分散又孤立的狩獵採集者群體。[35]

將這種細緻的案例與針對石器時代的遺傳研究和考古發現結合，浮出的畫面表明，我們的祖先在建立農業社會之前，就已經可能有暴力衝突等內團體競爭行為。而這樣的行為會大幅影響制度的形成，正如其近千年來仍然持續發揮的強大影響力一樣。這表示在人類演化史中，我們在遺傳上必須適應的社會環境，是由經歷這類古老內團體競爭而存活下來的文化制度所建構而成。[36]

在這裡，我將簡短介紹三種心理特徵，這些特徵可能是文化與基因交互演化的過程形塑而來。第一，違反規範帶來名譽受損與處罰，使人傾向快速認知到社會規則的存在、精準推斷這些規則的細節、快速判斷他人是否遵守，並將這些當地的規範或多或少以又快又省力的捷思法內化，以求立足於社會。這些揀選的過程，威力可能非常強大，在人類學已知的狩獵採集者社會中，違反規範會讓人失去經驗老到的狩獵夥伴、生育伴侶和珍貴盟友。如果這些處罰還不足以讓違規者遵守規範，狩獵採集者就會將懲罰升級為放逐、毆打，甚至處死刑。例如：巴克利記載，在瓦薩

榮部落中，若女性在丈夫死後不願與丈夫的兄弟再婚（即夫兄弟婚），她就會被處死。[37]

人類相互演化出的第二個重要社會心理特徵，是來自於社會規範逐漸交織出的網絡，這個網絡使得團體成員互相依賴。規範經由內團體競爭形成社會安全網，推動了廣泛分享食物與共同抵禦的行為。相互依賴是如何形成，可以想想前面討論過的分享食物規範。假設我們屬於一個小遊群，其中包含 5 個狩獵者及其伴侶，每對伴侶各有 2 個孩子，所以總共是 20 人。狩獵並不容易，一整天下來，我們這些狩獵者只能獵得 5% 的獵物，所以平均每個核心家庭每 5 個月就有整整 1 個月沒肉吃。但是，如果我們互相分享，這個遊群就幾乎每個月都有肉吃（只有少於 0.05% 的日子會沒有肉吃）。有趣的是，我們現在互相分享，就代表你和你家人的生存有一部分是依賴著我——依賴於我的健康和生存。如果我死了，你和家人 1 個月沒得吃的機率將會提升四分之一。更糟的是，我的消失也增加了後面幾年其他狩獵者或其伴侶死亡的風險，原因是營養不良導致生病等等。如果另一個狩獵者死亡，或因伴侶死亡而離開這個遊群，則你 1 個月沒肉吃的機率將會比一開始增加 22 倍，如此一來，其他人生病或死亡的機率也會提高。以演化的觀點來看，分享食物這類社會規範，代表個人健康（生存與生育的能力）與否和遊群其他成員的健康息息相關。即使是沒有直接關聯的遊群成員也會相互影響：如果你的伴侶在你生病時照顧你直至康復，而你會把你的捕獵戰利品與我和我的孩子共享，那我就要擔心你伴侶的健康了。一樣的道理也適用於其

他規範，有關共同抵禦的規範就是一個例子。事實上，內團體暴力衝突造成的威脅，可能是互相依賴的範疇中最重要的一種。綜上所述，由合作規範掌控的範疇（如分享食物與抵禦外侮）愈多，群體成員在健康上互相依賴的程度就愈高。

結果是，社會規範創造出的社群中，每一位成員的健康與生存，仰賴的幾乎是社群裡的每一個人。以心理學而言，天擇讓我們的心智會評估我們與他人的相互依賴性，並且利用這樣的評估來推動親和（affiliation）、個人關懷與對他人的支持。互相依賴的信號可能包含共食、分享社會連結、共同合作、一同經歷創傷性事件。雖然人終其一生都會持續評估相互依賴性，但許多信號在人建構終生社會網絡時最為有利，包含兒童、青少年與青年時期。如你先前所見（而你未來也會持續讀到），文化演化塑造了古老儀式、婚姻體系、經濟交易等制度，讓我們的相互依賴心理受到活化、控制與擴張。[38]

以更大規模來看，除了相互依賴的網絡，文化演化還創造出一個多元社群總匯，形成有利於部落心理的選擇壓力。而我們向他人學習的方式，讓文化演化不斷形成民族語言社群（ethnolinguistic communities）。這些社群的特色在於一組和語言、方言、服裝（所謂的「民族標誌」）有關的特徵，非常容易識別；以及一套潛在的社會規範，掌控範圍包括交易、育兒、親屬制度、合作，這些都能促進成員之間的互動。為了讓個人對這種族群多樣性所形成的社會駕輕就熟，天擇發展出一套心理能力與動機，為的是習得與多元部落族群──這些多元部落族群與學

習者所屬族群具有不同的民族標誌與規範——有關的資訊並利用之，並且讓我們優先與願意分享民族標誌的族群學習及互動。長久下來，這樣的學習和互動方式便時常影響婚姻規範，進而形成禁令，針對不願分享自身方言、服裝等習俗的部落或族群，不得與之通婚。這樣的婚姻規範促成不同部落、民族或種姓的形成，而這些部落、民族與種姓則是建立在類似的制度或共同的身分概念之上。[39]

條條大路通你心

在後面的章節，我會說明親屬關係、商業市場、自願組織的相關制度是如何誘發重要的心理特徵改變，這些心理特徵進而形成 WEIRD 心理，並造就經濟繁榮。要探討這些發生的過程與原因，關鍵在於探索我們的心理如何塑造制度，而制度又如何形塑我們的心理。藉由研究婚姻與親屬制度（包含亂倫禁忌等規範），我已經說明了我們的心理演化是如何影響這些最重要的基本制度。現在，我要簡短點出制度回頭影響我們大腦、心理與行為的三種方式，藉此扭轉因果關係。

1. **兼性效應**（facultative effect）：不同制度的排列組合以「線上」可見的方式，改變大腦用來解釋現狀並調整反應的信號，以快速形塑我們的知覺、判斷、情緒。這些信號會在**當下**改變人的行為，並不會延續及改變

人的心理。例如我們會看到，「上帝正看著你」的這個潛意識提醒會改變人的行為，讓人對陌生人更加公平，也願意與之合作。

2. **文化學習與直接經驗**：我們適應制度創造出的誘因，過程中，我們利用演化而來的文化學習能力，向他人習得動機、捷思、心智模型（mental model），以及注意力模式，例如我先前探討的，文化學習是如何改變我們的大腦，讓我們變得願意等待現金酬賞——靠的是耐心。當然，個人也會藉由自身的直接經驗來學習，如違反規範會受到處罰，或在該文化器重的領域（如閱讀）表現優異會受到讚揚。

3. **發展性影響**：大腦有許多功能都是在青少年、童年或甚至更早的時期發展，因此在我們生命前期形塑而成的社會規範，對我們的心理會有特別強大的影響力。例如：有愈來愈多的研究證明，我們可能在 5 歲之前，就已經基於壓力與其他環境信號，發展出恆久的心理、生理與動機準則。長大成人後，這些準則可能會影響我們的自我控制、冒險傾向、壓力因應、規範內化與人際關係。文化演化就藉由形塑我們的早期生活，得以操控我們的大腦、荷爾蒙、決策，甚至是我們的壽命。[40]

除了直通我們心理的路徑，文化演化也可能幫助了我們成功

適應所處的制度，方法是讓我們集結實踐或「訓練方法」，這些常以遊戲、故事、儀式、運動、社會化實踐的形式出現，磨練我們的身心，使我們未來在這個以文化建構的世界中達到成功。例如：閱讀床邊故事可能就是一種文化慣例，可以訓練孩子的大腦，使之無論在 WEIRD 社會的學校或職場上，都能獲得（文化所定義的）成功。

考慮到這點，就必須銘記，內團體競爭與文化演化會影響整個心理和制度的組合，也就是所有通往我們腦袋的路徑，都含括其中。例如：強而有力的食物分享規範，也許能確保面臨嚴重食物短缺的兒童或嬰兒人數減少，進而避免因為這個衝擊而誘發長期的心理變化。也就是說，社會規範的演化創造出功能強健的社會安全網，可以降低經歷過這種營養不良壓力的兒童比例，因營養不良會讓兒童畢生的衝動性、自我控制、壓力因應都有所改變。以社群層面來看，受到誘發而產生的心理轉變，可能會促進特定種類的制度運轉，如銀行與信用機構。因此，有些制度會散播，部分原因可能是這些制度在個體上形塑群體的心理。[41]

或許心理與制度共同演化所造成的最重大影響，在於這些心理上的轉變如何影響新萌生並散播的規範、想法、實踐與信念。擁有某一種心理的群體所促成的規範與信念，可能也會讓另一種文化心理的群體仿效。你將會發現，賦予個人「權益」，並依此權益制定法律的這類特殊概念，只有在分析型思考者的世界才顯得合理，因為分析型思考者將人視為獨立的個體，解決問題的方法則是釐清物品或人的所有權、配置或本質。如果你對此種法律

途徑習以為常，那你一定就屬於 WEIRD 群體。

制度轉變，心理適應

　　所有解釋人類心理、政治、經濟、歷史模式的努力，都是基於對人性的假設之上。大部分的著作要麼假設人類是理性又自利的個體，要麼假設人類是空白石板，等著文化的黑暗力量為他們刻下行進的命令。即使是對演化和心理學認真以待的研究方法，也仍然會採取「心理一致性學說」的概念，假設每個人在心理上大概都差不多。他們都在個人與社會的 WEIRD 模式中根深柢固，所以這些假設就能悄然無息地深入其中。但在這裡，我列出人性的關鍵面向，並以此為基礎，在後續章節實際運用。[42] 在我們接下來的旅程中，必須銘記在心的重點如下：

1. 人類是文化物種。我們的大腦和心理是專門用來習得、儲存、組織由他人的心理與行為所收集來的資訊。我們的文化學習能力會直接改寫我們的心理、重塑我們的偏好，並且改變我們的知覺。我們將會看到，文化設計了很多把戲，借助我們的生物性，改變我們的大腦、荷爾蒙和行為。

2. 社會規範經由文化演化納入制度中。我們學習規範的能力高強，能習得各式各樣的社會規範，但最簡單的習得與內化規範，就深藏在我們的演化心理當中。我已著重探討了演化心理的幾個部分，包括親屬利他主

　　　　　西方文化的特立獨行如何形成繁榮世界

義、對亂倫的嫌惡心理、配對結合本能、互相依賴心理，以及部落的親和行為。

3. 對制度中的人來說，制度本身常常神祕莫測，就像水之於魚。文化演化通常都是緩慢含蓄地進行，且讓人無所察覺，因此很少有人理解制度運作的方式及原因，或甚至不理解原來制度有其影響力。人類用以解釋自己所屬制度的精確理論，通常都是事後諸葛，且常錯誤百出。

CHAPTER 2
MAKING A CULTURAL SPECIES
二、創造一個文化物種

────────── 注釋 ──────────

1. Barwick, 1984; Flannery, 2002; Gat, 2015; Morgan, 1852; Smyth, 1878. 我借用了摩根與蘭霍恩（Morgan and Langhorne）針對巴克利的報導，也加入弗蘭納里（Flannery）、巴威克（Barwick）、蓋特（Gat）、史密斯（Smyth）關於此地區與人口的資訊。

2. 有時也會以「姊妹交換」的方式進行，即男人將自己的姊妹與另一氏族男子的姊妹交換。有時，女子結婚的目的是促進氏族與部落間的同盟。巴克利巧妙避開搶奪新娘的戰爭，不過在他的原住民部落生活中，他似乎有過兩個妻子及一個女兒。

3. 巴克利在許多場合中表示，在儀式中，他們會食用人肉，理由是吸收敵人的精力，至少在其中一些案例是如此。

4. Chudek and Henrich, 2011; Chudek, Muthukrishna, and Henrich, 2015; Chudek et al., 2013; Henrich, 2016; Henrich and Broesch, 2011; Henrich and Gil-White, 2001; Laland, 2004; Rendell et al., 2011. 「對象線索」的專業術語是「楷模線索」。另一個適應性學習的策略稱為「從眾者傳遞」

西方文化的特立獨行如何形成繁榮世界

（conformist transmission）。許多研究結果與從眾者傳遞演化的理論預測是一致的（Nakahashi, Wakano, and Henrich, 2012; Perreault, Moya, and Boyd, 2012），證明人類習於用身邊文化特徵出現的頻率，來決定是否要採用某種做法或信仰（Muthukrishna, Morgan, and Henrich, 2016）。

5. Broesch, Henrich, and Barrett, 2014; Henrich, 2016, Chapters 4–5; Medin and Atran, 2004; Sperber, 1996. 同時，人類擁有演化的心理能力，能經由提供背景假設、組織零件與現成的推斷結果，來支持我們在重要領域中的文化學習。例如：來自不同社會的兒童與成人在學習動物與植物知識時，會習於以無法改變的類型來思考，而這樣的類型通常與層級有關。如果我們知道，有人看到夜間的湖邊有一隻老虎，則我們會自動推斷「水邊的夜行性狩獵」可能是所有老虎的特性，而非只是這隻老虎短暫的奇特行為。除此之外，雖然比較沒那麼有信心，但兒童和成人都很容易將這樣的推論擴大到與老虎類似的物種上，例如獅子。這種特化的認知系統，可以解釋瓦薩榮這種小型社會，是如何累積、持續擁有如此大量的動植物知識，也可以解釋為何人類常常難以理解物種之間多變的特質。除了學習動植物的專業能力（Atran and Medin, 2008; Atran, Medin, and Ross, 2005; Medin and Atran, 1999; Wertz 2019），人類還有其他的心理能力，使之在其他重要領域的學習更有效率（e.g., Hirschfeld and Gelman, 1994; Moya and Boyd 2015）。

6. Bauer et al., 2018; Moya, Boyd, and Henrich, 2015; Schaller, Conway, and Tanchuk, 2002.

7. Giuliano and Nunn, 2017; Henrich, 2016; Hoppitt and Laland, 2013; Morgan et al., 2012; Muthukrishna, Morgan, and Henrich, 2016.

8. Berns et al., 2010; Engelmann et al., 2012; Garvert et al., 2015; Henrich, 2016, Chapter 14; Little et al., 2008; Little et al., 2011; Losin, Dapretto, and Iacoboni, 2010; Morgan and Laland, 2012; Zaki, Schirmer, and Mitchell, 2011. 學界對於

內側前額葉皮質的功能仍有爭議，近來的評論請見：Euston et al. (2012) and Grossman et al. (2013).

9. Henrich, 2016.

10. Jones, 2007.

11. 相關分析模型及電腦模擬研究，請見：Henrich et al. (2015)。文化演化的實驗室實驗，請見：Derex and Boyd, 2016; Derex, Godelle, and Raymond, 2014; Derex et al., 2013; Kempe and Mesoudi, 2014; Muthukrishna et al., 2013.

12. Garfield and Hewlett, 2016; Hewlett and Cavalli-Sforza, 1986; Hewlett et al., 2011; Salali et al., 2016; Terashima and Hewlett, 2015. 知名的民族誌學者貝瑞·惠立特（Barry Hewlett）支持了部落男孩會模仿成功獵人的說法。他的報告中寫道，男孩會特別關注偉大的大象獵人，他們稱之為梅圖瑪（*metuma*，感謝貝瑞提供正確語法）。

13. 比毒藥更加微妙的，是獨特的食物處理流程，讓小型社會能取得植物主食。在安地斯山脈，烹飪食物的過程會加入特殊的陶土，以中和野生馬鈴薯為了防範真菌、細菌、哺乳動物侵擾而發展出的毒性。在加州，狩獵採集者發展出一系列技法，讓他們從主食橡實中過濾出單寧酸。在許多這樣的例子中，有人放棄勞力密集型的做法，或只想仰賴天生的味覺，就有可能讓自己或孩子中毒，即使不是立刻中毒，也可能透過幾十年在體內累積毒素而中毒。在累積的文化演化世界中，不依照文化學習行事，或不百分之百照著步驟做的話，就會面臨極大的代價（Henrich, 2016, Chapters 3 and 7; Johns, 1986; Mann, 2012）。

14. Henrich, 2016; Horner and Whiten, 2005.

15. 在這裡，我們使用的資料包含現代狩獵採集社會、考古學、生態學、基因資料等，讓我們得以發掘舊石器時代的生活面貌。我並不是說哪一種現代人生

西方文化的特立獨行如何形成繁榮世界

活的方式很原始或靜態，使之能夠代表農業出現之前的社會，文化演化研究不會出現這種過時的誤解。但是，由於在民族誌與歷史上都赫赫有名的狩獵採集者，他們常使用跟舊石器時代一樣的工具和技術來狩獵與採集，所以針對現代狩獵採集者的研究，再加上考古、語言與基因研究資料，就能得出非常重要的分析結果（Flannery and Marcus, 2012）。例如：古代 DNA 研究結果顯示，舊石器時代的人可能擁有跟現今狩獵採集者相去不遠的社會組織（Sikora et al., 2017）。

16. Bhui, Chudek, and Henrich, 2019a; Henrich and Henrich, 2014.

17. Lewis, 2008; Schapera, 1930.

18. 亨里奇（Henrich, 2016）的著作探討了這類禁忌如何維持穩定。要推翻違反狩獵禁忌的後果是不太可能的，因為規範本身就不鼓勵「試探」禁忌，有意無意都算。觸犯禁忌的人就有可能受到制裁，無論他們違規的原因為何。

19. Gurven, 2004. 飲食禁忌本身就非常多元，例如禁止與獵人有特定關係者（或獵人本身）食用動物的特定部位，或禁止所有人食用特定部位或整個物種。在巴克利的例子中，有些部落禁止某鳥食用豪豬和母的動物。看來，文化演化似乎都瞄準了同樣的目標，但達到目的所發展出的制度卻有所差異（Barnes, 1996; Flannery and Marcus, 2012; Gould, 1967; Hamilton, 1987; Henrich, 2016, Chapter 9; Lewis, 2008; Smyth, 1878）。

20. Henrich, 2016. 請注意，我使用的「朱瓦希族」（Ju/'hoansi）是較早期也較為常見的拼法。新的拼法請見：en.wikipedia.org/wiki/Ju|'hoan_language.

21. Bailey, Hill, and Walker, 2014; Chapais, 2009; Lee, 1979, 1986; Marshall, 1959; Walker and Bailey, 2014. 1964 年，男性共有 36 個不同的名字，女性則有 32 個（Lee, 1986; Marshall, 1959）。

22. 有些社會規範也會增強這樣的親屬連結。例如：有些狩獵採集者的社會規範

中，明訂父親有權為孩子命名，且應使用父親那方的雙親或近親的名字。這種古老的命名傳統利用人們存在已久的心理，藉此邀請父方親戚以對待同名者的方式善待新生兒，此現象能有效將嬰兒與父方親屬的距離拉近，減少哺乳動物中常見因母子連結強烈而產生的不對稱關係（Henrich, 2016, Chapter 9）。有些哺乳動物很容易就能找到母方親戚，相較之下，認出父方親戚就比較困難（Chapais, 2009; Henrich, 2016）。

23. Dyble et al., 2018; Hamilton, 1987; Henrich, 2016; Wiessner, 2002.

24. Hill et al., 2011.

25. Henrich, 2016, Chapter 9.

26. Fessler and Navarrete, 2004; Lieberman, 2007; Lieberman, Fessler, and Smith, 2011; Lieberman, Tooby, and Cosmides, 2003. 原則上，這些禁忌都適用於共有曾曾祖父母的親戚，不過有時候朱瓦希族對於何謂「共有曾曾祖父母」的定義有些模糊。值得注意的是，通常年輕的成年朱瓦希族不太可能與堂表親通婚，因為他們的第一次婚姻通常都是父母安排好的。朱瓦希族不斷改變的婚姻規範請見：Wiessner, 2009.

27. Lee, 1986; Marshall, 1959, 1976. 除了這些亂倫禁忌，朱瓦希族也有特定的婚姻偏好。例如：如果丈夫死了，妻子最理想的狀態就是與丈夫的兄弟結婚（即夫兄弟婚）。朱瓦希族允許一夫多妻制，所以即使丈夫的兄弟已婚，也還是可以跟他結婚。這些親族不一定要答應結婚，但如果結了，大家會覺得是好事。同理，如果妻子死了，丈夫應該與妻子的姊妹結婚，除非妻子的姊妹已婚。如果某遊群將成員的兒子或女兒送給另一個遊群，該遊群若能在往後也送出成員的兒子或女兒，會被認為是好事一樁。這種模糊的偏好，在一些社會裡強化，成為強制性的「姊妹交換」規範。最後一點，朱瓦希族能夠容忍第一次之後的婚姻對象是非親族（如其他部落的人或其他民族的人），但他們接受度還是不會太高。

28. Durkheim, 1995; Henrich, 2016, Chapter 9; Whitehouse and Lanman, 2014. Biesele was quoted in Wade, 2009, endnote 107.

29. Alcorta and Sosis, 2005; Alcorta, Sosis, and Finkel, 2008; Henrich, 2016; Lang et al., 2017; Launay, Tarr, and Dunbar, 2016; Mogan, Fischer, and Bulbulia, 2017; Tarr, Launay, and Dunbar, 2014, 2016; Tarr et al., 2015; Watson-Jones and Legare, 2016; Wen, Herrmann, and Legare, 2015.

30. Carpenter, Uebel, and Tomasello, 2011; Chartrand and Bargh, 1999; Henrich and Gil-White, 2001; Over et al., 2013.

31. Bastiaansen, Thioux, and Keysers, 2009; Brass, Ruby, and Spengler, 2009; Heyes, 2013; Laland, 2017; van Baaren et al., 2009. 同步動作會活化我們的鴉片類受體,分泌腦內啡,讓我們對疼痛的耐受力更強。身體活動(如跳舞數小時)所分泌的腦內啡也有助於產生這樣的效果。

32. Marshall, 1999, p. 90.

33. Hamann et al,, 2011.

34. 有些儀式能讓人進入親屬系統,或在親屬網絡中創造更多連結(Lynch, 1986)。儀式有時候稱為「擬親屬關係」(fictive kinship)(Hruschka, 2010),因為透過儀式可以創造出「結拜兄弟」、「結拜姊妹」或儀式中的雙親(如教父、教母)。在巴拉圭亞契人(Ache)的狩獵採集社會中,儀式性的遊群能讓成人與兒童建立起終生的關係,讓個人與遊群連結,強化合作關係與保護力道,並創造更多團體中新想法的流動(Hill, Wood, Baggio, Hurtado, and Boyd, 2014)。

35. Flannery and Marcus, 2012; Henrich, 2016, Chapter 10.

36. Henrich, 2016; Reich, 2018.

37. Henrich, 2016, Chapter 11. 在共同演化的過程中,我們也逐漸擅長辨認違規

行為，以及指認違規者（Cummins, 1996a, 1996b; Engelmann, Herrmann, and Tomasello, 2012; Engelmann et al., 2013; Fiddick, Cosmides, and Tooby, 2000; Nunez and Harris, 1998）。為何人類會演化成習於內化社會規範，請見：Ensminger and Henrich, 2014; Gavrilets and Richerson, 2017。規範內化的實證研究，請見：Rand, 2016; Rand, Peysakhovich, et al., 2014; Yamagishi et al., 2016; 2017。在取捨長期代價（如名聲掃地）與短期利益這類決策時，內化規範就顯得特別有價值，因為人類就跟所有動物一樣，都難以在未來回饋與立即酬賞之間權衡。這個過程也適用在侵略行動的反應上（Wrangham, 2019）。

38. 這在演化上形成的基礎，就是心理學家所說的「融合」（fusion），請見：Bowles, Choi, and Hopfensitz, 2004; Swann and Buhrmester, 2015; Swann et al., 2012; Van Cleve and Akçay, 2014; Whitehouse et al., 2014.

39. Baron and Dunham, 2015; Buttelmann et al., 2013; Dunham, Baron, and Banaji, 2008; Henrich, 2016; Kinzler and Dautel, 2012; Moya, 2013; Moya et al., 2015; Shutts, Banaji, and Spelke, 2010; Shutts, Kinzler, and DeJesus, 2013; Shutts et al., 2009.

40. Frankenhuis and de Weerth, 2013; McCullough et al., 2013; Mittal et al., 2015; Nettle, Frankenhuis, and Rickard, 2013. 有些母親可能利用表觀遺傳學（epigenetics），透過調整基因表現機制或其他生物學機制，將特定的準則傳給自己的孩子（Wang, Liu, and Sun, 2017）。

41. Alcorta and Sosis, 2005; Henrich and Boyd, 2016.

42. Henrich, 2016.

西方文化的特立獨行如何形成繁榮世界

CHAPTER 3
CLANS, STATES AND WHY YOU CAN'T GET HERE FROM THERE

三、氏族、國家與演化的路徑依賴

我相信如果哲學家和馬奇根卡人*一同生活……他們一定會懷疑人類是否真的為社會性動物。

——天主教神父安德烈斯・費列羅（Padre Andres Ferrero，1966），
曾赴秘魯亞馬遜叢林的馬奇根卡部落傳教[1]

＊　譯注：馬奇根卡人（Matsigenkas）是位於秘魯東南部的亞馬遜部落民族，過著遊牧的生活。

為了解 WEIRD 心理學和現代社會複雜的文化演化歷程，我們必須先探討過去一萬二千年來，合作規模擴大、政治整合提升、交換網絡擴散的形成原因。隨著農業與畜牧業出現，人類開始自行生產食物。但我們是如何從舊石器時代較平等、流動的狩獵採集者網絡，擴展為現代的大型社會？你會發現，這些潛在的形成原因和最後一章所描繪的大致相同，早在人類開始生產食物的數萬、甚至數十萬年前就持續運行。這些原因有時會導致舊石器時代的社會規模擴大、結構變得更複雜，過程可能持續數百年之久，最終才受到劇烈的天氣變化影響而導致社會崩潰。兩者的重要差別在於，人類自行生產食物這點如何改變並加劇文化演化過程中的群體間競爭，形塑我們的制度與心理。

　　在我們了解一般人類社會規模擴大的過程後，接著將探討古典時代晚期與中世紀前期，特定歐洲國家的人口發展軌跡如何遭到破壞，因此步上全新的發展路徑，其背後的原因正是人類歷史上的一大謎團。

　　農業誕生初期，所有社會都建立在家庭關係、儀式紐帶與長久的人際關係制度上。新的制度形式總是以這些古老的制度為基礎，並以不同方式增強、延伸、補充既有的制度形式。也就是說，隨著社會規模擴大，以親屬關係為基礎的家庭、婚姻、儀式與人際關係的社會規範才變得更複雜與**緊密**。只有在這個單純以親屬關係為基礎的制度無法再提升社會規模時，才會發展出其他非親屬、非關聯性的制度。但很重要的是，這些制度總是建立在深厚的親屬關係基礎上。人類在打造新的非關聯性、非個人制度時，

西方文化的特立獨行如何形成繁榮世界

勢必會受到古老的親屬為本制度所影響，這就是研究者所謂強烈的「**路徑依賴**」（path-dependence）。換句話說，新制度總是建立在舊制度上，而這些舊制度在我們演化後的靈長類心理學中占重要位置，新制度的發展路徑也因此受到限制。[2]

伊拉西塔村落是如何壯大的？

20 世紀中期，人類學家在新幾內亞島偏遠的塞皮克河（Sepik）流域發現，當地的村落很少超過 300 位居民，而其中會有約 80 位男性。這 300 人可分為幾個父系氏族。一旦人數超過 300 人，社群將不可避免會出現裂痕，最終導致氏族之間的社會斷裂。婚姻、通姦、巫術致死等爭端，往往導致較大的村落分裂為數個敵對的村子，且彼此間的距離愈拉愈遠，以降低衝突，但這樣的情況還是讓人怨聲四起。[3]

由於戰爭與掠奪經常使人面臨致命的威脅，會出現這種較小的社群令人備感困惑。不同村落的武器與軍事戰術差別不大，因此人數多寡會使情況變得大為不同。較大的社群相對安全、穩定，所以人們具有強烈的動機要讓社群持續壯大，以保護自己的性命。儘管如此，合作的規模似乎仍存在一個隱形的門檻。[4]

這樣的「300 人準則」有個顯著的例外：位於阿拉佩什（Arapesh）的村落伊拉西塔（Ilahita）結合了 39 個氏族，總人口超過 2,500 人。伊拉西塔的存在，打破了 300 人準則，使得生態與經濟限制的簡單解釋不攻自破，因為伊拉西塔的環境與科技

和周圍其他社群並無二致。伊拉西塔和其他社群一樣，村民都會使用石器和掘土工具種植山藥、芋頭與西米（自棕櫚樹幹取出的澱粉），並張網捕捉豬、小袋鼠和食火雞。[5]

1960 年代晚期，人類學家唐納德·圖津（Donald Tuzin）前往伊拉西塔進行研究。他的問題很簡單：伊拉西塔村落是如何壯大的？為什麼伊拉西塔沒有像其他村落一樣面臨解體呢？

圖津詳細的研究顯示，伊拉西塔獨特的社會規範以及對儀式和神的信仰，跨越了氏族間的界線，搭建起人們情感的橋梁，促進內部和諧，並培養全村落的團結精神。這套文化規範使得伊拉西塔的氏族間與村子間緊密地團結為一體，能夠進行大規模合作與共同防禦。伊拉西塔的社會規範以獨特的「坦巴蘭」（Tambaran）宗教儀式為核心。坦巴蘭儀式在許多塞皮克群體流傳了好幾世代，但你會發現，伊拉西塔的版本與眾不同。

伊拉西塔和區域內的許多群體一樣，可分為數個父系氏族，氏族內部通常包含幾個具關聯性的世系群*。而氏族成員的關係建立在繼嗣之上，意即，透過共同祖先來追溯彼此的關聯性。每個氏族擁有共同的土地，並為彼此的行為負責。通常會為年幼的女兒和姊妹事先安排好婚姻，而婚後妻子會搬到丈夫的村子一同生活，又稱為「從夫居」（patrilocal residence）。一位男性能夠娶多位妻子，因此年紀較大、具威望的男性通常能娶到更多年輕的妻子。[6]

然而，和其他塞皮克村落不同的是，伊拉西塔的數個氏族和村子會交錯組成複雜的八對儀式團體。這些團體屬於坦巴蘭的一

西方文化的特立獨行如何形成繁榮世界

部分，負責組織所有儀式及日常生活的大小事。從最高層級開始，首先可將村落分為 A、B 兩組的儀式團體，其下可再分為 1、2 兩組。重要的是，第二層的分組會與第一層的儀式團體相互連結，因此目前有了 A_1、A_2：B_1、B_2 子組。A_2 子組和 B_2 子組的成員具有一個共通點：兩者皆屬於 2 號子組。而社會規範會要求他們有時需要互相合作，以完成儀式任務。接著，每個子組再各自分為兩個小組，並與更高層的子組相互連結。這種分組會再向下延伸五層。

這些儀式團體承擔彼此的各種責任，在整個村落編織出縱橫交錯的共同義務網絡。舉例來說，家家戶戶都會養豬，但吃自己養的豬被視為是噁心的事情。他們認為吃自己養的豬就像在吃自己的孩子。因此，儀式團體的成員（如 A 組）會把豬送給另一組的成員（B 組）。這使得養豬這樣單純的活動也充滿了神聖的意義，同時在全體村民中形成了更大的經濟互賴網絡。在共同儀式上，儀式團體間會兩兩成對，輪流替彼此的男性成員舉行成年儀式。伊拉西塔村落的男性必須通過五項不同的成年儀式。男孩必須通過這些儀式才能成為男人，進而獲得結婚的特權，取得祕密的儀式知識，並掌握政治權力。然而，根據神聖的信仰規範，這些儀式必須由對方的儀式團體來舉行。因此，為了成為受人尊敬

---

* 　譯注：世系群（lineages）是指超越時間與空間且具有凌駕個人之權力的大型繼嗣團體。

的男性，並提升自己在儀式中（與政治上）的階級，所有的男性都需仰賴伊拉西塔村落的其他氏族。

除了這些儀式上的義務，坦巴蘭的規範更要求整個村落一同為大型的社群計畫而努力。圖 3.1 的靈屋比社群中其他的建築還要大得多，即為一個社群合作的例子。

圖津的民族誌研究與許多關於儀式的心理學研究結果一致，他指出這些共同義務與共同計畫在人與人之間建立了情感紐帶，更重要的是，在不同的氏族與村子之間也是如此。這個效應很有可能是源自於我們演化後的互賴心理。有趣的是，這並非「真正」的互賴。在現代社會中，如果沒有大規模的經濟交換，我們都無法生存下去，但此處指的是一種由文化建構出來的互賴關係。在塞皮克河流域內的其他氏族，本身就能維持經濟獨立，自己種山藥、養豬，甚至自行舉行成年儀式。但伊拉西塔村落的坦巴蘭諸神卻禁止人們這麼做，而是強制實行一套由「人為」所建構出來的互賴結構。[7]

伊拉西塔的坦巴蘭信仰也結合了具心理效應的共同儀式。除了共同創作音樂、跳整齊劃一的舞蹈，坦巴蘭諸神更要求舉行人類學家所稱的**恐怖儀式**（rites of terror）。這些儀式通常是針對青春期的男孩，讓他們經歷痛苦、隔離、剝奪的過程，並賦予他們有關黑暗、蒙面人物和非自然聲音的可怕經驗。在此，新的心理學證據再次印證了古老的人類學預言：共同經歷恐怖的事物，會讓參與者形塑出強大的回憶與深刻的情感連繫，終生將彼此連結在一起。如此便產生了「同袍情誼」的現象，通常出現在共同

西方文化的特立獨行如何形成繁榮世界

圖 3.1　坦巴蘭靈屋前的舞蹈儀式。在這個名為「恩瓦爾布那富內」（Nggwal Bunafunei）的儀式中，有些女人手持長矛，幾位參與者的妻子向後跳起舞來，讚美著她們丈夫的神奇巫術，丈夫們則站在圓圈的左側。妻子們舉起貝殼響鈴，高聲稱頌。有些女人背著裝滿貝殼的編織袋，跳舞時會隨著節奏發出悦耳的聲音。[8]

三、氏族、國家與演化的路徑依賴

奮戰的士兵之間。然而，在這種制度化的形式下，這類儀式將不同氏族間的年輕男性連結在一起，並產生具約束力的心理效應，進而在新的世代中建立持久緊密的人際關係。[9]

儘管恐怖儀式在世界各地的小型社會中都有各自的發展。伊拉西塔的成年儀式卻特別嚴格，一共包含五個階段。這套儀式從 5 歲左右開始。男孩們被村落成員帶離母親的身邊後，他們的陰囊會塗上刺人的蕁麻，從此踏入男性專屬的盛大儀式之中。接著他們接獲警告，絕對不能向女性透露這些特殊儀式的任何細節，否則將處以極刑。約 9 歲時，會進行第二階段的成年儀式，並以竹製剃刀割損陰莖做為儀式的高潮。到了青春期，參與者會被隔離到祕密的村落裡長達數月之久，且不准吃他們想吃的食物。在最高階的儀式中，參與者必須獵殺敵方社群的男性，以「供養」坦巴蘭諸神。這些儀式會激發劇烈的情緒反應，進一步鞏固伊拉西塔氏族與村子間的情感紐帶。[10]

這個社會與儀式體系具備一套強大的超自然信仰。坦巴蘭諸神與他們的祖先不同的是，祖先只負責庇佑特定的氏族，坦巴蘭諸神則掌管了整個社群，是村落等級的神祇。村民相信社群的繁榮與聲望源自於正確地執行坦巴蘭儀式，因為這些儀式能滿足坦巴蘭的諸神，而諸神能夠庇佑社群的和諧、安全與興盛。當村落之間的關係惡化，長老們會認為是村民不夠勤奮、沒有正確地執行儀式，因此會要求舉行額外的儀式來滿足神祇。雖然長老們將這之間的因果關係搞混了，舉行額外的儀式仍可達到預期的心理效應，能修復村民間的裂痕並促進社會和諧。根據圖津的描述，

西方文化的特立獨行如何形成繁榮世界

舉行這種特殊的儀式後，確實產生了這種效果。

坦巴蘭諸神也會透過懲罰村民來進一步促成社會和諧。坦巴蘭諸神與現代世界宗教的神不同。現代世界宗教的神擁有極大的權力與道德化傾向，能夠懲罰任何違反教義的人，而坦巴蘭諸神只會懲罰在儀式中表現不佳的人。然而，這種超自然的懲罰能鼓勵村民更積極地投入儀式，這點相當重要，因為儀式在凝聚社群方面扮演了重要的社會心理功能。

坦巴蘭諸神的超自然懲罰可能也抑制了妖術的指控與相關暴力事件的循環。和許多社會一樣，新幾內亞人認為死亡並非偶然。一般 WEIRD 群體所認為的「自然死因」，例如感染、毒蛇咬傷等，新幾內亞人卻認為是源自於妖術（sorcery），也就是利用巫術（magic）來殺人。一旦遇到意外死亡事件，尤其當死者正值壯年時，往往會引發妖術的指控，有時甚至導致氏族間報復性的競爭，衝突可延續數年或數個世代之久。坦巴蘭儀式傳到伊拉西塔村落後，當地村民先前所認為的妖術致死事件，如今卻歸咎於坦巴蘭諸神的憤怒，其目的在於懲罰沒有善盡儀式義務的人。坦巴蘭儀式的出現帶來了新的可能性，將村民之間的懷疑與猜忌轉移到神的身上。因此，這種新的超自然信仰使得社群分裂的主要導火線逐漸消失。[11]

整體而言，坦巴蘭信仰是一套相當複雜的制度，其中包含新的組織規範（儀式團體）、日常慣例（例如養豬）、效力強大的成年儀式，以及關於超自然懲罰的信仰，這些都會使得社會生活的結構產生變化。這些文化元素利用了人類固有的各種心理機

制，強化並延續了伊拉西塔氏族間的情感紐帶。這讓伊拉西塔村落能夠維持一個由許多氏族所組成的大型社群，而其他村落則面臨分裂與瓦解的命運。

但伊拉西塔村落的坦巴蘭信仰從何而來？

首先，我們來使用刪去法。圖津的研究顯示，坦巴蘭信仰並非由任何的個人或群體所設計。圖津向村落長老分析坦巴蘭信仰是如何細緻地劃分並整合社群，他們都和圖津一樣感到相當驚訝。他們遵循著簡單的禁令、指示，以及關於社會角色、責任與義務的經驗法則，無形中創造了一套制度，卻沒有人了解這些元素是如何成功整合起來的。如同幾乎所有的社會一樣，個人並不會有意識地設計出制度的核心元素，當然也不會了解制度運作的方法與原因。[12]

相反地，坦巴蘭信仰隨著不同世代逐漸演化，也在散播至塞皮克河流域的過程中，產生了各種形式的變化。而伊拉西塔恰好得到了最佳的運作版本。以下是圖津所拼湊出來的起源故事：

19 世紀中期，名叫阿巴蘭（Abelam）的塞皮克部落開始積極向外擴張、搶占地盤，導致許多家庭和氏族逃離他們自己的村落。因為他們在軍事層面比其他群體來得成功，當時的人們普遍認為阿巴蘭人已發展出新的儀式，讓他們能藉助強大的超自然力量來壯大自己。1870 年左右，伊拉西塔村落的長老從一些難民的口中得知了坦巴蘭信仰。長老們決定，為了讓伊拉西塔村落能夠抵禦阿巴蘭人的攻擊，最好的方法就是仿效他們的坦巴蘭信仰，

西方文化的特立獨行如何形成繁榮世界

以其人之道還治其人之身。伊拉西塔人將難民對於坦巴蘭的描述拼湊起來，建立了屬於自己的版本。

重要的是，雖然伊拉西塔的坦巴蘭信仰和阿巴蘭的十分類似，但在重建過程中卻不小心產生了「仿效謬誤」。其中有三大關鍵謬誤。首先，伊拉西塔將各個儀式團體與不同的氏族交錯搭配，無意間形塑出更為複雜的互動網絡，並促成了內部融合。例如：伊拉西塔的制度將兄弟分散在不同的儀式團體中，將氏族成員拆散。相對地，阿巴蘭部落則將兄弟分配在一起，讓氏族成員全數容納在單一的儀式團體中。第二，對於制度的誤解卻創造了更強大的坦巴蘭諸神。坦巴蘭諸神具有特定的名字。阿巴蘭人以氏族祖先的名字替坦巴蘭諸神命名，所以對他們而言，坦巴蘭諸神不過是祖先們的集合體。而在伊拉西塔，不同的氏族已有了各自的祖先。然而，伊拉西塔的長老不認得這些神聖的阿巴蘭名字，而是將坦巴蘭諸神的位階置於自己的氏族祖先之上，憑空創造出了村落等級的神。雖然衡量神的大小是件奇怪的事，但這項仿效謬誤卻讓坦巴蘭諸神的法力增加了 39 倍之多，這些神不再是庇佑單一氏族，而是一次掌管了 39 個氏族。最後，伊拉西塔的長老額外增加了四道阿巴蘭成年儀式，將原先單一的阿拉佩什儀式，增加為五個階段的成年儀式。藉由提高坦巴蘭制度的退場年齡，能讓最有權勢的長老比阿巴蘭人整整大上十歲，相較之下或許更為睿智。[13]

伊拉西塔重新改造了坦巴蘭制度，成功阻擋阿巴蘭人持續的侵略，也藉此擴展了自身的領土。在隨後的幾十年間，其他村落

的難民不斷湧入，伊拉西塔村落的規模也隨之擴大。即使外來移民與伊拉西塔村落的氏族之間並沒有親屬或婚姻關係，坦巴蘭的儀式制度仍成功將移民與當地社群整合起來。

社會規模逐漸擴大

伊拉西塔村落的例子凸顯了維繫廣泛合作並擴大社會規模是多麼困難的一件事。即使面臨致命的威脅，多數的塞皮克社群也無法超過 80 個人一同生活、工作和戰鬥。反之，社群成員會遭到殺害、俘虜，或被迫離開他們的土地。此外，雖然 300 人準則代表了合作規模的隱形門檻，但這樣的合作其實並不容易，也並非自然形成、毫不費力的。在其他的塞皮克區域，戰爭與掠奪的情況沒有那麼激烈，阿拉佩什社群的其他成員寧可住在規模更小的村子裡，村子的人口不超過 90 人。

這個例子讓我們看見了擴展合作規模與程度的兩個關鍵途徑：(1) 群體間的競爭，(2) 不同社會規範與制度的搭配。群體間的競爭至少有五個不同的途徑，其中三個出現在塞皮克區域：[14]

一、**戰爭與掠奪**：若某項社會規範、信仰或慣例，能夠深化合作關係、團結社群或創造其他科技、軍事、經濟上的優勢，便能透過群體間的衝突而向外傳播，因為具備強勢制度的群體會驅逐、消滅或同化那些具有弱勢制度的群體。而阿巴蘭的制度就是藉由此過程傳播到塞皮克區域。[15]

　　　　　　西方文化的特立獨行如何形成繁榮世界

二、差別遷移：只要有機會，人們就會遷移到更繁榮、更安全的社群。由於移民（特別是他們的第二代）接受了當地的風俗習慣，這種差別遷移會將創造繁榮與安全的制度向外傳播，使得強盛的社群愈加茁壯，代價卻是犧牲較弱勢的社群。阿巴蘭的攻擊使得難民逃往伊拉西塔所提供的安全網，即為一例。[16]

三、以具聲望的群體做為傳播中心：個人與社群會優先關注並仿效更繁榮或更有名望的群體。這會使得社會規範和信仰從較強盛的群體擴散至較弱勢的群體，使得具競爭力的制度藉此向外傳播。然而，因為人們無從分辨是什麼因素讓社群變得強盛，這也使得許多無關社群興盛的規範和慣例跟著散播出去，像是髮型、音樂的偏好等。伊拉西塔的長老決定向強盛的阿巴蘭社群，明確地複製坦巴蘭制度。在這個過程中，伊拉西塔和其他社群也複製了阿巴蘭複雜的山藥種植巫術，而這或許和社群的強盛毫不相干。[17]

四、無衝突的群體生存差異：一個群體要在惡劣的環境中生存下去，其制度必須能促進廣泛的合作與共享。而缺乏這種制度的群體只能移往更好的生活環境，否則將在乾旱、颶風、洪水或其他衝擊之下消失殆盡。好的制度將使特定群體在其他群體無法生

存的生態棲位（ecological niche）*中成長茁壯。即使群體之間沒有任何交集，這個過程也能持續運作下去。[18]

五、**生育率的差異**：規範會影響個體孕育後代的速度。由於孩童傾向接受自身社群的規範，任何提高生育率或降低死亡率的規範往往會向外傳播。舉例而言，某些世界宗教之所以能夠迅速傳播，是因為其信仰有助於提高生育率，像是某些宗教中的神會迴避生育控制或不以繁衍為目的之性行為。[19]

　　一旦某個群體中出現了促進合作的新規範，群體間便會爭相仿效，並透過上述的途徑將新規範向外傳播。如同坦巴蘭制度的例子，隨著世代交替，這些群體間的競爭會結合並重組各種社會規範，讓社會得以整合、團結與擴張。

　　然而，在思考文化演化的過程時，重點在於群體間的競爭只是其中一項因素，因為競爭也可能發生在不同層次，如大量人口中的個體、家庭與氏族之間。氏族提供了一種在心理上強而有力的方法，能夠創造社群成員的團結，部分是因為內部衝突的降低。但就像塞皮克河地區的情況一樣，氏族間往往無法和諧相處，因此要擴展為更大規模的社會時，必須將他們團結起來或拆散他們。事實上，規範愈能有效地促進子群體內部的合作，要將他們團結起來並擴大規模就愈困難。

　　既存制度和新的規範與信仰在社會、心理層次上的搭配，也

影響了社會規模擴大的過程。新的規範與信仰勢必從一個群體既有的文化腳本（cultural repertoire）中誕生，或是由其他群體複製而來，此時就必須與原有的制度相互融合。對群體間競爭的結果進行引導與限制，會創造先前所提到的路徑依賴：在社會規範、信仰與既存體制的搭配之下，任何一套制度只存在某些特定的發展方向。例如：伊拉西塔比較容易接受阿巴蘭的四道成年儀式，因為他們原本就具備這樣的一道儀式，只需要加上新的儀式就好。同樣地，如果不是伊拉西塔靈活地採用不同規範，他們的二元儀式團體制度將無法延續下去，因為伊拉西塔的規範使得每個儀式團體和子團體維持了可行的成員數量。相較之下，在許多母系社會，身分與繼承完全由血緣繼嗣所決定（無法靠收養），因此在無法重新分配社群成員之下，伊拉西塔的儀式團體制度可能會走向崩潰。[20]

這種社會規模擴大的過程並非必然或不可逆的，也不涉及單線演化。來自世界各洲不同地區的人口，社會規模擴大的程度與速度也不同，這往往是因為生態環境或地理位置限制之下，群體間的競爭並不激烈；或是因為一套社會規範無法提供任何可行的路徑，以建構出高層級的制度。當然，複雜的社會總會面臨崩潰，因為原先整合與團結社會的高層制度最終將退化、崩毀。

---

　*　譯注：又稱為「小生境」、「生態區位」，指生物在其所屬之生態系中所占的地位。不僅指生物居住的棲地，更包含該生物扮演了何種角色。

正如你將看到的，通往前現代國家的制度路徑相對狹窄，而通往 WEIRD 國家的隱蔽小徑則需要特殊的策略，也就是一種遊走在前現代國家結構的迂迴戰術。為了解繼嗣群是如何從最小規模的人類社會過渡到前現代國家，我們先從這趟知識之旅的起點開始，將視角轉向秘魯亞馬遜叢林的馬奇根卡部落。[21]

真正的個人主義者

人類的心靈透過個體發展與文化演化，漸漸適應了所面對的社會世界。正因如此，許多人都忽視了人類的心理與行為在很大程度上是數個世紀以來文化演化的產物，他們的心靈被磨練得能夠駕馭現代世界。當社會長期缺乏法院、警察、政府、契約，甚至缺乏市長、酋長及長老之類的領導者，那麼人類會是什麼樣子？

來到秘魯亞馬遜叢林的前幾個月，我參加了一場社群會議，地點位在烏魯班巴河的馬奇根卡部落。會議期間，麥士蒂索混血老師和選舉產生的社群領導者迫切地呼籲全村要共同努力興建新的小學。村民們看似隱約表示支持，儘管他們的話不多。隔天早上，我在約定好的時間帶著我的相機、水壺和筆記本抵達施工現場，準備記錄當天的活動。但現場卻連個影子都沒有。大約半個小時過後，一位學校老師悠哉地晃了過來，接著出現一位馬奇根卡人。我們搬了一些木材，開始用手鋸（handsaw）鋸其中一根木頭。接著其他幾個人也過來幫忙，但到了午餐時間，又只剩下我一人。這樣的情況持續了數週，甚至長達數個月之久。最後，

西方文化的特立獨行如何形成繁榮世界

老師們停止教學，讓學生們一起來建造新學校。在數個村落進行為期六個月的田野調查後，我多次觀察到他們身上某種強烈的獨立性。在我看來，馬奇根卡人的特質是勤勞、勇敢、平和、說話溫和、獨立且自立。他們並不會聽從他人的指令，不聽命於學校老師或村落選舉產生的領導者，也不會順從社群的共同意願。

這些不僅是一位天真的研究生所留下的特殊印象。大約二十七年前，我的博士論文指導教授亞倫・強生（Allen Johnson）到另外一個馬奇根卡的社群時，接待他的學校老師所說的第一句話是：「我們這裡的人並不是很團結。」而他的意思是，馬奇根卡人不能或不願以社群為單位進行合作。同樣地，本章開頭的引言也描繪了 20 世紀中期的天主教傳教士和馬奇根卡人一同生活的經驗。[22]

馬奇根卡部落提供了有趣的例子，因為他們的社會既是高度個人主義，又完全根植於親屬為本制度。馬奇根卡的核心家庭在經濟上是獨立的，也完全有能力自給自足。每個家庭都有自己的園地，他們會種植木薯（類似馬鈴薯的根莖類作物）、芭蕉、木瓜和其他作物。男人會製作弓和各式各樣的箭來獵捕貒豬、貘（又稱為「森林中的牛」）、魚和鳥類。女人則負責煮飯、釀造木薯啤酒、混合不同藥材，以及編織棉質衣物。每隔幾年，他們就會砍伐並焚燒一塊林地做為新的園地。傳統上，馬奇根卡的核心家庭通常各自生活，或是和較親近的親屬住在秘魯熱帶雨林中的小村莊裡。馬奇根卡的社會高度平等，並由親屬關係組織而成。人們同時從母親與父親雙方追溯親屬連結關係。然而，和大多數定

居的農業社會不同，這裡並沒有世系群、氏族、酋長、婚姻團體或共同儀式。各個家庭之上也不存在決策或組織制度。除了對特定堂表親的亂倫禁忌，馬奇根卡人可以自由選擇伴侶，並自行決定結婚與離婚。當地社會能接受人們與自己村子裡的成員結婚，甚至鼓勵大家這麼做。所有權取決於勞動或餽贈，所以大多數物品都是由個人所擁有。如果東西是你做的，你就能擁有它，除非你將它送給別人。就像男人擁有他們所建造的房子，女人擁有她們所編織的衣物。但人們並不能真正擁有土地，雖然園地暫時是由照顧、耕種的人所控制。[23]

馬奇根卡村落和其他規模較大的塞皮克村落不同，傳統上最多只有 25 人左右。發生爭端時，村子就會分裂為幾個核心家庭，各自遷移到較遠的園地。而想要成為領導者的人偶爾會挺身而出，但下場通常是遭到忽視或受到公然嘲笑而銳氣大減。自第二次世界大戰以來，北美傳教士和秘魯政府一直試圖讓馬奇根卡人定居在小學周圍的村落。但即使經過三個世代，這些村落仍然是不穩定的聚居地，由數個不同的家庭村莊所構成。只要一有機會，各個家庭就會回到他們偏遠的園地，享受與世隔絕的寧靜生活。根據傳統，馬奇根卡人並沒有自己的名字，這也凸顯了他們社會生活的本質。每個人都用「兄弟」、「母親」、「叔叔」等親屬關係稱謂來稱呼彼此。直到 1950 年代，美國的傳教士才開始用秘魯利馬電話簿上的西班牙文名字，替定居在村落裡的馬奇根卡人命名。[24]

馬奇根卡人的生活方式代表了一種文化適應的方法，以應付

熱帶雨林的生態環境與大規模社會所帶來的危險。回顧前哥倫布時期，生活在主要河流沿岸、組織更複雜的部落會襲擊馬奇根卡村落，並擄走他們的成員做為奴隸。在西班牙人登陸之前，成了奴隸的馬奇根卡人被賣給印加人。隨後，西班牙人取代了印加人，但奴隸販賣仍舊存在。即使到了 20 世紀，橡膠熱的盛況意味著任何來到河流上游的陌生人都可能為當地帶來不少麻煩。[25]

藉由生活在小村子或個別的核心家庭，並在入侵者出現前消失無蹤，馬奇根卡的人口得以生存下去，最終成長茁壯。毫無疑問的是，缺乏大型的定居地使得當地掠奪奴隸的情況較不嚴重。分散各地的家家戶戶躲在遙遠的支流沿岸，這使得剝削他們成了一件相當困難且代價高昂的事。即使在近數十年來，人類學家試圖接近偏遠地區的馬奇根卡房屋時，或許會發現仍在悶燒的火堆，但屋裡卻半個人影也沒有。

這套制度和生活方式形塑了馬奇根卡人的心理。馬奇根卡人個性獨立、自立、內斂、勤奮，且對親近的親屬相當慷慨。一個人必須擁有這些人格特質，才能在他們的社會中獲得尊重和成功。就像 WEIRD 群體一樣，他們尋求解釋時，傾向將他人的舉止以及動物和神靈的行為看做是他們的人格特質、欲望或性格歸因所造成的。他們也相信個人的行為相當重要，甚至能影響他們的命運。[26]

羞恥感發揮不了作用的這個特質，凸顯了馬奇根卡人的心理本質。在許多傳統社會裡，羞恥感是社會控制中的主導情緒。然而，人類學家和傳教士早就注意到，要羞辱一個馬奇根卡人是件

多麼困難的事。費列羅神父觀察到這種現象,他解釋道:「馬奇根卡人既不容忍壓抑,也不允許批評。假設有人,即使是他認為具有道德權威的傳教士,試圖引導、糾正或是阻止他的行為,他就會立刻離開,並說:『我無法在這裡生存下去,此地充斥著流言蜚語。我要去一個沒有人能打擾我的地方;相對地,我也不會打擾任何人。』」[27]

在許多方面看來,馬奇根卡人甚至比 WEIRD 群體更具有個人主義色彩與獨立性,但在社會層面上他們相當不同。一旦到了村子的邊緣地帶,許多馬奇根卡人對彼此的信任程度開始急遽下滑。他們甚至會懷疑遠房親戚,並討論這些看似友好的訪客有什麼不為人知的動機。在大型的社交聚會中,許多馬奇根卡人明顯感到不安,特別是有陌生人在場時;多數的馬奇根卡人更喜歡與親密的家庭成員一同生活。[28]

馬奇根卡人與其他分布在世界各地的人口,提供了重要的見解,讓我們看見人類社會的本質,以及制度和歷史在形塑我們的社交行為與心理時所扮演的角色。這些群體相當重要,因為正如本章開頭費列羅神父的引言,這些屬於 WEIRD 群體的研究者往往主張人類是「高度社會化」(ultrasocial)的動物,也比其他物種更具有合作精神。面對這樣的主張,我的反應總是:「哪種人?」因為我們的社交行為和心理大多取決於我們的制度。為了解當代的社交行為與人類的多元性,我們必須探索人類制度的歷史。[29]

社會規模擴大的時間、過程及原因

綜觀人類的演化史，至少可回溯到 100 萬年前，當時的氣候比較涼爽、乾燥且變化多端。直到約 13 萬年前才開始出現農耕和畜牧活動，因為農作物必須適應特定的氣候環境，但每隔幾世紀的劇烈溫度變化卻抑制了作物的馴化過程。同時，較低的二氧化碳濃度抑制了植物的生長，使得早期的農業生產力低落，野生可食用的植物分散在各地。在這些邊緣的環境中，前一章提到自由移動的狩獵採集者透過親屬為本制度所創造的廣泛社交網絡，可使得舊石器時代的覓食者進行大幅度的移動，獲取分散各地的資源，像是水窪、燧石礦場和果叢，並在颶風與乾旱等極端氣候的衝擊下成功生存。比起那些較為孤立的人口，具備這種親屬制度的人口更容易生存下去，也往往會有蓬勃的發展。[30]

大約在 2 萬年前，最後一次的冰河時期達到巔峰後，情況開始有了變化。在地球軌道週期性變化的驅動下，大氣中的二氧化碳含量增加，氣候漸漸變得更溫暖、更四季分明，也更加穩定。青草、水果、豆科植物與其他作物的生產力提升且產量大增，雖然在特定季節的產量較少。這樣的生態環境打開了農業生產的大門，改變了過去 10 萬年來的光景。[31]

人們開始在肥沃的土地種植特定的農作物之前，必須能掌握並持有土地。起碼要讓農耕社群在耕耘數個月、甚至數年後有所收穫。這使得具備任何社會規範（包含儀式和宗教信仰）的群體

享有很大的優勢，因為這讓他們更有能力捍衛自己的領土。和原始的澳洲與塞皮克地區一樣，一個群體掌控領土的能力主要取決於群體的大小與團結程度。同樣地，大型家畜很容易成為獵人下手的目標，因此社群必須保護牠們。這表示農耕與畜牧（即食物生產）的發展潛能創造了激烈的群體競爭條件，擴大了社會的規模與複雜程度，並產生農耕與社會複雜度之間的共同演化關係：當社會愈依賴農耕和畜牧，就愈需要擴大社會的規模，反之亦然。更大、更團結的社會，更有能力保衛自己的領土。[32]

人們開始耕種並不是因為這對個人而言是更好的選項。相反地，至少在剛開始的時候，耕種的效率比打獵和採集來得低，而且要搭配外出覓食才能有效運作。隨著人口愈來愈依賴農耕，考古學研究顯示，人們從穀物與其他農作物中獲得較少的營養，使人們變得更矮小、虛弱，甚至更有可能英年早逝。然而，定居的生活方式，以及不需特殊技能（且年輕）的勞動力，仍然發揮了很大的影響力，讓農夫的生產速度超越了流動的狩獵採集者。有了「正確的」制度後，農夫就能像傳染病一樣在各地蔓延，並趕走或是吸收沿路上的狩獵採集者。因此，早期農業的發展並不是因為理性的個人喜歡從事農耕，而是因為具有特定制度的農耕社群在群體間的競爭中打敗了狩獵採集者人口。[33]

從廣泛的移動網絡到能夠掌控領土的定居或半定居社群，這樣的轉變使得社群的發展愈來愈傾向於由社群層級的合作制度所構成的密集、強化型網絡。自然而然地，文化演化過程改造了以親屬關係為基礎的既存制度，讓人類以新的方式來運用古老的社

西方文化的特立獨行如何形成繁榮世界

交本能，打造更緊密、更合作的社群，就像我們在伊拉西塔村落看到的例子。

而其中一項常見的變化，就是從雙邊繼嗣（bilateral descent）的親屬制度，意即透過母親及父親雙方的家庭來追溯親屬關係，轉變為某種程度的**單邊繼嗣**（unilineal descent）制度，也就是母系單邊繼嗣或父系單邊繼嗣。我將這些所有的單邊親屬制度稱為「**氏族**」（clans）。當然，這些系譜上的「側重偏誤」存在極大的程度差異。在某些極端的父系社會，甚至明確地主張孩子與母親之間不存在任何血緣關係。[34]

氏族的形成

氏族在文化上的演化是為了促成更大規模的合作、提升內部凝聚力，以保衛領土並組織經濟生產活動。要了解形塑氏族的許多社會規範，我們可以觀察這些規範是如何降低利益衝突，進而形成權威結構分明的緊密組織。藉由獨厚單邊繼嗣，氏族降低了雙邊親屬關係制度的許多內部衝突，尤其是在群體向外擴張時。為了理解這些衝突，我們假設一位父親正在籌組 10 個人的防衛團體，以將闖入者趕出他們社群的土地。首先，名叫凱瑞的父親招募了 2 位成年的兒子。從演化的角度來看，這是個不錯的 3 人組，因為他們不僅關係密切，而且彼此的親近程度是一樣的，從遺傳的角度而言，父親與兒子之間的關聯，和他與兄弟之間的關聯是一樣的。這種均等性讓 3 人組內部的利益衝突降到最低。

接下來，凱瑞還招募了他哥哥的 2 個兒子，以及這 2 個姪子

的兒子，因為他們的年齡剛好可以加入這個團體。這使得凱瑞與姪子和姪孫之間的連結比起凱瑞的兒子與他們的關係還要緊密 2 倍。而兩個姪子與他們自己兒子之間的連結，以及兩個姪子之間的連結，都比兩個姪子與凱瑞兒子之間的連結還要緊密 4 倍之多。由於還缺少 3 個人，凱瑞再招募了妻子的兄弟查克，還有查克的兩個兒子。查克與 2 個兒子所組成的 3 人組，與凱瑞或他的姪子都沒有親屬關係，但至少凱瑞透過自己的兒子和查克還是有一些基因上的連結。如你所見，這些潛在的衝突可能導致混亂，甚至會出現在緊密的 3 人組之間。如果查克在混戰當中面臨抉擇，他是要救自己的其中 1 個兒子，還是要救凱瑞的 2 個姪子呢？如果凱瑞的姪子害死了查克的 1 個兒子呢？[35]

為了降低這種衝突，氏族將個人系譜中其中一方的地位提升，並將親屬關係計算的焦點從以個人為中心，轉移到以共同祖先為中心。因此，所有同一輩的人都與共同祖先具有同等的關係，而且每個人都具有一組相同的親戚。而這個概念逐漸受到強化，並體現在這些社會如何以親屬稱謂來定位、稱呼他們的親戚。例如在父系氏族中，你父親的兄弟通常也稱為「父親」（father），如果他比你的父親年長，有時會稱他為「大父親」（big father）以區分兩者。而「大父親」通常是其中的領袖。同樣地，你父親的兄弟的兒子也稱為「兄弟」（brothers），女兒則稱為「姊妹」（sisters）。這些主要的親屬關係通常會向外延伸到可追溯的範圍：如果我們的祖父或曾祖父是親兄弟或「兄弟」，那麼我們就是分類上的兄弟姊妹，此時就會適用亂倫禁忌的規範。這樣的結果是，

西方文化的特立獨行如何形成繁榮世界

父系氏族的成員往往把他們父親那一輩的所有男性稱為「父親」，而這些「父親」的女兒則稱為「姊妹」。為了清楚說明，我將仿效我的斐濟朋友，將所謂的「兄弟」和「姊妹」，也就是系譜上的堂／表兄弟姊妹（cousins），稱為「堂／表兄弟」（cousin-brothers）和「堂／表姊妹」（cousin-sisters）。[36]

人們對於親屬關係和繼嗣的思考方式，通常會隨著各式各樣附加的社會規範共同演化，而這些規範涉及了居所、婚姻、安全、所有權、權威、責任、儀式和超自然生物等領域。這套規範以各種巧妙的方式促成了合作並維持內部和諧。以下是幾種最常見的規範和信仰，我將從父系氏族的角度來說明。[37]

一、**婚後居所**：新婚夫婦必須在新郎的父親家或附近地區定居，即所謂的「**從夫居**」。這對新婚夫婦的小孩會和他們父親的兄弟的孩子一同生活、工作。童年和青少年時期的共居與頻繁互動，強化了這些人際關係，建立相互的信任感，並減少對彼此的性吸引力。

二、**繼承與所有權**：根據規範，個人必須透過父親來共同繼承土地和其他珍貴的資源（如牛隻）。透過賦予所有氏族成員同等的利益和共享的責任，這種繼承的規範利用了我們相互依賴的心理，而我們的心理傾向幫助那些與自己的福祉息息相關的人（如果他們成功，全家也跟著享福）。[38]

三、**集體責任**：規範也會保護氏族成員，促進彼此的互賴關係。如果你的氏族成員被其他氏族的人所傷害，那麼向其他氏族尋求賠償可是關乎個人榮譽的大事。這通常牽涉到集體責任：如果某人意外或故意傷害或殺死了你的氏族成員，那加害者背後的整個氏族都要承擔起責任，而且必須血債血還。如果沒有得到滿意的賠償，你就應該殺死加害者的氏族成員來報仇，而對象通常是加害者的堂／表兄弟。[39]

四、**亂倫禁忌**：規範往往禁止人們與自己的氏族成員通婚，而提倡與氏族外的堂／表兄弟姊妹結婚。正如先前提到的，在同一個氏族中的許多女性彼此為堂／表姊妹或「母女」關係，因此適用亂倫禁忌的規範。這使得同一個氏族中的男性對於周圍女性的性競爭受到抑制，而將他們的擇偶焦點移轉到外部，也就是周圍的氏族。這與其他氏族建立了聯盟，同時也避免了近親繁殖將付出的大部分健康代價。[40]

五、**包辦婚姻**：包辦婚姻的規範讓男性家長能夠策略性地利用他們女兒的婚姻，來強化氏族的聯姻與關係網絡。藉由這些關於丈夫或妻子死後安排的規範，婚姻結盟關係也更加穩固。例如：「夫兄弟婚」（levirate marriage）的規範明訂，丈夫去世後，他仍在世的妻子必須嫁給他的兄弟或堂／表兄弟。此

西方文化的特立獨行如何形成繁榮世界

規範維持了雙方的婚姻連結，進而維繫氏族之間的婚姻結盟。[41]

六、**指揮與控制**：氏族內部的權威地位通常取決於年齡、性別與系譜中的地位。這些規範利用了我們對年長而睿智的長輩所產生的順從傾向，創造出明確的指揮與控制體系，進而促成迅速的集體行動。這套權威結構也在日常慣例之中得到強化，像是男性在用餐或儀式時必須按照階級順序就坐的規範。[42]

七、**神祇與儀式**：祖先往往會演變為超自然的力量，進而成為「神化了的」祖先（ancestor gods）。祂們通常會要求舉行儀式表演，有時甚至會懲罰未能舉行此類儀式的氏族成員。由於祖先都埋葬在當地，他們就真的融入了土壤之中，讓氏族的土地變得神聖了起來。[43]

這些構成緊密親屬關係的要件只是文化演化機制的其中一環，創造出緊密的互賴親屬關係網絡，以擴大社會規模。當然，文化演化過程也產生了新的方法，來創造、擴大根植於母系氏族與雙邊繼嗣團體的制度，這就是所謂的「親類」（kindred）。親類的運作方式和氏族（單邊繼嗣團體）有些不同，但背後的目標是一樣的：建立一個緊密的合作網絡或群體。像這種緊密的親屬關係制度，能讓群體占領並保衛領土，同時也為勞動合作、集體所有權與互助保證提供了基礎，以共同抵抗傷害、疾

病與年老衰弱。[44]

正如我們在塞皮克地區所看到的，透過氏族和親類來強化人際紐帶，進而擴大社會規模，這樣的效果是有局限性的。個體身處在緊密的親族團體之中，能夠在控制領土和組織生產方面進行有效的合作；但是，這些以親屬關係為基礎的單位必須聯合起來形成更大的社群時，像是村落或部落（民族語言群體），那麼同樣的社會困境和合作衝突又會再度浮現。在氏族和親類之中通常會有某種程度的階級與權威秩序，但他們並不認為自己比其他的親族團體來得差。有鑑於氏族之間的平等地位，社會規模如何從此擴大？[45]

聯合氏族

在緊密的親屬為本制度之上，文化演化形成了一系列更高層級的綜合制度，將截然不同且爭執不休的家族群體融合為一致的社群與強大的政治實體。在此，我將探討其中兩項制度，即分支世系群（segmentary lineages）和年齡組（age-sets），而這些制度已在全世界以不同的形式各自出現。

分支世系群提供了一種體制化的機制，能讓單一的氏族直接擴大其規模。通常來說，氏族之間很少或根本不承認彼此之間的關係：除非儀式或其他社會規範引起了人們的注意，否則沒有人會記得幾個世代以前的事情。然而，在分支世系制中，儀式義務和其他社會規範凝聚了廣泛的共識，將不同氏族間所稱的系譜關係整合起來。重要的是，規範要求那些控制相鄰領土且關係較緊

西方文化的特立獨行如何形成繁榮世界

密的氏族必須相互結盟，以對抗較遙遠的氏族分支。舉例而言，如果圖 3.2 中來自 16 號氏族的人與 9 號氏族的人因為牲畜而發生糾紛，那麼屬於次要分支 IV 的人都有可能會與次要分支 III 的人發生衝突。同樣地，如果 16 號氏族攻擊 1 號氏族，那麼主要分支 A 與 B 之間就會產生衝突。最重要的是，如果任何一個氏族與外部群體發生爭端，整個最大世系群（I）會隨時準備好保護他們的「兄弟們」，甚至可能開戰。在某些情況下，最大世系群包含

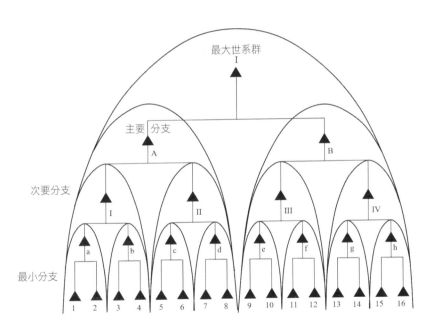

圖 3.2　分支世系制的原型。最底層帶有阿拉伯數字的三角形代表了個別的世系群。小寫英文字母和羅馬數字的標記則是中型分支；大寫的英文字母代表的是主要分支；而頂端的三角形則是最大的世系群，通常代表了整個部落或是民族語言群體。[46]

了整個部落或民族語言群體，人數往往可達幾十萬人。這些聯盟關係的產生與誰攻擊誰、攻擊的原因無關。如此一來會造成不幸的後果，任何一個特別好鬥或具侵略性的氏族，都有可能將整個最大世系群拖入長期的衝突之中。[47]

在心理學的層面而言，這種以繼嗣關係為基礎的制度是圍繞著個人與集體的榮譽所建立的。一位男性（和其家庭）的安全、保障與地位，和他的名聲息息相關。不名譽的行為會瓦解一個人的聲譽，讓他無法藉此保護他的財產和家人免於竊賊與復仇者的侵擾，而且還會使孩子的婚姻前景黯淡，影響他在整個氏族中的聲譽，更別提他的其他直系親屬了。因此，為了自身的利益，親戚之間會密切監視彼此，並且互相懲罰對方，以恢復家族或氏族的榮譽。支持來自同一個世系群的盟友，包含在必要時採取復仇行動，對個人的榮譽與氏族的名聲而言至關重要。

藉由與其他群體的競爭，以及將他們驅逐出自己的領土（或是同化他們），分支世系制得以向外傳播。例如：人類學家利用了 19 世紀時期蘇丹的歷史數據，研究努爾人（Nuer）如何透過其優越的分支世系制，來建立超過 1 萬名戰士的部隊，並在幾個世代之間系統性地驅逐或是同化丁卡人（Dinka），進而說明了這種擴張過程。儘管人口眾多，丁卡族中參戰的戰士卻從來不會超過數千人。努爾人的擴張一直要到英國軍隊強制實施臨時和平狀態才停止。更深入的歷史分析顯示，隨著分支世系制在非洲地區廣泛流傳，這些過程持續了數個世紀之久。[48]

即使到了今日，在一個由領土型國家所主導的世界裡，我

們仍可以明顯感受到分支世系制所帶來的影響。在 21 世紀的
非洲，相較於缺乏親屬為本制度的群體，具有分支世系制的
部落群體經歷暴力事件和內戰的比例仍然高得多。根據調查顯
示，這些群體對於外人的信任程度也低於缺乏此類制度的其他
鄰近社群。[49] 在非洲，許多人們熟悉的長期衝突案例都與分支
世系制所組織的群體有關。例如在南蘇丹，經歷了兩個世紀以
來的衝突後，丁卡人和努爾人之間的內戰仍然持續延燒。而在
世界的另一端，榮譽文化曾經是蘇格蘭分支世系制的其中一部
分，至今仍繼續影響著人們的生與死：在美國南方各郡，根據
1790 年美國第一次人口普查的資料，若當地的蘇格蘭人或同
時具備蘇格蘭和愛爾蘭血統的人比例愈高，現今的謀殺率也就
愈高。而這些移民的後代繼承了祖先的文化，在他們的榮譽、
家庭或財產受到威脅時，仍傾向採取侵略性的作為。在全球各
地，研究人員認為最能夠解釋「伊斯蘭恐怖主義」的方式，就
是透過分支世系制所產生的榮譽心理。例如：博科聖地（Boko
Haram）、索馬利亞青年黨（Al Shabab），以及蓋達組織（Al
Qaeda），都從具分支世系制的人口中招募大量的成員，而這
種親屬為本制度也可能形塑了這些組織所採用的某些宗教信
條。[50]

　　相較於分支世系制，年齡組制度則提供了以儀式為核心的
獨特方法，將以親屬關係為基礎的群體整合起來。正如伊拉西塔
村落的例子，成年儀式會產生強大心理效應，將來自不同親族團
體或居住社群的男性團結起來。經歷了一道或一系列的成年儀式

後，規範會賦予這個群體（年齡組）一組新的特權、責任和義務。同個年齡組內的人經常一起工作、玩樂和聚餐，並往往在組內進行內部管理。如果不能成功履行年齡組的集體義務，就有可能耽擱了下次儀式中地位的晉升。例如：經過第一道的成年儀式後，規範會要求男孩或青少年必須協助上一級年齡組中的戰士。在高級年齡組的指揮下，戰士們往往會一起受訓，並承擔部落防禦與策略性突襲的任務。完成了戰士階級的義務後，三十多歲的男性通常會獲得娶妻成家的特權。多年以後，父親與祖父們會升級到更高級的年齡組，成為長老會議的一員，獲取政治權威，並替整個組織做出決策。[51]

年齡組的設計相當有趣，因為這個制度創造了一定程度的中央政治集權，同時（通常會）維持底層親屬組織之間的平等關係。在心理層面而言，掌權年齡組中的高級成員間所存在的情感連結，源自於他們在各方面的共享經驗，像是多道成年儀式、共享責任，以及長期在共同活動中一同工作的經驗，包含戰爭。這讓他們能夠不受限於對氏族的忠誠以及對親屬的承諾，以更大的集體視角來採取行動。

和其他廣為流傳的制度一樣，群體間競爭也以各種方式將年齡組制度傳播到各地。因為年齡組制度具備軍事上的優勢，隨著制度下更注重合作的社會驅逐或同化了較不團結的人口，年齡組制度也跟著向外擴張。在非洲和新幾內亞地區，隨著一個族裔群體加入了鄰近群體的年齡組制度，或是一個群體照樣複製了另一個群體的制度，年齡組制度也跟著傳播開來，如同

西方文化的特立獨行如何形成繁榮世界

伊拉西塔的例子。[52]

　　分支世系制和年齡組制度夠跨越氏族與親類的界線，使各個平等社會能夠提升其規模。但這些制度和其他形式的政治組織相較之下卻沒那麼成功，原因在於缺乏集中、穩定和階層式的權威結構。而這樣的權威結構能讓社會果斷地應對不斷變化的環境，像是鄰近社群的入侵、逐漸減少的資源以及自然災害的威脅，也能運用各種策略來征服其他社會。試圖建立中央集權的社會可能在群體間競爭中取得優勢。為了改善社會的指揮與控制，文化演化又做了什麼聰明的安排？[53]

邁向前現代國家

　　與現代國家相比，前現代國家建立在社會與心理基礎之上，而這些基礎的背後則是緊密的親屬為本制度。據我們所知，國家最初是源自於人類學家所稱的「酋邦」（chiefdoms）。最簡單的酋邦是指由數個氏族所組成的單一村落，而其中一個氏族凌駕於其他氏族之上。藉著共享的規範與信仰，並透過例行儀式加以強化，酋長式氏族就能替整個社群做出決策。通常在酋長式氏族中，高級世系群中的資深成員就是「酋長」（chief）。社會規範規定了這個職位（office）是如何代代相傳的。酋長與其他氏族的資深成員協商後，就會為社群做出決策。這些其他的氏族可能會彼此劃分出不同的等級，擁有不同的責任和特權。例如：在我所研究的斐濟社群中，有一個氏族會負責主持酋長

就職的儀式。這個儀式賦予酋長充分的權威。而另一個氏族則負責根據酋長和長老會議所做的決定，懲罰那些不守規範的人。值得注意的是，酋長式氏族會持續與其他氏族通婚，進而與整個社群維持一套以親屬為基礎的關係。由於男性酋長通常會娶好幾個妻子，所以他們之間的親屬關係會遍布整個社群。到目前為止，這些都算是親屬關係。[54]

我想明確指出，這種政治權力並不是強制性的，至少在核心部分不是；這是建立在社會規範和神聖信仰上的正當性權威。在斐濟，人們相信酋長式氏族是繼承自社群創始祖先中的長兄，而人們則將這些祖先「神化」了。在這套親屬制度下，弟弟必須對哥哥表示尊重與服從。延續這樣的觀念，許多人認為不尊重酋長式氏族的權威會激怒祖先。即使人們對現任酋長感到失望，多數來自其他氏族的人仍認為酋長的氏族是特別的，必須做為他們社群的權威來源。這種制度可說是具備階層式氏族的分支世系制。

但一個氏族又是如何凌駕於其他氏族之上而獲得權威與特權的呢？在人類的歷史上，雖然這種轉換過程已經在各大洲出現，但這樣的現象仍占少數。可以確定的是，理性的各方並不會坐下來，集思廣益，共同設計出一套有效的制度。為了解真正的發展過程，讓我們回到新幾內亞，人類學家賽門·哈里森（Simon Harrison）在此偶然發現了這種進行中的轉換過程。

竊取祖先之名

阿瓦提普（Avatip）社群位於塞皮克河和阿莫庫河（Amoku

西方文化的特立獨行如何形成繁榮世界

River）的匯流之處，由分布在 3 個村落的 16 個父系氏族所組成。從許多方面看來，阿瓦提普村落就像該地區的其他村落，包含阿拉佩什的村落。家家戶戶會打獵、採食、耕種與捕魚。氏族間會透過通婚來建立彼此的關係，而且在年齡組制度下，男性必須通過三道成年儀式。[55]

然而，阿瓦提普已經發展出一套獨特的宗教信仰與儀式制度，主要是因為他們複製並重組了強盛的鄰近社群所具備的元素。每個氏族都被賦予了一系列的儀式權力，用來「支持」其他的氏族。一些氏族「擁有」特殊的儀式，可以種出健康的山藥作物或得到一定的漁獲量。其他氏族也會舉行儀式以祈求好天氣，或控制暴風雨和洪水。有些氏族則會舉辦男性的成年儀式或主持年度的豐收典禮。當然，每個氏族都有權力掌控自己的儀式。所有的氏族都至少擁有某些儀式的權力，但氏族之間絕非平等，因為有些氏族掌控了重大的男性成年儀式與捕魚儀式，而其他的氏族卻只有次要的小龍蝦與青蛙豐收儀式。

這些氏族之間的儀式不平等現象是在 20 世紀逐漸形成的。至少在過去的六十年間，阿瓦提普最大的氏族一直有系統地從較小的氏族中獲取並整合自身的儀式權力。在公開辯論中，氏族可以提出挑戰，要求真正的儀式所有權，以及與強大祖先之間的連結，使得儀式的所有權起了變化。這些辯論的細節相當複雜，但要獲取另一個氏族的儀式權力，主要取決於是否能取得他們祕密的祖先名字。人們可以透過婚姻關係而獲取這種知識，因此在一個氏族中，女兒的丈夫和兒子有時也能接觸到這些祕密的名字，

儘管他們其實是其他氏族的成員。有時候，各個氏族也會透過賄賂、勒索或其他詐欺手法來取得資訊。

在辯論中，規模更大、權力更大的氏族擁有幾項優勢。首先，這些氏族中通常有幾位精通儀式的成功演說家，讓他們有更大的機會能獲取祕密的名字。對於較小的氏族而言，他們的機會較少，而且往往沒有人具備參加辯論所需的地位和專業知識。為了應付來自更大氏族的挑戰，較小的氏族有時必須利用那些嫁到其他氏族的女兒所生的兒子。其次，較大的氏族具備儀式權力和經濟優勢，吸引了更多人前來提親。由於一位男性可以娶多位女性為妻，較大的氏族漸漸累積了更多的女性成員，因此繁衍後代的速度比較小的氏族還快，使得強者愈強。娶進更多妻子會創造更多的親緣關係，讓具有野心的男性可以利用這種關係取得其他氏族的祕密儀式知識。

辯論提供了一個正當的管道，讓氏族能夠逐漸凝聚其重要的儀式權力，同時又以證明自身優越性的方式，重新改變了氏族的地位。經過幾個世代後，隨著衝突漸漸在人們的記憶中消失，氏族所取得的特權和權力會在持續不斷的儀式週期中逐漸正當化，最終完全為社群所接受。

這些儀式權力具備實質的影響力。例如：擁有捕魚儀式權力的氏族在阿瓦提普的漁場設下了禁忌，使得所有的氏族在七個月內無法到此捕魚。在另外一個例子中，有位年輕男性無意間羞辱了一群儀式長老。而長老所屬的氏族擁有成年儀式權力，便決定讓該名男性永遠不得通過其他的高階儀式，使他成為一

西方文化的特立獨行如何形成繁榮世界

位永遠的青少年（禁止他結婚或擁有任何的政治影響力）。一旦氏族累積了足夠的儀式權力後，看起來就非常像是一個酋長式氏族，擁有實質權力、政治正當性（強大的祖先）以及神聖的權威。[56] 阿瓦提普透過儀式將不平等現象制度化，逐漸邁向成為酋邦之路。[57]

狹窄的發展路徑

雖然阿瓦提普似乎是個獨特的案例，但人類學和歷史證據都顯示，對於儀式權力和職位的操弄與累積，一直以來都是讓某些氏族凌駕於其他氏族的重要手段。重要的是，菁英氏族的出現不一定會產生單一的世襲統治者或酋長。有時，菁英氏族內的高級世系群首領會組成一個長老會議，並採取共識決。其他時候，特別是在戰爭期間，可能會從氏族的資深成員間選出一位酋長，但隨後各個世系群首領便會重新確立自己的地位，並在不斷的權力循環中奪回他們的權力。[58] 真正歷久不衰的是酋長式氏族，而不是酋長本身。

酋邦具有一套制定與執行社群決策的方式，與更平等的社會競爭時往往具備很大的優勢。這種政治上的中央集權提升了氏族之間在戰爭中的合作層級，並有助於提供公共財，如神殿、防禦城牆，以及護城河。或許最重要的是，酋邦可以透過軍事合作來擴張其領土。就像在伊拉西塔和阿瓦提普，氏族之間可以聯合起來進行共同防禦，但主動的進攻與襲擊是由個別的氏族或自願的聯盟所發起的，因此規模通常比較小。然而，酋邦往往具備足夠

的指揮和控制能力來統合大型的軍隊，以進行軍事行動。因此，酋邦向外擴張的方法往往是透過征服與同化，以及鼓勵其他群體仿效其政治組織。當然，面對強大的軍事威脅，周遭的社群有時也會選擇「自願」加入強大的酋邦。[59]

由於酋邦經常透過征服與同化其他社群來壯大自己，群體間競爭往往會產生一種最高制度，並將數十個甚至數百個社群成功整合在酋長階級之下，最高酋長則在酋邦中擁有至高無上的地位。被征服的村落可能由最高酋長的親戚來領導，像是酋長妻子的兄弟或父親。或者，村落中現存的菁英氏族也可能繼續掌權，並開始與最高酋長的氏族通婚。[60]

儘管酋邦具有一定的規模與政治階級，較單純的酋邦大多數仍屬於家族事務的範疇。在這個由血緣與婚姻關係所構成的社會網絡中，除了奴隸（是的，通常都有奴隸），大多數的成員與酋長都或多或少有些關係。一旦菁英氏族持續與其他人通婚，這種情況就依然存在。一直到上層階級不再與下層階級通婚，才出現了真正的社會階層。這種制度區分出了上層階級，讓他們能夠聲稱自己與下層階級有本質上的區別，是真正神聖、優越、值得尊敬的。在心理學層面上，這讓菁英階級成為（即自稱為）一個獨特的群體，具有特殊的屬性與特權。[61]

在適當的條件下，這種**階層化**的酋邦也會演變為前現代國家，也就是王國（kingdoms），因為這些酋邦在菁英統治家族以及統治其他人口的氏族或親屬團體之間，建立了新的官僚制度（圖3.3）。階層化的酋邦和國家之間的界線是出了名的模糊，這可以

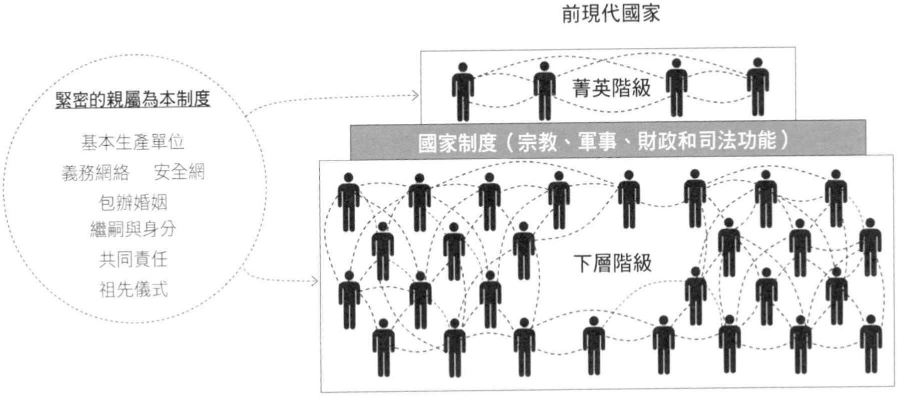

圖3.3 前現代國家建立在緊密的親屬為本制度上。這些制度包含了圖片左側的諸多規範和信仰。非親屬為本（非關聯性）制度則在菁英階級和其他階級之間發展。請注意，此處並不包含奴隸。

歸結到一個問題：在成為「一個國家」之前，需要引介哪些以及多少橫跨全社會的官僚制度？這些制度以不同的方式徵稅、裁決氏族之間的爭端、進行長途貿易、策畫公共儀式並召集軍隊。[62]

　　為了管理這些組織，菁英階級直覺地仰賴他們的家族關係，推測是因為他們不信任親屬網絡以外的人。然而，酋長和酋長式家族都清楚知道，也付出不少的代價才真正了解，他們必須提拔有能力的非菁英階級進入國家制度內。這不僅有利於政府制度（像是統治者喜愛的課稅制度）的有效運作，也能夠保護統治者不受其他菁英家族所影響，讓其他家族無法利用這些制度來鞏固

自身權力，進而接管政權。菁英階級主張他們擁有神聖的連結與儀式的特權，相較之下，平民和外國人根本不算是個威脅。在階層化社會中，菁英階級和其他階級存在相當明顯的分野，意味著即使能力最強的非菁英階級也不太可能成為篡位者。有趣的是，菁英階級最大的威脅或許是各地統治者都會有的「私生子」，例如征服者威廉（William the Conqueror）和恰卡・祖魯（Shaka Zulu）。[63]

儘管這些社會制度的形成，至少在某種程度上仍算是任人唯賢，但前現代國家的基礎仍根植於緊密的親屬為本制度，無論在下層或菁英階級皆是如此（圖 3.3）。也就是說，雖然前現代國家擁有軍隊或國家宗教等有效的、非個人式的官僚制度，這些制度仍處於上層和下層階級之間，而階級又是建立在緊密的親屬為本制度之上。[64]

為了解最早的國家制度是如何出現的，我們可以觀察酋長式氏族是如何利用（或濫用？）年齡組制度，以建立一個運作良好的軍隊。初期，酋長式氏族在鞏固各種儀式權力的過程中，掌控了男性的成年儀式，而此儀式正是年齡組制度的核心。酋長們握有了這個籌碼，便能夠將戰士年齡組的成員組成一支緊密的軍團，並部署他們從事各項任務，而他們必須服從酋長的命令（如果不服從，他們就無法升級到下一個年齡組）。例如在 18 世紀的非洲，有些酋長會部署戰士年齡組的成員去收取貢品、掠奪周圍的群體。到了 19 世紀，祖魯王國的酋長恰卡征服了幾個群體之後，重新組織這些年齡組，將他所統治的許多酋邦整合起來，

西方文化的特立獨行如何形成繁榮世界

讓來自不同氏族和部落的年輕男性透過儀式而形成緊密的連結，進而建立一支軍隊。這就創造了祖魯最早的國家制度雛形——軍隊。強大的祖魯軍隊讓周遭的人民感到恐懼，也在不久後為強盛的大英帝國帶來許多麻煩。[65]

隨著國家制度逐漸增加、延伸，往往會削弱下層階級的親屬為本制度，主要是因為制度的功能遭到取代。例如：18 世紀的夏威夷從酋邦轉變為國家時，菁英階級累積了大量的儀式、軍事與超自然權力，讓他們從一般的氏族中奪取了土地的所有權，並重新分配土地，以滿足自己的政治目的。各個氏族必須每年向菁英階級提供豬隻、犬隻、地毯和勞動力等各式貢品，以更新他們的「使用權」。同樣地，氏族也被禁止保留詳細的系譜，推測是為了限制氏族的規模，讓他們更難以共同祖先為核心團結起來。這些做法並沒有終結夏威夷的親屬為本制度傳統，儘管傳統的確受到破壞，菁英階級也因此受益。[66]

前現代國家仍需要氏族和部落制度來進行有效的治理，有時國家甚至會支持或增強親屬為本制度的權力。通常來說，前現代國家會讓各氏族或部落自行管理、裁決他們的內部事務，像是偷竊、襲擊，甚至謀殺。國家最有可能介入領土內氏族和部落之間的衝突，但往往只在標準的血債血還或其他慣用的司法程序未能阻止暴力循環的情況下，國家才會出手干預。從法律層面看來，個人很少受到國家法院的承認，也沒有任何權利。只有以親屬關係為基礎的組織才具有法律地位。即使在強大的前現代國家，多數人（包含菁英階級）的生活仍充斥著以親屬為本制度所延伸出

的各種關係、身分、義務和特權。[67]

　　當然，邁向酋邦和國家的過程並非平穩順利：社會演化的過程就像是行駛在黑暗中搖搖晃晃的雲霄飛車，一路上會經歷許多意想不到的起伏、彎路、迴圈，尤其是死路。氏族會拒絕服從酋邦，酋邦也會抵制其他酋邦和國家的征服與同化。在群體間競爭之下，任何能提升群體經濟生產力、安全、生育率和軍事效率的制度元素與各種組合，通常會以上述各種方式進行傳播。這代表一旦社群以某種方式擴大其規模，或許是藉由本身獨特的內部動力（例如阿瓦提普和伊拉西塔村落）而引發後續的連鎖效應。周遭的社群就會遭到消滅、同化或驅逐，除非他們也以某種方式擴大了自己的社會規模。[68]

　　一旦群體間競爭減弱，群體內部將逐漸分崩離析，此情況通常出現在國家或帝國成功消滅競爭對手的時候。缺乏了相互競爭的社會所帶來的迫在眉睫的威脅，社會內部統治家族之間的競爭將愈演愈烈，並逐漸破壞國家制度。即使在最完善的制度中，也會出現裂縫、缺口和漏洞，使得少數的菁英能夠從中獲利，也讓世系群、氏族，有時甚至是整個族裔社群，都會設法利用國家制度來達到自己的目的。例如：假設神聖的傳統習俗規定必須由國王的長子繼承王位，但國王的長子卻是個私生子，或是由側室所生，那該怎麼辦？規定究竟指的是國王的長子，還是由王后所生的長子？西班牙征服者抵達秘魯時，印加帝國國力式微，因為他們剛結束了一場內戰，起因即是兩位同父異母的兄弟（都是前任印加國王的兒子）之間的繼承權問題。隨著制度宣告失敗與集權

西方文化的特立獨行如何形成繁榮世界

政治組織崩潰，不平等現象加劇，規模較大的社會分裂為數個穩固的基本單位，通常是部落、氏族或居住社群。即使遭受國家制度的壓迫，親屬為本制度在我們的演化心理仍占有重要的地位，面臨國家崩潰時，這些制度可以很快地進行重組，並恢復先前由國家所取代的功能。[69]

終點前的曲折路徑

對社會演化的探索，引導我們思考一個重要的問題：我們是如何從前現代國家演變為現代的 WEIRD 社會？

事實證明，這並沒有直接的路徑，因為 WEIRD 社會是建立在完全不同的制度之上。相對於橫跨整個社會階層的密集親屬關係，我們的規範和信仰往往建立在法律的基礎之上，而法律通常會抑制這種以親屬關係為基礎的制度。在多數的 WEIRD 社會中，你無法和自己的繼子結婚、不能有多個配偶，也不能安排自己青春期的女兒和你的商業夥伴結婚。同樣地，你可以要求你的兒子在婚後必須和你住在一起，但他們夫妻倆可能會有其他的想法，而你幾乎沒什麼影響力。習俗和法律迫使你透過其他方式來建立關係，並依賴非個人的市場、政府與其他正式的制度（例如為遭受傷害、災難與失業的人提供安全網）。

WEIRD 社會是如何透過制度而重建出來的？家庭、親屬和人際關係的概念融入到所有前現代國家之中，而親屬為本制度經驗所形塑的心智模型往往會影響國家制度的組成與建構。例如：

中國的皇帝往往被視為強大、慈愛、專制的父親，而做為他的子女，具有服從、尊重與忠誠的義務。如此一來，該如何讓前現代社會中上層和下層階級的個人離開自己的氏族、親類、世系群、年齡組及部落，搬到城市裡加入公司、教會、公會、工會、政黨與大學等自願性組織呢？又該如何讓人們拋下他們在親屬網絡中的義務、責任和所受到的保護，離開他們祖先的家園，並加入一群陌生人的行列呢？今日，在 WEIRD 世界裡，擁有運作（相對）良好的醫院、警察部門、企業、學校和失業保險等制度，似乎讓事情變得更容易些。但這是個雞生蛋、蛋生雞的問題。如果這個世界裡，連這些現代世俗制度都不存在，人們更不可能願意放棄親屬關係所構成的組織。如果人們不願或不能擺脫親屬為本制度，那麼文化演化在一開始又如何建立起現代國家以及相關的正式制度呢？我們究竟是如何走到這一步的？

CLANS, STATES AND WHY YOU CAN'T GET HERE FROM THERE
三、氏族、國家與演化的路徑依賴

———————— 注釋 ————————

1. Ferrero, 1967.

2. 此處的基本主張與福山（Francis Fukuyama）在 2011 年出版的《政治秩序的起源》（*The Origins of Political Order*）類似。

3. Forge, 1972.

4. Tuzin, 1976, 2001. 若要偷襲對方，人數多寡沒那麼重要。即使如此，偷襲者也知道他們終將面臨報復，那時敵方的規模更大，也更致命。

5. 伊拉西塔的人口通常為 1,500 人左右。2,500 人這個數字還包含了在伊拉西塔保護傘下的數個村子（Tuzin, 1976, 2001）。

6. 理想的婚姻安排是「交換姊妹」，也就是不同氏族和次氏族間的男性同意交換彼此的姊妹，做為自己的妻子。

7. 涂爾幹（Durkheim, 1933）很早便將社會分工區別為「有機連帶」（organic solidarity）和「機械連帶」（mechanical solidarity）。

8. 圖片由 Beth Curtin 提供（謝啦！）。

9. Buhrmester et al., 2015; Whitehouse, 1995; Whitehouse, 1996; Whitehouse and Lanman, 2014. Whitehouse (1996) 創造了「恐怖儀式」（rites of terror）一詞。

10. Tuzin, 1976, 2001.

11. 坦巴蘭神祇也會懲罰那些破壞周圍社群和諧的人。而懲罰破壞和平者可以解決伊拉西塔村落攻守不平衡的棘手問題。雖然社群防禦是所有人的責任，但任何氏族都能單獨發動掠奪攻擊，其原因通常涉及某種報復行動。圖津指出，在超自然懲罰的威嚇下，伊拉西塔村落的氏族較少採取單方行動。

12. Tuzin, 2001, p. 83.

13. Grossmann et al., 2008; Tuzin, 1976, 2001.

14. 關於這項研究方法的介紹，詳見：Henrich, 2004, 2016; Richerson et al., 2016。

15. Bowles, 2006; Choi and Bowles, 2007; Keeley, 1997; Mathew and Boyd, 2011; Richerson et al., 2016; Soltis, Boyd, and Richerson, 1995; Turchin, 2015; Wrangham and Glowacki, 2012.

16. 在小型部落邊界的團體間轉換率（Knauft, 1985; Tuzin, 1976, 2001）和現代國家間的遷移模式（Connor, Cohn, and Gonzalez-Barrera, 2013）中都有觀察到差別遷移的現象。詳細的理論模型請見：Boyd and Richerson (2009).

17. Boyd, 2001; Boyd and Richerson, 2002, p. 79; Harrison, 1987; Roscoe, 1989; Tuzin, 1976, p. 79; Wiessner and Tumu, 1998.

18. Smaldino, Schank, and McElreath, 2013. 一個常見的迷思是團體之間少有往來，所以團體間競爭並不重要。但是團體之間就算沒有真正遇到彼此，也可以為了生存而相互競爭。

19. Richerson and Boyd (2005). 關於宗教與生育的論述回顧，請參考：Blume, 2009; Norenzayan, 2013.

20. 未來的發展總是取決於先前的路徑，而改變往往是細微而漸進的。例如：圖津在塞皮克區域的研究指出，坦巴蘭的二元儀式團體制度可能是源自於早期的婚姻團體制度，其中婚姻的元素逐漸凋零，後來由儀式所取代。同樣地，根據在澳洲的研究，這樣的制度相當普遍，若兩個社群各自具有不同的四層制度，彼此互動並開始協商通婚方式，複雜的八層制度也就應運而生。延續同樣的概念，四層制度也可能是由具有二層制度的兩個社群結合而成。在收養方面，伊拉西塔村落裡有五分之一的孩童是被收養的（和多數的太平洋地區一樣）。這有助於維持儀式團體間持續且良性的競爭，從而削弱了繼嗣與共居對於社會的控制（Tuzin, 1976, 2001）。關於母系社會的描述，詳見：Ember, Ember, and Pasternack, 1974; Jones, 2011.

21. Acemoglu and Robinson, 2012; Diamond, 1997, 2005. 這種文化演化途徑不涉及單線演化、階段論或進步主義。

22. Baksh, 1984; Davis, 2002 (1); Johnson, 2003, 1978. Also see Rosengren and Shepard cited in Johnson, 2003.

23. Johnson, 2003.

24. Johnson, 2003; Snell, 1964.

25. Camino, 1977.

26. Baksh, 1984; Johnson, 2003, 1978. 值得注意的是，雖然馬奇根卡人解釋行為的一些方法和 WEIRD 群體的模式類似，但他們並沒有像 WEIRD 群體那樣強烈地尋找或要求解釋。

27. Ferrero, 1967; Johnson, 2003, pp. 34, 135. 同樣地，民族誌學者觀察到馬奇根卡人會在「啤酒盛宴」上，以咄咄逼人的玩笑來公開羞辱不服從規範的人。

而遭到攻擊的對象卻不會臉紅、消沉、退縮，甚至不會出現憤怒的反應；相反地，他們只是默默承受一切。Johnson 認為愧疚感在馬奇根卡人當中扮演很重要的角色，就像 WEIRD 群體一樣。然而，相較之下，他認為馬奇根卡人的愧疚感比較節制，而心懷愧疚的人也沒有那麼地焦慮（Johnson, 2003, p. 132）。

28. Johnson（2003）在頁 168 的觀察指出：「馬奇根卡人的生活僅以村子為單位，缺乏一種集體的歸屬感。」

29. Gardner, 2013; Henrich and Henrich, 2007; Johnson, 2003; Johnson and Earle, 2000.

30. Richerson, Boyd, and Bettinger, 2001.

31. Bowles, 2011; Bowles and Choi, 2013; Matranga, 2017.

32. 正如第 2 章所說的，我們合理地推測群體間競爭也提升了舊石器時代的社會複雜度與競爭力。但農耕的出現對文化演化產生了很大的影響，因為群體更有可能維持更多、更密集的人口。然而，在開始生產食物以前，總是存在一些特殊的地理位置，讓當地的居民能夠取得大量動物群和豐富的海鮮資源。這些地區的人口規模和社會複雜度可能有所增長。食物生產的特別之處在於其技術和生態知識是可以帶著走的，至少能運用在相同緯度線與生態等高線的區域。這替改造大面積的領地提供不少潛力，否則這些土地只能養活零星分布其中的狩獵採集人口。相反地，食物生產也可能形塑出一個網絡，規模從村落、城鎮，甚至到城市都有（Ashraf and Michalopoulos, 2015; Diamond, 1997）。

33. Bowles, 2011; Diamond, 1997; Matranga, 2017. 在亞洲、非洲與美洲各地，都有充分紀錄顯示農夫向外擴張、占領授獵採集者領土的過程。某些模型試圖將農耕解釋為氣候變遷下的理性反應，卻忽略了儲藏和農耕相關的集體行動困境，以及群體間相互劫掠的威脅。既然能夠掠奪、竊取他人的食物，又何

西方文化的特立獨行如何形成繁榮世界

必辛苦地儲糧、耕種呢？

34. Godelier, 1986; Hill et al., 2011. 古希臘人對於母親在孩子的遺傳中所扮演的角色可能也有類似的看法（Zimmer, 2018）。

35. 如果這些聯盟與衝突聽起來很稀奇，其實不然。無論是在亞馬遜部落、維京傳奇，或是歐洲、中國或伊斯蘭世界的王室中，近親之間往往會選擇結盟，共同對抗較疏遠的個人。綜觀歷史，到處可見兄弟聯手殺死同父異母或同母異父的兄弟，以及繼母偏愛自己的親生孩子而虐待繼子女（Alvard, 2009; Daly and Wilson, 1998; Dunbar, Clark, and Hurst, 1995; Fukuyama, 2011; Miller, 2009; Palmstierna et al., 2017）。

36. Murdock, 1949. 人們不需要知道確切的系譜，他們只需要知道自己的父母和祖父母用什麼親屬稱謂來稱呼彼此。

37. Alvard, 2003; Alvard, 2011; Chapais, 2008; Ember et al., 1974; Murdock, 1949; Walker and Bailey, 2014; Walker et al., 2013.

38. 通常來說，氏族成員的身分是從父親那裡繼承而來的，但往往也能透過其他方式加入父系氏族，像是儀式和收養（Murdock, 1949）。

39. Gluckman, 1972a, 1972b. 根據圖津在伊拉西塔的經歷，他認為 1975 年在巴布亞紐幾內亞推行的歐洲－澳洲法院制度，最大的影響在於對責任的概念從以氏族為基礎，轉變為以個人為核心。

40. Fox, 1967; Walker, 2014; Walker and Bailey, 2014; Walker and Hill, 2014.

41. Abrahams, 1973; Chapais, 2009; Fox, 1967. 如果換做是妻子死亡，「妻姊妹婚」（sororal marriage）則規定仍在世的丈夫應該娶已逝妻子的未婚姊妹或堂／表姊妹。

42. Toren, 1990.

43. Baker, 1979; Lindstrom, 1990; Toren, 1990; Weiner, 2013.

44. Jones, 2011; Murphy, 1957; Walker, 2014.

45. 緊密的親屬為本制度會影響社群瓦解的方式。一旦擁有廣泛親屬制度的狩獵採集者社群分裂時，個人或核心家庭會各自決定要跟隨哪個子群體。相較之下，以氏族關係為基礎的社群面臨分裂時，通常會斷裂為數個世系群，如同塞皮克地區的例子。這使得每個新群體內的親屬關係最大化，讓新的、更小的社群因血緣關係而變得更加緊密（Walker and Hill, 2014）。

46. 改自：Moscona, Nunn, and Robinson, 2017.

47. Fortes, 1953; Kelly, 1985; Murdock, 1949; Sahlins, 1961; Strassmann and Kurapati, 2016. 針對這些規定的聯盟，規範還額外訂定出暴力手段的各個等級，用來對付較遙遠的群體，並衡量氏族追求和平的意願。例如：在某些地區，關係密切的氏族間發生衝突時，雙方只能用拳頭來一較高下。然而，隨著系譜上的關係愈加疏遠，合適的武器也逐漸升級為棍棒，接著是箭。最後，與其他部落的成員起衝突時，毒箭就成了首選的武器。

48. Kelly, 1985; Sahlins, 1961; Vansina, 1990.

49. Moscona et al., 2017. 此處有關信任程度的分析會產生一個問題，就是我們並不清楚有多大的影響是源自於某群體具備任何形式的氏族，而非一套完整的分支世系制所致。

50. Ahmed, 2013; Grosjean, 2011; Nisbett and Cohen, 1996. 即使控制了統計學中所有解釋犯罪率的變因後，這種模式依然成立。

51. Bernardi, 1952, 1985; Berntsen, 1976; Eisenstadt, 2016; Lienard, 2016; Ritter, 1980. 在旅行途中，通過成年儀式的成員總能在相同年齡組的同輩家中受到熱情的款待。

52. Bernardi, 1985; Berntsen, 1976; de Wolf, 1980; Fosbrooke, 1956.

53. 許多平等的社會都存在人類學家所稱的「大人物」（big man），由他們扮演領導者的角色（Henrich, Chudek, and Boyd, 2015; Sahlins, 1963）。藉著我們順從具威望之人的心理（Cheng, Tracy, and Henrich, 2010; Cheng et al., 2013），這些成功人士聚集了大量的追隨者或盟友，使他們對社群決策擁有重大的影響力。他們利用自身的政治影響力，往往可以促成合作的壯舉，像是建造靈屋、組織主戰派人士，或舉辦大型的宴會。而這些大人物的問題在於，他們所累積的影響力和權威無法留傳給下一代。大人物死後，通常會出現爭奪政治權力的激烈鬥爭，甚至在數年過後都無法產生一位有效的領導者（Godelier, 1986; Heizer, 1978; Johnson, 2003; Lee, 1979; Paine, 1971; Sturtevant, 1978）。

54. Earle, 1997; Flannery and Marcus, 2012; Johnson and Earle, 2000; Kirch, 1984; Toren, 1990.

55. Flannery and Marcus, 2012; Harrison, 1987, 1990; Roscoe, 1989.

56. 阿瓦提普最大的氏族還掌控了四個世襲的儀式職位之一，稱為「辛布克斯」（Simbuks），未來將傳給兒子或弟弟。擁有此職位的人會負責舉辦特定儀式，範圍涵蓋了獵首到種植山藥等各式主題。雖然這些職位的功能僅限於儀式領域，但人們相信辛布克斯擁有強大的妖術，可以用來殺人，而他們自己則對阿瓦提普當地的妖術免疫。他們也傾向只與其他辛布克斯的家族通婚。不難想像，辛布克斯未來可能成為酋長，最終甚至晉升為菁英階級。

57. 有些人更喜歡將其稱為「等級社會」（ranked societies）（Flannery and Marcus, 2012）。

58. 酋邦可以在沒有酋長的情況下存在，但不能沒以親屬關係為基礎的等級社會。

59. Diamond, 1997; Earle, 1997; Flannery and Marcus, 2012; Johnson and Earle, 2000; Marcus and Flannery, 2004. 由於在單一的酋長式氏族中，菁英世系群

之間會相互競爭，使得多數酋邦的內部狀態並不穩定，但這種不穩定性又會因為戰爭的威脅而獲得緩解（Chacon et al., 2015）。最終，酋長只有女兒或雙胞胎兒子，或是無能的長子以及備受愛戴與尊重的次子。

60. Carneiro, 1967; Fukuyama, 2011; Goldman, 1970; Kirch, 1984, 2010. 在這個過程中，不同的氏族和村落會專門從事不同的活動，進而形成一種分工體系。由高級的氏族成員擔任祭司，其他的氏族成員則成為戰士。居住在河流和海岸旁的氏族可能會提供菁英氏族獨木舟和魚做為貢品。這些世襲的職位可能演變為種姓制度，不僅提供了經濟專業分工的好處，也在酋邦內部創造出相互依賴的氛圍（Goldman, 1970; Henrich and Boyd, 2008）。詳見第 12 章。

61. 社會階層會以許多方式出現，但其中一個直接的方法，是讓阿瓦提普這種實行內部通婚的單一社群征服並融入周遭非通婚對象的族裔群體。這使得整個阿瓦提普社群成為一個上層階級，能向被征服者索取貢品。

62. Marcus, 2008; Redmond and Spencer, 2012; Spencer, 2010; Turchin, 2015; Turchin et al., 2017.

63. Earle, 1997; Flannery, 2009; Flannery and Marcus, 2012; Marcus, 2008; Redmond and Spencer, 2012; Spencer and Redmond, 2001.

64. Bondarenko, 2014; Bondarenko and Korotayev, 2003; Fried, 1970. 以下為「仍算是任人唯賢」的例子：在中國的西周時期，半數的官僚制度並非建立在親屬關係之上。在印加帝國向外擴張後，國家制度中的成員才擴及 12 個菁英氏族之外（Chacon et al., 2015）。

65. Eisenstadt, 2016; Flannery, 2009; Gluckman, 1940.

66. Bondarenko, 2014; Bondarenko and Korotayev, 2003; Kirch, 1984, 2010. 據統計，隨著社會規模逐漸擴大為酋邦制，親屬為本制度也得到強化。然而，轉變為國家的過程卻會導致此制度的弱化。請注意，此處有關 18 世紀夏威夷

所存在的「國家」，我遵循的是 Kirch（2010）的論點。其他人則主張，夏威夷的政治體制在 19 世紀之前都屬於特別複雜的酋邦制（e.g., Johnson and Earle, 2000）。然而，正如我先前的說明，「酋邦」和「國家」之間的界線相當模糊，因為兩者的差別取決於社會制度的累積，而這些制度又與親屬和關聯性的組織形式相互衝突。

67. Berman, 1983.

68. Carneiro, 1970, 1988; Johnson and Earle, 2000; Richerson et al., 2016.

69. Diamond, 1997; Diamond, 2005; Flannery and Marcus, 2012; Morris, 2014; Turchin, 2005, 2010, 2015; Turchin et al., 2013.

四、人在做，天在看！

有在關注羅馬歷史的人都知道，宗教在控制軍隊、鼓舞庶民、勸人為善、羞辱惡人各方面，扮演了相當重要的角色……的確，在一個民族當中，任何優秀的立法者都會求助於神，否則人們根本不願意接受他。

　　　　　　　　　——尼可洛・馬基維利（Niccolò Machiavelli, 1531），

　　　　《論李維羅馬史》（*Discourses on Livy*），第 1 卷，第 11 章。

來到加拿大溫哥華的心理學實驗室，受試者必須先完成重組句子的任務，接著再做出一個經濟決策，決定如何將 10 元美金分配給自己和另一位陌生人。在重組句子的階段，受試者會隨機分配到 10 個句子，其中一組的句子暗藏著和神有關的 5 個詞語；另一組則做為對照組，句中的詞語不具有任何神性色彩。[1] 請試著用這些詞語組成一個句子：

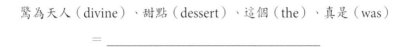

驚為天人（divine）、甜點（dessert）、這個（the）、真是（was）

＝＿＿＿＿＿＿＿＿＿＿＿＿＿＿＿＿＿

〔答案：這個甜點真是驚為天人（"the dessert was divine"）〕

完成這項實驗後，每個人會分配到一位匿名的搭檔，以進行一次性的互動。受試者必須決定如何在自己與另外一人之間分配這 10 元美金。在這個獨裁者賽局（Dictator Game）中，多數 WEIRD 群體的人都同意受試者應該把一半的錢分給對方。當然，全然自私的人會把 10 元美金全數留給自己。

這個兩階段的實驗設計，最早由心理學家亞拉・諾倫薩揚和阿齊姆・沙里夫（Azim Shariff）所研發，他們提出了一個簡單的問題：透過潛意識的方式提示人們神的存在，是否會影響他們遵守客觀公平規範的意願？

答案是肯定的。在對照組中，不包含任何神性色彩的詞語，受試者在 10 元美金中只分配給陌生人平均 2.6 元。最常見的情況

是 0 元，也就是不願分給陌生人一毛錢。相較之下，透過潛意識的方式提示人們神的存在，受試者突然變得慷慨了起來，分給對方的金額提高到平均 4.6 元；在這個情況下，最常見的情況是分配一半的金額，也就是 5 元。在對照組中，不給陌生人一毛錢的比例是 40%，而接受了神的提示後，比例降到只有 12%。[2]

實驗中的潛意識提示，也就是心理學家所稱的「促發項」（primes），這種實驗需要經過精心的設計，因為促發項必須強烈到足以讓受試者在心理上察覺出來，但又不能強到讓受試者有意識地看穿。幸運的是，亞拉和阿齊姆的實驗引起了很大的迴響，所以我們現在有許多類似的實驗，透過不同的方法來衡量人們遵守利社會規範（prosocial norm）的情形。阿齊姆、亞拉和他們的合作夥伴彙整了所有「神的促發效應」的研究，這些不同實驗室和群體的 26 項研究中，受試者接收到神的提示後，不僅在獨裁者賽局中做出更公平的分配，而且在測驗中更少作弊，在團體項目中也更願意與陌生人合作。當然，並不是每項研究都得出這樣的結果；但綜觀所有研究，神的促發效應是相當明顯的。[3]

所以這到底是怎麼一回事？或許 WEIRD 群體把宗教和基督宗教聯想在一起，而基督宗教又和慈善有關，所以神的促發項會讓人們在潛意識中聯想到慈善，進而使人們付出更多。或者，宗教信徒直覺上擔心神會看到他們違反合作和公平的規範，並在神的眼裡留下不好的紀錄，換句話說，或許是信徒的心中對神的審判充滿了恐懼，使得他們內心傾向遵守道德規範。

那麼，哪一種解釋才是正確的？我們的第一個證據來自促發

研究中對於受試者的宗教信仰分析。亞拉和阿齊姆的團隊觀察那些沒有宗教信仰的人，發現神的促發效應對他們的社會行為沒有任何影響。也就是說，神的促發項在無神論者身上並不適用。相較之下，排除了這些沒有宗教信仰的人後，神的促發效應更加明顯。分析了全部 26 項研究後，得出了相同的模式。結果顯示，無宗教信仰者削弱了神的影響力。

但是，或許無神論者比較固執一點，才會很難受到促發效應的影響？

亞拉和阿齊姆也研究「世俗促發項」所帶來的影響，他們設計了一個句子重組實驗，其中包含「警察」、「法院」、「陪審團」等詞語。圖 4.1 呈現出他們的研究結果：在獨裁者賽局中，世俗的促發項使得宗教信徒和無神論者**兩者**都提升了他們的分配金額，而**神的促發項卻只對信徒有影響**。值得注意的是，在對照組中，信徒和無神論者之間並沒有差別。無神論者似乎只有在接收到他們不相信的超自然提示時，才會對促發效應產生抵抗。

這表示，神的促發項是否具影響力，取決於人們是否信奉超自然力量，而非取決於「宗教」和慈善等概念之間模糊的次級聯想，這點對於無神論者和宗教信徒皆適用。世界上某些地區可能不像溫哥華具有運作良好的法院、政府和警察機構，此時宗教信仰對於擴大合作範圍而言特別重要。也就是說，綜觀人類的歷史，宗教信仰在大多數的區域都顯得特別重要。

上述的實驗所運用的「促發」（priming）方式是一種研究方法，能幫助研究人員了解心理上的因果關係。當然，文化演化可

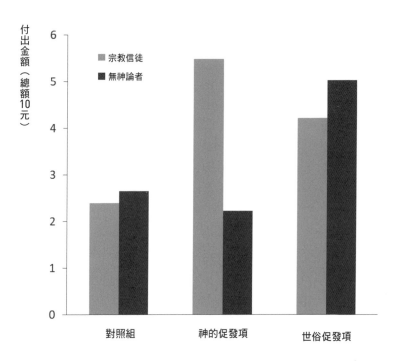

付出金額（總額10元）

6

5

4

3

2

1

0

宗教信徒
無神論者

對照組　　　　　神的促發項　　　　　世俗促發項

圖 4.1.　宗教信徒和無神論者在三次獨裁者賽局中所付出的平均金額。[4]

比我們聰明得多，很早以前就發現了促發的力量，並在世界各大
宗教的日常生活中埋下許多神的促發項。宗教服飾（猶太教圓頂
小帽）、裝飾物（天主教十字架）、神聖的節日、每日的祈禱，
以及市集廣場上的寺廟，都不斷提醒著人們神的存在，並喚起他
們對宗教的虔誠之心。讓我們前往摩洛哥的馬拉喀什舊城區（the
medina of Marrakesh），看看這些促發項是如何運作的。在古老
的城牆內，穿梭在迷宮般的街道之間，穆斯林店主玩起了改良版

　　　　西方文化的特立獨行如何形成繁榮世界

的獨裁者賽局。在這裡，每天聽著城內喚拜塔傳來的五次鐘響，穆斯林跟著做起了禮拜，每次歷時約 5 到 10 分鐘。這就是所謂的促發項。在實驗中，69 位店主可以從三種方式中選擇，以決定如何在自己和慈善機構之間分配特定數額的迪拉姆（dirham）＊。他們可以選擇：(1) 自己保留 20 迪拉姆，慈善機構拿到 0 迪拉姆；(2) 自己保留 10 迪拉姆，慈善機構拿到 30 迪拉姆；(3) 自己不拿任何錢，慈善機構拿到 60 迪拉姆。20 迪拉姆可以吃一頓午餐或搭乘 15 分鐘車程的計程車。這個實驗在禮拜的時候進行，也在禮拜之間進行。[5]

關鍵的問題在於：這些小企業主在思考他們的決定時，背景傳來了提醒信徒做禮拜的鐘響，會不會影響他們在實驗中的決定？

當然會。禮拜的鐘聲響起時，100% 的店主選擇把全部的錢捐給慈善機構（選項 3）。在其他的時間，把錢全數捐給慈善機構的比例下降至 59%。這樣的結果令人相當驚訝，因為這些店主平時以兜售果乾、當地手工藝品與手織地毯等商品為生，整天為了蠅頭小利而討價還價。儘管如此，這個每天都會聽到的禮拜鐘聲，仍然深深影響了他們的行為。[6]

這種深植在生活當中的促發項也會影響基督徒，產生所謂的

＊　譯注：阿拉伯地區所使用的貨幣單位。

「禮拜日效應」（Sunday effect）*。根據一項歷時兩個多月的研究發現，與一週中的其他日子相比，基督徒更有可能在禮拜日透過線上形式參與慈善活動，有時這種效應會外溢至禮拜一。到了禮拜六，基督徒參與慈善活動的意願創下一週以來的新低，與沒有宗教信仰的人並無二致。但隨著禮拜日的到來，許多基督徒就像注射了一劑儀式化的強心針，參與慈善活動的意願也跟著提升。與虔誠的信徒不同，無宗教信仰的人並沒有出現這樣的週期循環。

禮拜日效應也反映在美國各州民眾觀看網路色情影片的頻率。平均來說，各州觀看色情影片的差異並不大，但擁有較多宗教信徒的州也存在上述的慈善活動週期。宗教信仰較虔誠的州在禮拜日會看**比較少**的色情影片，但在一週的其他時間內會看更多的色情片來彌補先前的「色情片虧損」。這樣的結果是可以預期的，因為基督宗教中的神相當重視慈善以及性的議題，也就是對性行為、甚至是性幻想的規範。[7]

我們藉此窺見了宗教在日常決策中所發揮的幽微力量，這類研究揭開了文化演化所留下的心理足跡。研究顯示，在我們的意識之外，超自然信仰與儀式行為能夠驅使信徒做出對自己不利的決定，讓他們更公平對待陌生人，並對慈善事業等公共財做出更多貢獻（且少看色情片）。

如果你屬於 WEIRD 群體的一份子，你可能會以為宗教總是涉及關注道德的神，祂們以來世的靈魂做為威脅，來勸誡人們必須舉止合宜。然而，當今世界宗教中常見的神、來生、儀式以及

西方文化的特立獨行如何形成繁榮世界

普世道德並非從一開始就存在，而是長期文化演化過程的產物。為深入探索這個過程，我們將冒險回到史前時期的迷霧之中，看看文化演化是如何塑造人類的超自然信仰、儀式與相關制度，進而擴大社會規模、凝聚社會，以及文化演化背後的成因為何。宗教透過增加互信來促成貿易活動、將政治權威正當化，並將人們的注意力從自身的氏族和部落轉移到更大的想像共同體（例如「所有的穆斯林」），進而拓展了人們對社群的構想。此背景有助於理解中世紀的西方基督教會是如何形塑歐洲的家庭、文化心理以及社群，為現代世界的政治、經濟與社會制度奠定了基礎。

注重道德的諸神與因果循環的來世

為了說明超自然信仰與儀式的演化過程，我們需要考慮三個關鍵因素：(1) 人類更願意相信我們從別人身上學到的東西，而不是自己的經驗與直覺；(2) 我們的大腦在演化過程所產生的「心理副產物」；(3) 群體間競爭對於文化演化的影響。在第 2 章所提到的第一個元素，是源自於文化演化所累積的力量，因而產生了微妙而具高度適應性的非直覺式信仰與慣例，像是在烹飪時運

---

* 譯注：在基督宗教的傳統中，為了紀念主耶穌的復活，基督徒會在「七日的第一日」（禮拜日）參加主日禮拜。

用能殺死病原體的香料。由於這些複雜的適應性產物，天擇往往傾向於仰賴文化學習，而非其他資訊來源，特別是在不確定性高、取得正確答案極為重要的情況。超自然生物、看不見的力量及平行世界之所以存在，正好代表了那種高風險但不確定的情況，此時我們的文化學習能力往往會推翻尋常的直覺與普遍的經驗，促使我們向他人學習。經歷演化後，我們傾向高度依賴文化學習（至少在某些情況下是如此），因而創造了一種「信任本能」，為宗教敞開了大門，讓我們容易受到違反我們世俗期待的思想與信仰所影響。

然而，雖然我們的信任本能確實打開了宗教之門，但不同的信仰與慣例仍需要相互競爭，才能在我們的大腦中占有一席之地。在此競爭過程中，能有效突破我們心理防線的信仰與慣例往往占了上風，而這些心理防線的目的在於幫助我們過濾掉危險的、不可信的或無用的文化垃圾。第二個元素則是：文化演化會鑽入我們心理防火牆中的漏洞，藉此潛入通往我們大腦的後門。為了清楚掌握這個概念，可以試想過程中所衍生的複雜心智化能力。這些重要的能力很有可能演化為我們人類關鍵的心理適應能力，以便有效地學習與工具、規範及語言相關的文化資訊所累積的知識。這種能力讓我們能夠想像他人的目標、信仰及欲望；但也打開了大腦的後門，讓我們能夠想像那些不存在的生物，像是神、外星人、幽靈，還有聖誕老人和牙仙子。[8]

事實上，要想像一個從未觀察或接觸過的生命，可能需要特別強大的心智化能力。這顯示了我們的心智化能力不僅能讓我們

西方文化的特立獨行如何形成繁榮世界

思考超自然存在，而那些擁有卓越心智化能力的人可能更容易相信神、鬼魂與幽靈，因為他們更善於喚起大腦豐富多變的一面。其中一項證據是，具備更強心智化能力與同理心的美國人、捷克人及斯洛伐克人，比起其他人更有可能相信神。心智化的影響解釋了全球調查中常見的一項觀察，也就是女性比男性更容易相信神。在許多不同的社會中，女性往往比男性擁有更強大的心智化能力與同理心。一旦我們針對男性較差的能力進行調整，女性和男性對於神與其他超自然力量的信仰就不存在差異了。在許多的群體當中，女性更強烈的宗教信仰可能源自於她們更強大的同理心。[9]

隨著我們強大的心智化能力不斷演化，可能也解釋了為何人類偏好二元論（dualism），也就是心靈與肉體是可以分開的，甚至可能各自獨立。二元論的傾向讓我們容易相信鬼魂、幽靈及來世，且死後身體會埋入土裡，靈魂則進入天堂。當然，目前最新的科學研究顯示，我們的心靈完全是由肉體及大腦所構成，所以兩者不可能獨立存在。儘管如此，在啟動我們大腦的過程，天擇無意間造成一種認知上的小毛病，開啟了通往大腦的另一扇門，讓我們更容易相信心靈和肉體是可以分開的。這可能是因為人類了解他人心靈的複雜心智化能力是較晚才演化出來的，比起追蹤他人活動的原始認知系統還要晚得許多，而人類與其他物種都具備這種認知系統。這種半獨立式的心靈系統經歷了斷斷續續的演化過程，進而衍生出一種認知能力，能夠接受「心靈」與肉體的分離。

如果由一位全知的專家來替我們設計整體的認知系統，她絕對會排除靈肉分離的選項，因為這是不可能的。對我們來說，像靈魂或鬼魂這類二元論的概念，就跟只存活在星期二與星期四的人一樣荒謬。相反地，關於靈肉分離的故事卻相當容易理解，甚至是文化相差甚遠的斐濟及加拿大社會的孩童都能夠聽得懂。像《辣媽辣妹》（Freaky Friday）這類描繪靈魂交換的電影相當流行，加上如惡魔附身與降神會這類普遍的文化現象，都在在證明了我們對二元論直覺已經做好了準備。[10]

　　為了解二元論這類的認知錯誤所造成的影響，我們可以觀察不同的信仰是如何透過反覆的記憶、回想及世代傳承來相互競爭，而深入我們的腦海與社會之中。許多想法會因為太怪異、複雜或違反直覺而面臨淘汰，並有系統地遭到遺忘、誤記或產生變異，而變得更符合我們的心理。[11] 這些碩果僅存的信仰最能夠滿足我們靈活的大腦所具備的種種怪癖，又不至於嚴重違反我們的直覺。此過程有助於解釋為何人們對靈魂與鬼魂的信仰存在驚人的跨文化均質性，原因則是源自於我們的二元論缺陷。例如在美國，將近半數的成年人相信鬼魂的存在，儘管科學與宗教組織長期以來不斷努力說服人們放棄這種信仰，但這些信仰至今仍然屹立不搖。[12]

　　我們的信任本能及認知錯誤這兩個元素，有助於解釋在不斷移動的狩獵採集者與石器時代的祖先之中所發現的超自然存在。狩獵採集者所信仰的眾神往往力量不強、反覆無常，也不特別講求道德。祂們可能會被強大的儀式給收買、欺騙或嚇跑。例如：

西方文化的特立獨行如何形成繁榮世界

在日本的原住民狩獵採集者會用小米酒做為祭品來收買眾神。如果情況沒有好轉，他們就會威脅要停止供奉小米酒。有時候，神也會透過超自然力量來懲罰人類，但通常是因為有人觸犯了神的忌諱，並不是因為人們逾越了道德底線。例如在孟加拉灣，安達曼群島的風暴之神會對任何在蟬鳴時融化蜂蠟的人大發雷霆。島民認為融化蜂蠟根本不會怎麼樣，有時也會這樣做，但前提是他們認為風暴之神看不到他們。即使在少數的情況下，神的確因為人們違反共享的社會規範而懲罰他們，但這通常涉及到相當主觀的禁忌認定，而不是像謀殺、偷竊、通姦或欺騙這類行為。[13]雖然狩獵採集者往往相信有某種形式的來世存在，但他們認為今生合宜的行為舉止（例如不偷取別人的食物）與來世的生活品質沒什麼關係。[14]

當然，就連最小規模的人類社群至今也具備了嚴格的道德規範來規定如何對待其他社群成員。主要的差別在於，這些指示和禁令，與遍布全宇宙的力量、偉大的超自然戒律，並沒有密切的關係。例如：人類學家蘿娜·馬歇爾提及朱瓦希部落的創世主「高那」（≠ Gao!na）*時，她寫道：「人與人之間所犯下的惡行並不是交由高那來懲罰，那也不是高那該關心的事。一個人會在自

---

*　譯注：「≠」和「!」的符號代表「搭嘴音」（click），又稱「咂嘴音」，指的是口腔內發聲部位所發出的一種吸氣音，常見於非洲地區的特定語言之中。

己的社會環境中糾正這種惡行或施以報復。高那懲罰人自有祂的原因，而這些原因有時是很模糊的。」

馬歇爾更進一步描述，有一次高那讓兩個人生病，原因是他們在用煙驅趕蜜蜂時，燒死了一些蜜蜂。眾所皆知的是，高那痛恨人們燒死蜜蜂。就其力量與道德而言，最小規模社會的神，比後來大規模社會的神更具有人性。換句話說，這些神有時確實會關心道德問題，但祂們關切的通常僅限於地方事務，且性質極為特殊，而神的干預往往不可靠且效果不大。[15]

而一個基本的問題在於：這些力量不強、反覆無常且往往處於道德模糊地帶的神，是如何演化為現代宗教中更強大的道德捍衛者？道德是如何與超自然存在、普世正義及來世扯上關係的？

接著要進入我們的第三個元素：群體間競爭對於宗教信仰與儀式演化過程的影響。假設某些社群剛好有神或祖先的靈魂會懲罰拒絕分享食物的人以及在敵人襲擊時逃跑的人。假設其他社群所信仰的神都會懲罰那些在關鍵場合中違背神聖誓言的人，像是交易貴重商品或確認和平協議之時。隨著時間的推移，群體間競爭會逐漸過濾、集合並重組這些不同的超自然信仰。如果這股力量夠強大，群體間競爭能夠整合不同的文化面向，包含神、儀式、來世的觀念以及社會制度，共同擴大信任圈、強化人們上戰場犧牲的意願，並透過減少群體內的攻擊、謀殺、通姦等犯罪行為來維持內部和諧。

我們已經在伊拉西塔村落看到了上述過程。在伊拉西塔，具強大心理效應的共同儀式扮演了重要的角色，但坦巴蘭諸神的行

　西方文化的特立獨行如何形成繁榮世界

為與欲望也起了不少作用。這些村落的神實施了儀式團體制度，並要求他們必須遵守儀式的要求。人們也相信坦巴蘭諸神會懲罰那些沒有履行儀式義務的人，因而促使人們更努力奉行儀式規定。伊拉西塔的神、儀式與社會組織結合起來，讓社群規模從數百人增加至數千人。然而，這個案例也說明了只仰賴共同儀式來團結社群所面臨的局限。伊拉西塔強大的儀式，以及其他小規模社會廣泛運用的儀式，確實能建立強而有力的社會紐帶，但其效益卻因為個人面對面互動的需求而受到限制。為了進一步擴大社會規模，建立並維繫複雜的酋邦與國家，文化演化必須以某種方式塑造出**想像的共同體**（imagined communities），藉由對超自然存在、神祕力量（如因果輪迴）與其他世界（如天堂與地獄）的共同信仰，將陌生人串連起來，建立一個廣泛的網絡。那麼群體間競爭又會如何形塑人們對於神的信仰呢？

神之所向與其原因

　　文化演化過程設法將我們的認知錯誤轉變為強大的社交科技，主要的方法就是鼓勵人們對超自然存在的虔誠信仰。超自然力量會懲罰違反社會規範的信徒，而這些規範對社群是有利的。如果人們相信神會因為偷竊、通姦、欺騙或謀殺等行為而懲罰他們，即便他們能夠僥倖脫罪，他們也不太可能做出這些行為。信奉這種神的社群可能會更繁榮、規模更大、範圍更廣，也為其他社群提供了一個值得效法的案例。這種社群也不太可能崩潰或分裂。在上述前提下，諸神會逐漸開始關注特定的人類行為，並擁

有更大的權力來監督信徒、信賞必罰。接著讓我們更深入地觀察這些面向。

關注人類行為：在群體間競爭的壓力下，諸神會變得愈來愈重視促進群體內部合作與和諧的行為。這包含了任何能擴大合作與信任範圍的神聖指示與禁令。諸神會著重在社會互動的層面，雖然有些互動很難創造合作與信任，卻對社群最為有利。如此一來，往往讓神更重視人們如何對待關係較疏遠、卻有相同信仰的信徒，並將焦點放在偷竊、說謊、欺騙與謀殺等行為。在社會規模擴大的過程，社會的信任圈將逐漸擴大，以納入來自其他氏族或部落的陌生人，只要他們也信仰同一位會照料信徒的神。諸神也擔心通姦的問題，原因有二：(1) 性嫉妒是社會分歧、暴力與謀殺的主要原因，即使在鄰居與親戚之間也是如此；(2) 通姦會造成不確定的親子關係，進而抑制了父親對子女的投資。遏止通姦行為能夠促進社群內部的和諧，同時提升子女的福利。接下來，我們將探討為何諸神應該重視儀式表演、信徒的虔誠程度（如食物的禁忌），以及昂貴的祭品。[16]

神聖的監督力量：有些神較善於監督人們是否遵守神聖的指示與禁令，更能藉由群體間競爭而獲益。超自然存在先是擁有了和人類一樣監督他人的能力，接著經過數

西方文化的特立獨行如何形成繁榮世界

千年的發展，有些神變得全知全能，最終甚至擁有洞察人類心靈的能力。我在斐濟進行研究時，發現當地神化的祖先會從「暗處」觀察村民，但祂們無法同時觀察所有人，不能跟隨人們到其他島嶼，也沒有讀心術的能力。相較之下，當地村民卻全心全意地認為基督教的上帝能夠做到上述所有事情，甚至更多。

超自然的軟硬兼施：群體間競爭留下了能夠懲罰並獎勵個人與群體的神。值得注意的是，由於我們的規範心理機制，懲罰的威脅遠比獎賞更為有效，但兩者都對行為的驅動發揮了重要作用。隨著時間的推移，諸神從易怒的惡作劇者，漸漸演化為神聖的判官，能夠施以傷害、疾病，甚至死亡。最終，有些神更掌控了人們的來世，獲得了給予永生或永刑的權力。

如果信仰一位更積極、更有能力監督並懲罰違反規範行為的神，真的會影響人們的決策嗎？這些神能夠在相同信仰的陌生人之間創造公平、公正的互動模式，並藉此擴大合作範圍嗎？我們已經看到上帝的促發項會激發人們對陌生人的利他行為；現在，讓我們聚焦在信仰的具體運作方式。

關鍵成分

大約十年前，我和亞拉·諾倫薩揚、宗教研究學者森舸瀾

（Edward Slingerland）在酒吧喝了幾杯後，設計出一項研究宗教演化的計畫。做為計畫的一部分，我們籌組了一個國際團隊，這個團隊的成員專門研究全世界不同群體中的狩獵採集者、自給自足的農民、牧牛人與受雇勞工，研究範圍遍及西伯利亞、模里西斯（Mauritius）、萬那杜（Vanuatu）、斐濟。在這 15 個群體當中，我們不僅深入了解這些深受世界宗教影響的社群，如印度教、基督教與佛教社群，也積極參與當地的傳統活動，包含祖先崇拜、泛靈信仰（例如信仰山靈）等。在每個群體中，我們透過詳細的人類學訪談來了解人們的超自然信仰，並賦予受試者一系列的決策任務，讓他們負責分配一筆數目可觀的金錢。[17]

為了展開研究，我們首先要在每個田野現場找到兩個重要的當地神祇。第一個是最強大的神，是全能、無所不在又樂善好施的神。這就是我們的「主神」（Big God）。接著我們要尋找一個重要但法力稍弱的超自然存在，也就是我們所稱的「地方神」（Local God）。我們請受試者針對兩個神的能力進行評價，包含祂們監督凡人、洞察心靈、懲罰各種違規行為以及賦予來世的能力（還包含了許多其他的問題）。根據這些評價，我們為兩個神設定了各自的指數，以衡量人們是否相信神能夠監督世人、懲罰違規者。

我們透過「隨機分配賽局」（Random Allocation Game）的決策實驗，來衡量人們對於公平與公正的概念。實驗中，每位受試者都處於一個類似房間或帳篷的私人空間。每個人的面前都擺了 2 個杯子、30 枚硬幣，以及 1 顆三面黑色、三面白色的骰子。

　　　　西方文化的特立獨行如何形成繁榮世界

受試者必須擲骰子，將所有的硬幣分配到 2 個杯子之中。實驗結束後，杯中的現金會分別交由兩位指定的人選。此實驗最重要的設定在於受試者必須分配硬幣給：(1) 來自遙遠城鎮或村落的匿名教友；以及 (2) 受試者自己（自我賽局），或是來自受試者社群中的另一名教友（本地教友賽局）。一旦受試者清楚了解遊戲規則，就會讓他們自行分配硬幣。[18]

由於我們關注的是相信超自然監督力量會對人們產生什麼影響，而不是世俗社交壓力的影響，我們要求受試者依照下列規則來分配硬幣：(1) **在自己心裡**選定其中一個杯子；(2) 開始擲骰子，擲到黑色的一面，就把硬幣放到**心中所選的**杯子裡；但如果擲到白色的一面，就要把硬幣放到**另一個杯子**裡，也就是你沒選的那個杯子；(3) 重複直到硬幣都分配完畢。

上述規則確保了實驗的保密性，除非有人會讀心術，否則沒有人知道在某次擲骰子時，受試者在心中選了哪個杯子。即使是由實驗者來監督受試者，也無從得知他們是否真的作弊。當然，身為實驗者，我們無法判斷受試者在某次擲骰子時是否作弊，但我們仍然可以透過機率與統計，來推斷出人們在分配硬幣時的誤差值。平均來說，擲了 30 次骰子之後，2 個杯子應該各有 15 枚硬幣。如果受試者分配的數量與 15 枚硬幣相差愈遠，他愈有可能偏袒其中一方。目前為止，我們認為人們會偏袒他們自己或是本地的社群成員。所以問題在於，「主神」是否能透過祂們的監督力量與懲罰威脅，讓人們更傾向於平均分配硬幣（對遙遠地區的教友平均分配 15 枚硬幣），從而減少天

生的自私自利與本位主義。

　　我們發現「主神」確實能拓展人們的合作範圍，因為人們受到 (1) 神的監督和 (2) 超自然的懲罰力量所影響。例如：如果人們相信他們的「主神」更願意且更有能力懲罰不良行為，他們就**會更公平地對待遙遠地區的教友**。圖 4.2 顯示了兩項分配實驗中，神的懲罰力量指數。請注意，實驗中完全公正的受試者平均會分配 15 枚硬幣。而此處的數據顯示，認為「主神」會懲奸罰惡（指數為 1）的信徒平均會分配 14.5 枚硬幣給遙遠地區的教友。同時，認為「主神」永遠慈愛憐憫（指數為 0）的信徒平均只分配約 13 枚硬幣給陌生人。

　　圖 4.2 橫軸的最左側也包含了那些表示「不知道」自己的神有何能力的人。這些不可知論者幾乎全部來自兩個規模最小的社會，也就是坦尚尼亞的哈扎人狩獵採集者以及萬那杜塔納島的內陸村民。在這兩個地點，研究人員盡全力在當地的萬神殿中尋找最符合「主神」形象的神，但這些神並不特別注重道德，也沒有強大的力量。這個模式是有用的，因為這讓我們看見，一旦人們的世界觀不存在強大又注重道德的神施以超自然懲罰，人們的行為會是如何。在這種情況下，對於自己以及所處社群的偏愛程度更加強烈，平均分配數量下降至 12.5 ～ 13 枚硬幣。整體而言，從幾乎不相信或完全不相信超自然懲罰到極度相信超自然懲罰，**對陌生人的偏見減少了 4 ～ 5 倍**。即使我們只比較來自同一個社群中的個人，上述關係依然成立。從統計上來看，人們的物質安全（財富）與其他人口因素（如教育程度、年齡和性別）的影響

西方文化的特立獨行如何形成繁榮世界

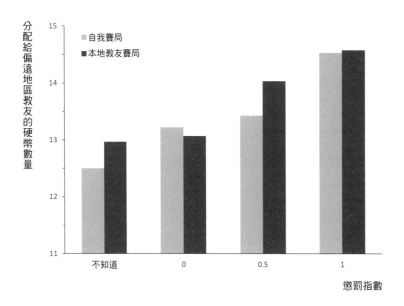

圖 4.2. 在隨機分配賽局中，相信更嚴厲的「主神」往往與公平對待遙遠地區的教友（陌生人）有關，在自我賽局與本地教友賽局中皆是如此。懲罰指數的數值愈高，表示對嚴厲的「主神」擁有愈強烈的信仰。[20]

也是不變的。[19]

我們的團隊也利用與隨機分配賽局相同的方式來進行獨裁者賽局，讓人們在 (1) 自己與一位遙遠地區的教友，以及 (2) 一位本地教友與一位遙遠地區的教友之間分配硬幣。儘管「主神」的監督與懲罰力量所產生的影響更為強大，實驗的結果與隨機分配賽局的結果並無二致。[21]

我們也分析了人們對「地方神」的信仰是否影響了他們的分

配。與「主神」不同的是,「地方神」的信仰並不會影響他們的分配。這種模式排除了許多其他的解釋,像是人們對社會懲罰的焦慮同時影響了他們在實驗中的行為和對超自然懲罰的信仰。如果上述屬實,我們可以預期人們對「主神」和「地方神」的信仰與他們在實驗中的行為有關。但結果顯示,只有「主神」才是重要的。[22]

我們將這些研究結果與神的促發效應連結起來,一個強而有力的例證就此出現,即**特定的**宗教信仰確實能促使人們做出代價高昂卻有利於他人的選擇。我們將這項跨文化研究中記錄到的文化差異,與對遙遠地區教友的公平與偏袒行為連結起來。而研究顯示,群體間競爭正好利用了這項差異。[23]

當然,正如我所強調的,文化演化受到許多因素的影響,不僅僅是群體間競爭而已。例如毫無疑問的是,國王與皇帝們會試圖刻意形塑人們的超自然信仰與慣例,以符合他們自己、自身家族及菁英夥伴的利益。雖然事實上的確如此,這種說法卻高估了菁英階級形塑大眾心靈的力量。統治者在控制諸神的同時,也必須服從祂們的要求。比如在馬雅社群,統治者必須在儀式上以魟魚的刺刺穿自己的陰莖,並以樹皮製成的細線穿過洞孔。此時,任何真正能控制宗教的統治者一定會收到神的啟示,要求禁止殘害皇族成員的陰莖;但這個習俗卻持續了至少兩個世紀。同樣地,在世界的另一端,16 世紀的印度,蒙兀兒帝國的阿克巴大帝(Akbar the Great)試圖將境內的穆斯林與印度教徒統合起來,便自行制定了高度包容性的宗教教義,融合了伊斯蘭教、印度教、

瑣羅亞斯德教及基督教等不同的元素。但不幸的是，這個由統治者刻意創造出來的宗教卻產生了反效果。正統的穆斯林立即譴責阿克巴大帝的企圖為異端邪說，使得信徒對此產生激烈的抵抗。這個由強大的皇帝所創立的宗教，在全盛時期不過只有 18 位著名的信徒，之後就在歷史上消失殆盡了。[24]

重點在於，綜觀人類的歷史，統治者對宗教的需求遠大於宗教對統治者的需求。

在此澄清一下，我並不是在讚美世界宗教或偉大的諸神。對我來說，這些只是一種有趣的文化現象，需要我們好好去解釋。此處所強調的重點在於，由群體間競爭所驅動的文化演化有助於超自然信仰的出現與傳播，而這種信仰不斷促使諸神關注人類的行為，並賦予祂們懲罰與獎賞的權力。這些信仰持續地演化並不是因為它們確切地反映了現實，而是因為信仰能幫助各個社群、組織及社會擊敗競爭對手。相對而言，這或許算是良性競爭，像是選擇仿效更為成功的群體，但是這種競爭往往也涉及了屠殺、壓迫，或是強迫非教徒信仰特定的宗教。這種不斷演化的神將戰爭合理化、鼓勵種族滅絕，並賦予暴君強大的權力（詳見《聖經》）。群體間競爭有利於擴大合作範圍，卻同時將某些人排除在外。[25]

根據比較心理學的證據，我們已經看到宗教信仰與儀式如何提升人們的合作意願。現在，讓我們來想想諸神與儀式是如何在不同的社會中隨著歷史發展逐漸演化。

四、人在做，天在看！

諸神與儀式的演化過程

在群體間競爭的壓力之下，尤其在農業出現以後，文化演化使得社會規模擴大的過程趨於穩定，並以同樣的方式形塑了人們的超自然信仰與儀式。做為思考的起點，我們可以先觀察最小規模社會中（包含狩獵採集者之間）力量不強、道德立場模糊的諸神。目前的證據顯示，這些神或許促進了食物共享與群體間關係，卻可能無法提升整體的社會規模與大規模合作。然而，正如我們在前一章所看到的氏族與神化的祖先，隨著社會開始透過親屬為本制度形成更大、更緊密的社會單位，文化演化也開始利用各種超自然信仰及儀式。

回顧全球歷史，各個氏族往往將其神祕的創始者神化。由於氏族制度經常賦予年紀愈大的長者愈高的權威地位，那麼隨著重要的長者去世，他們的故事將流傳於後世，人們對這些長者的尊敬日益加深，最終形成一種敬畏、崇敬與畏懼的複雜情感，或許是再自然不過的事了。祖先主要是懲罰沒有好好執行祖先儀式的人，但祂們有時也會懲罰那些違反氏族習俗的人，通常會將疾病、傷害，甚至死亡，降臨在他們與親屬的身上。從古至今，神化的祖先所關注的對象都僅限於自己的氏族。[26]

透過不同方式，氏族諸神之間可能會出現更強大的神，正如伊拉西塔村落的長老誤將阿巴蘭的祖先視為村落等級的神祇。同樣地，被征服的群體有時也會將征服者酋邦的祖先視為強大的一般神祇，而非神化的祖先。問題在於，當這樣的事件產生了更強

西方文化的特立獨行如何形成繁榮世界

大的神和更大的懲罰力量，這是否也使得社會規模擴大，或至少抑制了通常導致社會分裂的力量？[27]

　　隨著不識字的社會將政治整合範圍從氏族擴展到複雜的酋邦，為了解諸神如何隨之演化，我們將重點放在太平洋地區。我們將研究超自然懲罰的發展、神對道德關注的提升、政治領袖的正當化，以及來世信仰的本質。在短短幾千年的時間內，南島族群遍布東南亞的各個島嶼，並深入杳無人煙的太平洋地區，創造了一個研究社會演化的天然實驗室。與歐洲人接觸之時，南島族群分散在各地，社會規模與政治複雜程度各有不同，從小規模的平等社群到複雜的酋邦，甚至是國家等各種形式都有。

　　約瑟夫‧華茲（Joseph Watts）、羅素‧格雷（Russell Gray）、昆丁‧艾金森（Quentin Atkinson）所領導的研究團隊，透過這個自然實驗來研究社會複雜程度與超自然懲罰的共同演化過程，他們運用的數據來自與歐洲勢力接觸前的 96 個太平洋社會，目的是重建這些社會可能的歷史軌跡。研究團隊分別針對普遍信仰超自然懲罰以及不存在此信仰的情況，估計兩者社會複雜程度提升的機率。令人驚訝的是，若社會中不存在這種超自然懲罰，在歷史上轉變為複雜酋邦制度的機率接近於零。相反地，一旦祖先的社群針對違反道德的重大行為已具備超自然懲罰的信仰，每三個世紀左右約有 40% 的機率使社會的複雜程度提升。從上述的心理實驗來看，宗教在擴大社會規模上所扮演的角色愈來愈明顯。[28]

　　隨著超自然懲罰變得愈來愈重要，諸神的態度似乎也跟著改

變，包含祂們所關切的事物、對於人們違反要求時的憤怒程度，以及誰屬於祂們的管轄範圍。基本上，每個南島語族社會都有不同的神來懲罰那些違反儀式、打破禁忌、惹惱神明的人。然而，比較數據顯示，某些地方的神開始關注人們如何對待與自身社會無關的成員，也就是那些在自己氏族或社群以外的人。例如：在東加（Tonga）*這個複雜的酋邦，諸神會讓那些竊取其他東加人財物的小偷受到鯊魚攻擊。這種信仰確實對當地產生了影響：人類學家伊恩‧霍格賓（H. Ian Hogbin）指出，在鯊魚經常出沒的季節，小偷會避免游泳。而在不遠處的薩摩亞人（Samoan）**則相信小偷會得到胃潰瘍、腹脹做為懲罰。在東加與薩摩亞地區，有些神也會對通姦行為進行懲罰，儘管其他神會幫忙掩蓋此行為。

當然，這些社會根植於緊密的親屬為本制度，因此諸神的懲罰往往包含了集體的罪責與共享的責任。在薩摩亞地區，人們認為人身傷害、事故、疾病，甚至死亡，都是由超自然懲罰所引起的，且往往可追溯到親屬的行為。當父親生病時，他的兒子們往往會逃到遙遠的村落裡，因為他們擔心神的懲罰很快就會降臨到他們身上。值得注意的是，這個例子顯示出神的力量是有限的，兒子們顯然認為逃到遙遠的村落就能躲過神的怒火。最終，文化演化將使得諸神的影響範圍擴展至全宇宙，進而阻止了這種逃避的手法。[29]

除了超自然懲罰和逐漸深化的道德關注，文化演化也更有效地將酋長權威與諸神連結起來，使得宗教與政治制度緊緊交織在

一起。這種神聖的合法性賦予了酋長更大的指揮與控制權,讓他們能夠管理更大的群體、建造寺廟、開鑿運河、種植山藥,並採取軍事行動。同時,諸神漸漸開始要求以人類做為祭品,有時還包含酋長自己的孩子。這種儀式化的行為無疑增強了社會控制,同時也公開展示了酋長的權力以及對諸神的服從。[30]

當然,波里尼西亞諸神有時確實會懲罰如偷竊與通姦等反社會行為,但祂們在其他方面卻相當人性化。諸神會享受美食、好酒與性愛。祂們也可能因為信徒伏地跪拜、獻上奢侈的祭品而受到賄賂或哄騙。軍隊在入侵他人領土時,甚至會向敵方的諸神獻祭,藉此收買祂們或至少討好祂們。[31]

超自然懲罰、道德關注及政治正當化的信仰,在共同演化過程中促進了社會規模的擴大;然而,**因果循環的來世**卻對社會規模沒什麼影響,此觀念是指一個人在生前的行為會影響死後的來生。例如在包含大溪地(Tahiti)、波拉波拉島(Bora Bora)的社會群島,如果有人死在海裡,他們的靈魂會進入鯊魚的體內;但如果在戰爭中身亡,他們會變成徘徊在戰場上的鬼魂。由於菁

* 譯注:又稱「東加王國」(Kingdom of Tonga),位於太平洋南端,由大約 170 座島嶼組成。
** 譯注:薩摩亞位於南太平洋的薩摩亞群島西部,全境包含烏波盧(Upolu)、薩瓦伊(Savaii)2 座大島,以及其餘 8 個小島。

英氏族成員與生俱來的地位，（據說）他們死後往往會上天堂，所以確實有某種天堂存在；但人們不能只透過做好事而上天堂。

然而，一些大洋洲各地的來世信仰可能為群體間競爭提供了重要的燃料。例如在庫克群島，曼蓋亞島上的勇士的靈魂會「直升天際，過著永遠幸福的日子，身上覆滿朵朵馥郁的鮮花，成天手足舞蹈，並實現他們所有的欲望」。天哪，這樣大家都要搶著當勇士了吧！然而，更重要的是，這種信仰為文化演化提供了基礎。如果人們相信具備勇氣對於來世有很大的影響，文化演化的過程就會特別強調何謂神聖的美德以及世俗的罪惡。可惜的是，隨著基督徒和穆斯林在 1500 年左右出現，這種文化演化的過程也就逐漸減少了。[32]

諸神締造歷史

上述的文化演化過程，只能在太平洋地區透過人類學、語言學及考古學的證據推斷出來。在四千五百多年前的蘇美地區（美索不達米亞）首度出現了有關諸神的文字記載，我們也藉此看見了歷史上的文化演化過程。在當時，蘇美地區的諸神與波里尼西亞複雜酋邦制度下的諸神並沒有太大的差別。諸神和我們很像，只是多了一些超能力。例如：蘇美的水神恩基（Enki）有一天晚上喝了個爛醉，不小心將文明的祕密知識告訴了極富魅力的伊南娜（Inanna），也就是掌管愛情、性愛（以及戰爭）的女神。伊南娜與伊絲塔（Ishtar）女神的形象漸漸合而為一，祂也是妓女的守護神，有時候會幫助通姦的女性。妻子們一旦懷了情人的孩子，

西方文化的特立獨行如何形成繁榮世界

便會向伊絲塔女神祈禱，希望生下的孩子長得像自己的丈夫。風神恩利爾（Enlil）和後來以色列人的神一樣，下令以大洪水消滅所有的人類。但是，恩利爾並不是因為世間充滿了罪惡、需要淨化而降下大洪水，祂純粹是覺得我們太吵了。[33]

在這個由各種超自然力量所組成的信仰大雜燴中，我們看見了群體間（通常是城市間）競爭塑造了人們如何看待諸神在政治、貿易等領域中所扮演的角色。雖然古代的國王並不像埃及的法老一樣會變成半人半神的統治者，但國王們仍然與諸神建立了緊密的關係，以提升他們的正當性並得到一定程度的神聖權威。巴比倫的漢摩拉比國王在其著名的《漢摩拉比法典》開頭，便描述了此神聖的王位是由地位最高的創世主和創造天地的主所賦予的。隨後，漢摩拉比國王宣告：「我將和沙瑪什*一樣統治黑頭人（蘇美人），並啟迪這片土地，以促進人類的福祉。」[34]

美索不達米亞的諸神也促成了商業的興起，並抑制偽證行為。例如：伊南娜的孿生兄弟——太陽神沙瑪什，是真理和正義的守護神，負責掌管商業交易與條約談判中的誓約。這方面的證據早在西元前 2000 年就出現了，當時烏爾（Ur，現在的伊拉克）的兩個商人家族簽署了一份合約，內容就包含了對沙瑪什的誓

---

* 譯注：沙瑪什（Shamash）是巴比倫的太陽神，也是法律與正義的化身。

約。同樣地，在市場上也矗立著沙瑪什的雕像，推測是為了透過「沙瑪什的促發項」（Shamash-primes）來鼓勵公平交易。後來《漢摩拉比法典》也要求在進行合約與市場交易時必須立下神聖的誓約，並確保人們在接受法律調查時提供真實的證詞，而將先前的慣例正式列入了成文法典。[35]

與後來基督教塑造的普遍形象相反，古希臘與羅馬晚期的諸神是公共道德的守護者，並將神聖的恩惠賜予不同的個人、家庭和城市。雖然與美索不達米亞的眾神一樣具有道德瑕疵，希臘諸神能夠賦予統治者正當性、鼓舞軍隊，並監督腐敗行為。與幾乎所有的神一樣，希臘諸神特別偏袒那些舉行古代儀式的信徒，包含在精心設計的儀式中獻上昂貴的祭品。然而，在某種程度上，諸神也積極地監督並懲罰人們，特別是針對疏於照顧父母或崇拜異教神祇的各種行為。在雅典，謀殺行為可說是遭到諸神所禁止，但此禁令卻是透過間接的方式實行。人們認為謀殺的行為會玷汙了凶手本人。如果遭到玷汙的人踏入了神聖的場所，像是神殿、市場，或是特定的公共空間，諸神就會大發雷霆，甚至懲罰整座城市的人。這種連坐法會促使第三方（也就是證人）提醒權威當局要特別注意凶手的汙點，以免自己遭受波及，而成了諸神怒火下的犧牲品。[36]

在簽署商業合約、進行買賣或就任公職時，會以特定神祇之名立下神聖的誓約，而破壞誓約仍是當時諸神懲罰眾人的主要原因。就像希臘的許多地方一樣，雅典的市場也充滿了眾神的祭壇。商人必須在祭壇前立下神聖的誓言，以保證其商品的真偽與品

質。雅典人如此倚重諸神以及神聖的宣誓，或許解釋了他們在商業與簽訂條約上具備極高信譽的原因。[37]

一直到後來的羅馬時期，在進行商業交易、擬定法律協議與合約時，也處處可見人們立下神聖的誓言。例如：有些誓言是為了阻止農作物的收割者和磨坊主一同壟斷市場價格。同樣地，酒商也必須對商品的品質與誠信宣誓。當然，人們在法庭作證時也必須宣誓不作偽證。值得注意的是，諸神並不會直接關注說謊、欺騙或偷竊行為本身。諸神在意的是以祂們之名所立下的誓言遭到破壞，而諸神就像希臘人和羅馬人一樣，相當注重自身的榮譽。文化演化不過是將這種心理直覺（個人與家庭的榮譽）適用於更大的社會。[38]

在西元前 2 世紀，愛琴海的提洛島（Delos）是羅馬時期的海上貿易中心，正好彰顯了諸神在地中海商業與貿易中的重要地位。古代的市場做為宗教與貿易中心，處處充滿了各式各樣的神壇與偶像，其中又以墨丘利（Mercury）和赫丘力士（Hercules）信仰為大宗。在這個神聖的所在，商人向諸神宣誓要建立貿易團體並鞏固契約關係，將地中海區域有效地連結起來。著名的希臘旅行家保薩尼亞斯（Pausanias）曾說道：「神的存在讓人們在當地做生意受到保障。」如果你對宣誓的重要性仍感到質疑，可以試著回想先前提到的心理學證據，也就是諸神的促發項對經濟決策的影響。根據這些證據，我們很難想像在充滿神靈力量的區域，這種明確的宣誓並沒有提升人們的互信與可信度，進而促進彼此的經濟交流。[39]

地獄、自由意志與道德普遍主義

　　幾個世紀以來，關於諸神與其懲罰的信仰逐漸醞釀成形，並不時影響著地中海地區至印度各地。西元前 500 年之後，新的宗教開始出現，隨之而來的萬能諸神（或宇宙的力量）也完全具備了獎勵與懲罰特定行為的能力。經歷一番競爭後，佛教、基督宗教與印度教脫穎而出，成為當代重要的宗教信仰。隨後，伊斯蘭教與許多其他的宗教也名列其中。[40]

　　約西元前 200 年，普世宗教產生了三個關鍵的變化，徹底改變了人類的心理。第一，**因果循環的來世**：這些宗教的核心在於來世或某種形式的永恆救贖，取決於一個人在生前是否遵守特定的道德規範，也就是天堂、地獄、復活、輪迴轉世的概念。第二，**自由意志**：大多數的普世宗教特別強調個人有能力採取「道德行動」，即使這意味著違反當地規範或抵制傳統權威。在此，個人的自由選擇，形塑了他們在來世的命運。第三，**道德普遍主義**：這些宗教的道德規範逐漸演變為神聖的法律，而信徒們認為這些法律普遍適用在所有人身上。這些法律是源自於萬能之神的意志（例如基督教與伊斯蘭教），或是宇宙的形而上結構（例如佛教與印度教）。這是一項重大的創舉，因為綜觀歷史，多數地區不同的民族（民族語言群體）都有自己獨特的社會規範、儀式與信奉的諸神。上述的三個特徵都會各自影響人們的思考與行為模式，使普世宗教的信徒在與傳統社群及小規模宗教競爭時取得優勢。接著讓我們看看當代的數據，觀察這些宗教信仰是如何賦予

西方文化的特立獨行如何形成繁榮世界

了這個優勢。[41]

在許多國家，相信因果循環的來世與提升經濟生產力、降低犯罪率有關。根據 1965 年至 1995 年的全球統計數據指出，一個國家中相信地獄與天堂（不僅僅是天堂）的人口比例愈高，隨後 10 年的經濟成長速度也就愈快。此影響相當深遠：如果相信地獄（與天堂）的人口比例提升了約 20 個百分點，例如從 40% 上升到 60%，該國的經濟會在未來 10 年成長 10%。排除經濟學家認為會影響經濟成長的常見因素後，此模式依舊成立。數據更進一步指出，尤其是因果循環的來世信仰，推動了經濟成長。只相信天堂（不包含地獄）並不會促進經濟成長；一旦考慮到因果循環的來世信仰所帶來的影響，只相信上帝也不會促進經濟成長。由於許多人都渴望相信天堂的存在，真正對經濟產生影響的是對地獄的信仰（只相信地獄的人相當少見）。[42]

這個分析本身並不代表因果循環的來世信仰毫無疑問地促進了經濟成長。然而，根據上述所有證據顯示，特定的宗教信仰（而不是一般的「宗教」）確實有可能促成經濟的蓬勃發展。[43]

因果循環的來世信仰也會影響全球的犯罪率。在一個國家內，相信因果循環的來世（地獄和天堂）的人愈多，謀殺率就愈低。相較之下，只相信天堂的人比例愈高，謀殺率就**愈高**。沒錯，**只相信天堂與更高的謀殺率有關**。同樣的模式也出現在其他九項犯罪行為中，包含傷害罪、竊盜罪與強盜罪等。但我們應該謹慎地評估這些犯罪行為，因為不同國家通報各種犯罪的頻率不同。這裡著重在謀殺行為，因為謀殺率是各國最可靠的犯罪統計數

據。即使將統計學上經常影響犯罪率的因素（例如國家財富與不平等情形）控制不變，這樣的關聯依然成立。[44]

除了來世信仰，**自由意志**的概念也會影響人們的決策，雖然不幸的是，這類研究大多局限於 WEIRD 社會。心理學實驗指出，愈相信自由意志的美國人，**愈不會**在數學測驗中作弊、拿取不勞而獲的獎金或順從群體的意見，他們**更容易**抵抗誘惑、幫助陌生人，並以創意的方式解決難題。他們也更傾向性格取向的思考，也就是以性格特質來解釋人們的行為舉止（例如「他很懶散」），而不是根據相關的情境（例如「他工作很累」）。這類研究大都透過讓受試者接觸科學論據，暫時壓抑了他們對自由意志與能動性的信念，從而在實驗室中誘發出行為變化，因此我們可以推斷出，人們的信念正在驅動行為轉變。[45]

相較於自由意志的研究，我們對於道德普遍主義的研究更是有限。但兩項研究皆指出，比起道德相對主義，道德普遍主義更能夠促進非個人的誠實傾向，以及更慷慨的慈善捐贈。與自由意志的研究類似，研究人員試圖證明人們支持道德普遍主義所帶來的影響，他們在實驗中呈現道德普遍主義或道德相對主義的促發項，接著觀察受試者是否會為了錢而作弊，或是捐更多的錢給窮人。研究結果顯示，道德普遍主義的提示可以抑制作弊行為，並提升慈善捐獻。[46]

綜合上述的研究來看，相信因果循環的來世、自由意志與道德普遍主義，改變了人們的決策與行為，進而在宗教團體與社會競爭中勝出。因此，文化演化的過程傾向將上述三個重要

成分與超自然力量結合，其中包含了強大且關注道德的超自然懲罰者（或其他宇宙力量）。但在這些構成社會的配方中，還有哪些關鍵成分呢？

具說服力的殉道者與無聊的儀式

綜觀古今，對特定超自然信仰與世界觀的深刻情感投入，一直都是普世宗教的核心。這些新興宗教社群之所以能獲得長期的成功，與其說是依賴古老的儀式——根植於具情感效力的「意象」儀式所產生的約束力量（如伊拉西塔），不如說是靠著人們對諸神、道德規範及宇宙觀的信仰而產生的深遠心理影響。做為此過程的一部分，文化演化傾向支持新的儀式形式（稱為「教義」儀式），因為這種儀式能更有效地傳遞宗教信仰的內容，以及對信仰的虔誠之心。儀式逐漸開始利用我們內在的文化學習能力。儀式也變得更頻繁、重複性高，開始透過禱告、讚美詩、詩歌、信條及寓言等令人印象深刻的形式，來傳達信仰的內容。這些信仰利用了我們的注意力偏誤（attentional bias）*，在過去（現在也

---

*　譯注：意指個體過度注意環境中的特定訊息，而忽略了其他訊息。例如吸菸者對於吸菸相關的事物相當敏感，一旦所處環境出現這類暗示，會立刻吸引他們的注意力，進而出現強烈的渴求，難以留意其他與吸菸無關的事物。

是）經常透過有名望的人或成功人士（如神父、先知與社群領袖）將信仰傳播到各地，有時也透過全體的信眾齊聲朗誦，讓年輕人感受到團結的虔誠力量（也就是順從）。心理學研究指出，這些元素能夠提升人們的學習能力與記憶力，進而在大型宗教社群中培養出普遍的共同信仰。[47]

為了更有效地提升對信仰的投入程度，新的教義儀式還利用了我稱之為「**信譽增強展示**」（Credibility-Enhancing Displays, CREDs）的機制。信譽增強展示是證明人們內在信仰或真心承諾的行為，如果不堅守自己公開宣稱的信仰，就不太可能採取這種行為。信譽增強展示最明顯的例子是殉道。為了自己宣稱的信仰而死，提供了具有說服力的證據，展現了我們內心確實擁有堅定的信仰。一旦旁觀者目睹或耳聞殉道者的行為，就更有可能受到殉道者的感召，或更加深化自己的信仰。在人類演化的過程中，天擇會產生一種心理傾向，即依賴信譽增強展示來避免被人操控，因為有些人會為了一己之利而散播虛假的信仰。因此，信譽增強展示逐漸演化為像是人類的免疫系統，幫助人們抵禦江湖郎中與陰險狡詐的商人。隨著語言的發展愈趨複雜，仰賴信譽增強展示更顯得重要，因為複雜的語言能讓意見領袖替自己謀福利，隨意散播假訊息或不良適應信念。特別是針對潛在代價高昂的信仰，個人能夠透過信譽增強展示在各種操縱手法中找到真正的信仰。[48]

諷刺的是，普世宗教會開始利用我們對信譽增強展示的依賴，為個人打造儀式化的機會，讓他們自願付出極高的代價或

做出信譽展示。當然，殉道者在基督教、伊斯蘭教、佛教及其他信仰中，都占有重要的地位，但這個例子只是最明顯的一個信譽增強展示。普世宗教更包含了許多更幽微的信譽增強展示，像是疤痕紋身、食物禁忌、禁欲、齋戒、動物獻祭與慈善捐款等，藉此深化參與者和旁觀者的信仰，特別是兒童與青少年。宗教也漸漸開始運用信譽增強展示，讓宗教領袖（如神父、修士與先知）透過宣誓禁欲、貧窮與其他虔誠信仰的表現，更有效地傳播信仰。[49]

　　為了強化信仰與儀式之間的加乘作用，諸神逐漸演化出欲望與戒律，鼓勵人們參與儀式、堅守齋戒、遵從禁忌，並立下可信的誓言。新的教義儀式能更有效地傳播信仰；反過來，新的信仰也透過超自然懲罰的威脅而回頭強化了宗教儀式。這個環環相扣的循環能讓信仰世世代代地流傳下去。[50]

　　除了灌輸特定的信仰與承諾，有些教義儀式也會提升人們的自我控制或延宕折扣。不同於部落宗教中鋪張、情緒化又往往令人痛苦的儀式，教義儀式通常重複性高且單調乏味。這種儀式慣例需要持續不斷的注意力，通常會要求人們付出一些微小但重複性高的時間或精力。常見的例子像是每日祈禱、飯前禱告、慈善捐贈、出席儀式、齋戒和食物禁忌等。藉由超自然的關注（例如阿拉希望所有穆斯林在日出時進行禮拜）和宗教社群內涉及聲譽的社會規範（那些睡懶覺的人是「壞」穆斯林），個人能夠透過這些日常儀式來提升自我控制的能力。[51]

　　隨著共享的宗教信仰和儀式不斷向外傳播並邁向標準化，其

中一個關鍵的影響是創造出我們所認為的「超級部落」，利用我們演化的心理來思考具有象徵意義的族群（詳見第 2 章）。宗教團體逐漸演化並開始運用身分標記，包含特殊服裝、宗教飾品、晦澀的語言和食物禁忌，刻畫出群體之間的界線並激發我們的部落本能。即使在古代的美索不達米亞，擁有共同的宗教信仰與崇拜的神祇也可能會促進大範圍的群體間交流，無論在過去或現代世界都是如此。在西元初期，一些新的普世宗教甚至有更強的能力創造出大型的「想像」超級部落，並歡迎所有人的參與（至少原則上如此）。這些普世宗教的道德普遍主義與教義儀式，透過某些識字的宗教領袖，將一套普遍共享的超自然信仰與慣例傳播到世界各地，涵蓋範圍遠遠超過先前的宗教。由於這些宗教信仰有助於群體間競爭，社交圈也會逐漸擴大。[52]

WEIRD 心理初登場

宗教能夠有效地塑造我們的行為和心理，因此隨著社會規模擴大，宗教也在形塑更高層次的政治和經濟制度中扮演重要角色。宗教的力量源自於文化演化的無數種途徑，巧妙形塑了我們的超自然信仰與儀式慣例，以擴大社交圈、創造內部和諧，並強化與外部群體的競爭優勢。諸神的欲望、超自然懲罰、自由意志與來世信仰所造成的心理影響，與不斷重複的儀式慣例相互結合，以抑制人們的衝動與欺騙傾向，同時促進人們對於其他陌生信徒的利他行為。在群體層次上，這種心理差異帶來了較低的犯

罪率與快速的經濟成長。當然，以上論述無法解釋 WEIRD 心理的獨特之處，因為普世宗教早已占據了世界上多數地區。[53]

如今背景已勾勒完成，該是 WEIRD 心理粉墨登場的時候了。一切的開端要從西元 1000 年說起，各個普世宗教正在相互競爭、轉變，並散播到整個舊世界（Old World）[*]。若文化演化利用了其中一個新興普世宗教的力量，破壞並改變了人類社會最基本的制度，像是婚姻、家庭、世系、身分與繼承，那麼又會發生什麼事呢？

---

[*] 譯注：又稱「舊大陸」，意指哥倫布發現「新大陸」前所認知的世界，包含歐洲、亞洲和非洲。

──────────── 注釋 ────────────

1. Shariff and Norenzayan, 2007. 請注意，重組句子的實驗實際上稍微複雜一點，還涉及了刪除不合適的詞語。此處是簡化後的敘述。

2. 此處是第二項研究（Shariff and Norenzayan, 2007）。第一項研究中的效果甚至更明顯。你可能會擔心受試者在重組句子的實驗中有可能注意到有關上帝的促發項，並試圖討好研究者。但這是不可能的，原因有二。首先，由於實驗所進行的方式，受試者會以為研究者並不清楚他們付了多少錢。第二，在重組句子實驗中，研究員詢問受試者是否注意到任何不尋常的字詞，幾乎沒有人提到宗教或上帝相關的事。然而人們實際的行為卻得出了不同的結果，他們無意識的心智歷程在重組句子時察覺到某些東西，因而做出了相應的反應。

3. Shariff et al., 2016.

4. 感謝阿齊姆‧沙里夫提供此圖的數據（Shariff and Norenzayan, 2007）。請注意，因為潛在的樣本量很少，所以估計的數字不全然精確。然而，整體的模式大致上與其他研究相同（Everett, Haque, and Rand, 2016; Rand, Dreber

西方文化的特立獨行如何形成繁榮世界

et al., 2014）。

5. Duhaime, 2015.

6. 禮拜的鐘聲對於穆斯林的影響也在實驗中得到證實，受試者聽到鐘響後，在數學測驗中作弊的比例從 47% 下降到 32%（Aveyard, 2014）。

7. Edelman, 2009; Malhotra, 2010. 事實上，這些數據只反映出人們在網路上觀看付費色情影片的時間。此處假設他們付費後隨即收看這些影片。

8. Henrich, 2009; Sperber et al., 2010.

9. Gervais, 2011; Gervais and Henrich, 2010; McNamara et al., 2019a; Norenzayan, Gervais, and Trzesniewski, 2012; Willard, Cingl, and Norenzayan, 2020; Willard and Norenzayan, 2013.

10. Chudek et al., 2017; Willard et al., 2019. 人們普遍認為古代的中國人，或是範圍更廣的「東方人」，並沒有「心物二元論」（mind-body dualism）的概念。然而，根據質化與量化的歷史研究證據指出，這樣的觀點並不正確（Goldin, 2015; Slingerland and Chudek, 2011; Slingerland et al., 2018）。

11. Atran and Norenzayan, 2004; Boyer, 2001, 2003. 原則上，在任何社會中，多數的超自然信仰都不會有所發展。例如：似乎沒有任何的神在冬天時只擁有心靈，夏天時只具備肉體。

12. 同樣的邏輯也適用在儀式上（Legare and Souza, 2012, 2014）。

13. Barnes, 2010; Boehm, 2008; Murdock, 1934, p. 185; Radcliffe-Brown, 1964, p. 152; Willard and Norenzayan, 2013; Wright, 2009.

14. Murdock, 1934, p. 253; Radcliffe-Brown, 1964, p. 168; Wright, 2009. 但有時也有例外：安達曼群島的島民認為淹死的人會變成海中的幽魂，在水底世界度過來生。然而，其餘死者的鬼魂就注定出沒在森林裡。生活中具社會意義的

行為與一個人在來世的生活並不存在任何連結。

15. Lee, 2003; Marshall, 1962. 關於更具人性這點，最小規模社會中的神有時候會關切道德問題，但管轄範圍通常僅限於在地事務，像是氏族內應該要相互分享等（Purzycki et al., 2019; Singh and Henrich, 2019）。

16. Blume, 2009; Norenzayan et al., 2016a, 2016b; Strassmann et al., 2012. 我們也有理由相信，諸神的演化有利於信徒迅速繁衍下一代，同時將不以繁衍為目的之性行為視為禁忌（像是口交、使用保險套、同性之間的性行為等）。與善待陌生人或避免通姦不同的是，我們並不期待群體間競爭會讓神更關注人類的本能行為，例如：神不需要命令母親去愛她們的孩子，或要求男人滿腦子都是性。

17. 馬克‧柯拉德（Mark Collard）有時也會參與初期的會議。隨後，人類學家班‧普爾斯基與宗教研究學者馬丁‧朗在引導我們的跨文化研究上扮演重要角色。

18. Lang et al., 2019; Purzycki et al., 2016; Purzycki et al., 2017.

19. 此外，我們還評估了人們是否相信他們的神願意獎勵信徒，並發現這對人們對於陌生人的偏見並無影響。有些人可能會覺得很奇怪，因為在現代基督宗教的各個教派中，人們往往對於上帝所賜的甜美果實感到著迷。但要了解其中的道理其實並不難。首先，仰賴懲罰意味著神不需要做太多事情，因為人們會害怕懲罰而乖乖聽話。但獎勵又是另外一回事了。要透過獎勵來維持人們良好的行為，就必須不停給他們好處，也就是獎勵。這就需要眾神採取更積極的作為，但如果祂們事實上並不存在，就會產生問題了。第二，心理學研究指出，相較於潛在的獲益，人們對於損失或損失的威脅反應更加強烈，也就是懲罰比獎勵來得更有效。其他關於作弊的研究也得出了類似的模式，與那些相信上帝會屬行懲罰的基督徒相比，認為上帝更慈愛的基督徒更有可能在數學測驗中作弊。這並不是說神的獎勵毫無作用，而是說明

西方文化的特立獨行如何形成繁榮世界

了為何文化演化過程首重懲罰，而將獎勵留給少數達成非凡行為的個人就好（Norenzayan et al., 2016a, 2016b; Shariff and Norenzayan, 2011）。

20. 數據來自：Purzycki et al., 2016.

21. Lang et al., 2019. 與上述的促發實驗不同，在這兩個實驗中，我們只展示了監督和懲罰指數與分配量之間的相關性。這樣的相關性並無法明確證明人們的超自然信仰會影響他們的經濟決策。例如：愈注重公平的人愈有可能受到嚴厲的神所吸引。然而，我們的發現背後所隱含的細部分析很難解釋這種關係，因為除了超自然信仰，還有其他原因會促使人們產生利社會行為。分析指出，我們的發現並非源自於研究社群之間的差異，也並非教育或經濟因素所致。

22. 我們在跨文化研究中也進行了促發效應的實驗。要在偏遠的田野現場執行此實驗相當困難，因為當地人幾乎沒有受過正規教育，往往需要集中精神才能了解實驗內容。而集中精神就很有可能大幅降低了促發項的影響。儘管如此，我們確實觀察到了一些促發效應，發現「主神」和「地方神」的影響差距甚大。然而，有時候我們也完全看不出促發項的影響。這也使我們難以解讀實驗結果，因為我們無從判斷究竟是這些提示無法影響人們，或是因為實驗環境的關係而無法讓促發項發揮作用（Lang et al., 2019）。

23. 在本章開頭所提到以促發研究為基礎的實驗，揭示了超自然懲罰的核心地位。在兩個實驗中（Yilmaz and Bahçekapili, 2016），研究人員將一群土耳其的穆斯林分為三組，並施以不同的促發項，包含：(1) 超自然懲罰的提示；(2) 非懲罰性的宗教提示；(3) 中性（非宗教）的提示。第一個研究是改良自阿齊姆和亞拉的重組句子實驗，第二個研究則是選用了《古蘭經》中的段落。實驗結束後，受試者會評估自己的捐款、捐血等意願。與中性的促發項相比，一旦這些穆斯林受試者接收到的提示和有過必罰的神有關，他們的利社會傾向就會提升 60 ～ 100%。而接收到中性的、宗教仁慈面的提示只會讓受試

者的利社會傾向提升 20 ～ 50%。

24. Atran, 2002; Diamond, 1997; Munson et al., 2014; Rubin, 2017; Smith, 1917; Wright, 2009. 阿克巴大帝所創立的宗教僅有 18 位著名的追隨者，此數據由 Smith 提供。

25. Norenzayan et al., 2016a, 2016b. 有關宗教可能造成傷害的簡單例子請見： Bushman (2007).

26. Handy, 1941; Hogbin, 1934; Lindstrom, 1990; Williamson, 1937. 為了驗證這點，心理學家瑞塔・麥克那瑪拉和我研究了斐濟亞薩瓦島的村民。亞薩瓦村民的宗教信仰融合了基督教的上帝與他們傳統的祖先。在進行隨機分配賽局時，我們會暗中給予受試者三種促發項：(1) 耶穌；(2) 神化的祖先；(3) 花朵。我們發現，一旦村民接收到的促發項與神化的祖先有關，他們就會分配更多硬幣給本地社群成員，而不是遙遠地區的陌生人，也就是說，他們變得更偏袒同氏族的成員。這完全合理，因為這個群體的祖先只會關注當地的社群（McNamara and Henrich, 2018）。另見：Hadnes and Schumacher, 2012.

27. Whitehouse et al. (2019) 部分支持本文的觀點，表示信仰注重道德的神可以避免複雜的社會在規模擴大後面臨崩潰。然而，上述作者卻試圖辯稱，根據他們的研究數據，注重道德的神並不能促使社會規模擴大，只能幫助複雜的社會維持穩定。不幸的是，他們的分析存在嚴重的錯誤。例如：作者群將不同社會在數個世紀以來所缺乏的大量數據（少了 60% 的數據），轉化為「注重道德的神不存在」的證據。也就是說，他們犯了一個典型的錯誤，即明確地認定，找不到證據就代表證據不存在（沒有注重道德的神）。一旦缺乏數據的情況獲得改善，他們的主要論點也就不成立了（Beheim et al., 2019）。關於統計學教科書如何處理這些數據，請見 McElreath（即將出版）。針對 Whitehouse 等人所使用的數據質量，也有人提出重要的質疑（Slingerland

西方文化的特立獨行如何形成繁榮世界

等人，即將出版）。

28. Diamond, 1997; Goldman, 1958; Watts et al., 2015. 40% 的數據來自華茲等人，但這並不是以每單位時間的比率而計算的。其實，40% 指的是南島語系（Austronesian）中語言分裂的機率。從原始南島語言到晚期不同的語言之間，平均分裂次數為 15.9 次。綜觀五千年來語言的擴展，我們得出每次分裂的平均間隔時間為三百一十五年。

29. Hogbin, 1934, p. 263; Turner, 1859; Williamson, 1937, p. 251; Wright, 2009, p. 57.

30. Goldman, 1955, 1970; Kelekna, 1998; Kirch, 1984, 2010; Wright, 2009. 東加的酋長必須獻上自己的孩子做為祭品，雖然這些孩子通常是由側室所生。

31. Williamson, 1937; Wright, 2009, pp. 55–56.

32. Handy, 1927, p. 78.

33. Aubet, 2013; Collins, 1994; Leick, 1991; Wright, 2009. 在波里尼西亞甚至還有通姦與竊盜之神（Williamson, 1937, p. 19）。

34. 關於古代美索不達米亞諸神的介紹，詳見網站：oracc.museum.upenn.edu/amgg/listofdeities. 在巴比倫，一首獻給沙瑪什的讚美詩明確指出，商人不得在秤重或測量時動手腳：正如同之後《舊約聖經・箴言》第十一章第 1 節所述：「詭詐的天平為耶和華所憎惡；公平的砝碼為祂所喜悅。」（Aubet, 2013.）

35. Aubet, 2013; Leick, 1991; Rauh, 1993.

36. Mikalson, 2010. 人們認為，比起那些微不足道的人，諸神會更重視高貴之人的祭品和祈禱（Rives, 2006）.

37. Mikalson, 2010; Norenzayan et al., 2016a, 2016b. 墨利斯・西爾弗（Morris

Silver）在《古典時代的經濟結構》（*Economic Structures of Antiquity*）一書
的開頭便提到了諸神在經濟交換所扮演的重要角色（1995, p. 5）：「諸神在
經濟面所扮演的角色，體現在祂們守護誠實商業行為的功能。」諸神不只親
自懲罰破壞誓言者，也懲罰那些對祕密交易與奸商詐術隱而不報的人。這也
解決了所謂的「二級搭便車問題」（second-order free rider problem）。

38. Rives, 2006, pp. 50–52, 105–131.

39. Rauh, 1993. 有關保薩尼亞斯的引述源自：Kemezis and Maher (2015, p. 317).

40. McNeill, 1991; O'Grady, 2013; Rives, 2006. 有些普世宗教發展出「人神合一」
（man-god）的概念做為神性的展現，並為許多有志者樹立了強而有力的榜
樣（例如耶穌、釋迦牟尼佛等）。長期以來，學者對佛祖是否為神一直存在
爭議。然而，最近的研究則著重在實際上人們如何思考並談論佛祖，以顯示
出「祂是神」（Purzycki and Holland, 2019）。對我而言，這才是重點。

41. Gier and Kjellberg, 2004; Harper, 2013; McCleary, 2007; McNeill, 1991. 兩種道
德普遍主義的立場相當有趣，因為一種情況是以上帝做為道德的來源，而在
另一種情況下，諸神則要服從宇宙中的道德法則。

42. Barro and McCleary, 2003; McCleary and Barro, 2006. 上述作者也利用工具變
數的方法，估計來世信仰對經濟成長的影響。感謝羅伯特‧巴羅以及瑞秋‧
麥克克里瑞提供數據。另見：Tu, Bulte, and Tan, 2011.

43. 要評估任何宗教信仰與慣例對群體經濟生產力的影響，同時排除其他變因，
是一件相當棘手的事。雖然來世信仰看似會刺激經濟成長（或許是因為此
信仰鼓勵人們認真工作、建立更廣泛的社會連結），但參與儀式本身就會
降低經濟生產力，因為信徒必須花更多的時間和金錢投入在非經濟活動。
然而，正如下述的討論，儀式或許是灌輸人們信仰的關鍵，也就是說，如
果沒有儀式，善有善報的來世信仰不會向外傳播，也不會成為普遍的觀念
（Willard and Cingl, 2017）。這表示群體間競爭有利於「以最低成本創造

西方文化的特立獨行如何形成繁榮世界

最大效益」的儀式形式，透過最少的儀式和奉獻時間，有效創造出虔誠又守紀律的信徒。這也表示，在經濟生產力最高的地區，用於儀式與奉獻的時間往往會減少。

44. Shariff and Rhemtulla, 2012. 全球調查分析也進一步支持這項研究結果，分析指出，對神、地獄及天堂有更強烈信仰的人，往往較無法接受逃漏稅、搭乘大眾運輸工具時違規逃票、購買贓物，以及規避其他 11 項與公共利益有關的規定（Atkinson and Bourrat, 2011）。我認為天堂的概念在心理上或許比地獄更具有吸引力，原因其實非常明顯。一旦群體間競爭減弱時，對地獄的信仰自然也跟著減弱，而天堂的概念依然普遍存在。當群體間競爭愈來愈激烈，地獄的概念就會傳播開來，並與天堂的信仰相互結合，因為地獄的信仰有助於在群體間競爭中勝出，「主神」也需要懲罰人們的手段。其他與犯罪和宗教虔誠程度的相關分析，請見：Baier and Wright, 2001; Kerley et al., 2011; Stark and Hirschi, 1969.

45. Alquist, Ainsworth, and Baumeister, 2013; Baumeister, Masicampo, and Dewall, 2009; Genschow, Rigoni, and Brass, 2017; Martin, Rigoni, and Vohs, 2017; Protzko, Ouimette, and Schooler, 2016; Rigoni et al., 2012; Shariff et al., 2014; Srinivasan et al., 2016; Stillman and Baumeister, 2010; Vohs and Schooler, 2008. 雖然這個結論很吸引人，但這項研究需要更仔細的檢視。有些研究試圖推導出相同的結論，卻宣告失敗（Giner-Sorolla, Embley, and Johnson, 2017; Post and Zwaan, 2014）。此外，雖然針對美國兒童的研究證實了這種自我控制與自由意志之間的關聯，但在新加坡、中國或秘魯的兒童並沒有出現相同的模式（Chernyak et al., 2013; Kushnir, 2018; Wente et al., 2016; Wente et al., 2020）。在許多的非 WEIRD 群體中，自由意志會形塑出一種心理，讓人們能夠克服自身的欲望，以遵守社會規範（而不是個人標準）或順從內團體。

46. Inglehart and Baker, 2000; Rai and Holyoak, 2013; Young and Durwin, 2013.

通常稱為「道德現實主義」（moral realism），而非「道德普遍主義」（moral universalism）。在此賦予不同的名稱是為了避免不必要的哲學性指涉。我感興趣的是人們真正相信的事物，以及這份信念如何影響他們的行為。

47. Atkinson and Whitehouse, 2011; Norenzayan et al., 2016a; Whitehouse, 2000, 2004. Whitehouse (1995) 首先提出了「意象」儀式（imagistic ritual）和「教義」儀式（doctrinal ritual）的區別。諾倫薩揚等人（2016a）將這項觀察融入到更廣泛的宗教文化演化途徑中。透過創造出神聖的文本，文字系統的演化在此扮演了重要的角色。

48. Henrich, 2009, 2016; Kraft-Todd et al., 2018; Lanman and Buhrmester, 2017; Tenney et al., 2011; Wildman and Sosis, 2011; Willard, Henrich, and Norenzayan, 2016; Xygalatas et al., 2013; Singh and Henrich, 2019b.

49. 像是主教座堂、廟宇或墳墓等宗教建築，也是利用了我們對信譽增強展示的依賴，因為我們很難想像，如果社群不是因為真心的信仰，為何花這麼多錢來建造碩大的主教座堂，而不是用來建造道路、橋梁、運河、磨坊或水庫。

50. Lanman, 2012; Willard and Cingl, 2017.

51. Baumeister, Bauer, and Lloyd, 2010; Carter et al., 2011; McCullough and Willoughby, 2009; Wood, 2017. 與許多心理學研究一樣，這些研究結果主要是源自於 WEIRD 群體。然而，根據全球的耐性測試和宗教數據顯示，這些現象可能不僅限於 WEIRD 群體（Dohmen et al., 2015; Falk et al., 2018）。

52. Aubet, 2013; Ekelund et al., 1996; Ginges, Hansen, and Norenzayan, 2009; Guiso, Sapienza, and Zingales, 2009; Hawk, 2015; Jha, 2013; Johnson and Koyama, 2017; Lewer and Van den Berg, 2007; Rauh, 1993; Watson-Jones and Legare, 2016; Wen et al., 2015.

西方文化的特立獨行如何形成繁榮世界

53. 2021 年的數據顯示，總計有超過 75% 的人口信仰以下的宗教：基督教（31.5%）、伊斯蘭教（23.2%）、印度教（15%），或佛教（7.1%）。非世界宗教只占了全球人口的 5.9%。世界宗教所面臨的最大競爭對手並非來自傳統宗教，而是所謂的「無特定教派」（Unaffiliated）。可惜的是，這個類別並不能說明什麼，因為這是由中國人（「宗教」在當地一直都是個政治敏感的問題）以及歐洲與北美地區真正的無神論者所組成。如今，一些世界的主要宗教似乎在中國迅速傳播：www.pewforum.org/2012/12/18/global-religious-landscape-exec.

Part II

The Origins of
WEIRD People

第二部
WEIRD 群體的起源

五、WEIRD 家庭

從全球和歷史的角度來看，WEIRD社會中的家庭是特殊的，甚至帶有一些異國情調。我們沒有四處延伸的世系或龐大的親屬關係，會將我們捲入家庭責任的網絡中。我們的身分認同、自我意識、法律地位和個人安全，與家族或氏族的成員身分無關，也與我們在關係網絡中的位置無關。我們一次只能擁有一個配偶，社會規範通常不允許我們與親戚聯姻，包括我們的堂表親、姪女、繼子女和姻親。與「包辦婚姻」不同，我們的「戀愛結婚」（love marriages）通常是奠基在相互愛慕與和諧共處之上。在理想情況下，新婚夫婦會另立門戶，與他們的父母異地而居，行人類學家所說的「新居制」（neolocal residence）。與父系氏族或分支世系制不同，WEIRD群體的親屬關係是**雙邊繼嗣**，在追溯血緣時會同時溯及父方和母方。財產為個人所有，遺贈屬個人決定。例如：我們的兄弟所擁有的土地不屬於我們，若他決定出售土地，我們亦無權否決。核心家庭在我們社會中是一個獨特的重心，但只有在孩子結婚組建新家庭之前，父母跟子女才會一起生活。除了這些小家庭，我們的親屬關係紐帶比大多數其他社會都來得稀少且薄弱。即使我們確實經常可以看到親屬關係發揮作用，像是美國總統任命他們的子女或姻親擔任白宮的關鍵職位，但它通常還是從屬於更高級別的政治、社會和經濟體制之下。[1]

讓我們先利用「民族誌圖譜」（Ethnographic Atlas）這個人類學資料庫為上述親屬關係添上一些數據。「民族誌圖譜」是一個包含一千二百多個社會（民族語言群體）的人類學數據庫，它記錄了工業化之前的生活。表5.1顯示了WEIRD社會

WEIRD 特徵	社會占比
雙邊繼嗣——追溯血緣時會粗略回溯至父母雙方	28%
很少或不會與表親或其他親屬聯姻	25%
單偶婚——人們一次只能擁有一位配偶	15%
核心家庭——家庭生活圍繞著已婚夫婦和他們的孩子	8%
新居制——新婚夫婦另立門戶	5%

表 5.1　全球歷史視角下的 5 種 WEIRD 社會親屬關係特徵

的 5 個親屬特徵：(1) **雙邊繼嗣**，(2) **很少或沒有表親婚**（cousin marriage），(3) **只有單偶婚**，(4) **核心家庭**，以及 (5) **新居制**。WEIRD 親屬特徵在這個資料庫中所占的百分比，高至 28%（雙邊繼嗣），低至 5%（新居制）。這表明在大多數社會中，人們長期生活在大家庭中，允許多偶婚，鼓勵表親婚，而在追溯血緣時，主要是經由父母其中一方進行回溯。單獨來看，每個特徵都不常見，綜合來看則是極其罕見的組合（也就是 WEIRD 社會）。[2]

　　為了解這些模式有多罕見，我們可以計算一下在「民族誌圖譜」中的那些社會具有多少 WEIRD 特徵。這裡列出從 0 到 5 的數值，顯示就親屬關係來說，一個社會的 WEIRD 程度。圖 5.1 顯示：「民族誌圖譜」中超過一半（50.2%）的社會**沒有任何**

西方文化的特立獨行如何形成繁榮世界

一個 WEIRD 親屬關係特徵，而有 77% 的社會只有 1 個或 0 個 WEIRD 特徵。另一方面，只有不到 3% 的社會擁有 4 個或 4 個以上的 WEIRD 特徵，只有 0.7% 的社會擁有全部 5 個特徵。值得注意的是，在這極低的比例中包括一小部分的歐洲社會，像是 1930 年的愛爾蘭和法裔加拿大人。因此，在這個全球人類學資料庫中，有 99.3% 的社會並非按照 WEIRD 模式發展。[3]

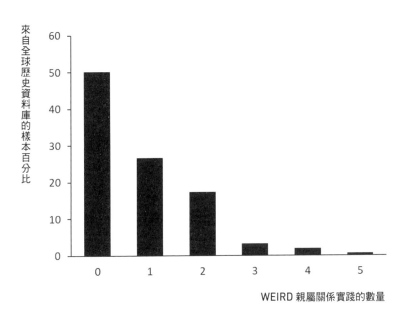

圖 5.1　從 0 到全部 5 項特徵不等，擁有不同數量的 WEIRD 親屬關係實踐（表 5.1）的社會占比（以「民族誌圖譜」資料庫為基礎繪製）。

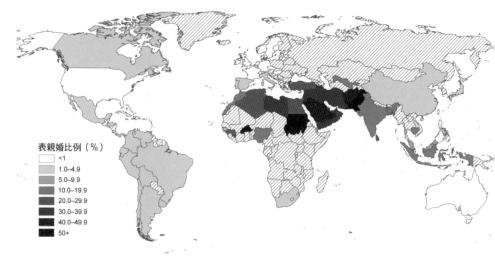

圖 5.2　表親婚比例。根據 20 世紀後半葉的數據資料，各國人民與二代堂表親及近親結婚的比例。顏色愈深的國家，表示該國血親聯姻的占比愈高。斜線區域表示無相關數據。[4]

「民族誌圖譜」中所揭示的傳統親屬關係，為我們打開了一扇窗，讓我們有機會了解工業化之前的世界，以及直到今日仍然至關重要的社會規範。試想，你自己認識多少跟表親結婚的人？

如果你一個都不認識，那就太奇怪（WEIRD）了，因為世界上每 10 個人就有 1 個人是與表親或其他親戚結婚。根據 20 世紀下半葉的數據資料，圖 5.2 標示了人們與一代或二代堂表親或其他近親（叔叔、姪女）結婚的比例。請記住，二代堂表親是來自同一對曾祖父母。簡明起見，加上大多數與親戚的婚姻都是與表親結婚，我一律稱之為**表親婚**。在此光譜的一端，我們看到在中

西方文化的特立獨行如何形成繁榮世界

東和非洲，至少有四分之一的婚姻是與親戚結婚，而在某些地方，數字更高達 50% 以上——也就是說，超過一半的婚姻是親戚之間的聯姻。在光譜的中段，像是印度和中國等國家，其表親婚屬於中等比例，但值得一提的是，中國政府在 1950 年代開始提倡「現代」（西式）婚姻，禁止叔姪婚*，後來更禁止人們與一代堂表親結婚。相比之下，美國、英國和荷蘭等 WEIRD 程度極高的國家，其表親婚比例約為 0.2%，即 1% 的五分之一。[5]

那麼，WEIRD 社會的親屬關係是如何變得這麼特殊的呢？

許多人認為 WEIRD 家庭的特殊性是來自於工業革命、經濟繁榮、都市化和各種現代國家體制。這十分合理，而且通過全球化，當今世界許多地方顯然也正在發生這樣的事。隨著非WEIRD 社會進入了全球經濟體系、經歷都市化並導入 WEIRD社會的正規世俗體制（例如西方民法、憲法等），其緊密的親屬為本制度經常就此逐步退化，致使 WEIRD 社會的親屬關係實踐隨之擴散，特別是在受過教育的城市居民中變得愈加普及。儘管如此，即使面臨到全球經濟和政治勢力的衝擊，緊密的親屬為本制度仍然證明了自己的非凡韌性。[6]

---

* 譯注：叔姪婚（uncle-niece marriage）是指伯（叔）父或姑母與姪子或姪女之間，以及舅父或姨母與外甥或外甥女之間的婚姻。

然而，在歐洲，歷史發展的順序是顛倒的。首先，大約在400年到1200年之間，許多歐洲部落族群緊密的親屬為本制度逐步退化、瓦解，最終被後來發展成羅馬天主教會的基督教分支（以下簡稱「西方教會」或「教會」）所摧毀。從傳統社會結構的殘骸中，基於共同的興趣或信仰，人們接著開始形成新的自願性組織，而非基於親屬關係或部落的從屬關係。在這些歐洲地區，社會發展的進程先是被擋在常規途徑之外（強化親屬關係）並接著踏上了一條人煙稀少的小徑。[7]

　　對我們來說，現在的關鍵點是，緊密的親屬為本制度的解體，以及獨立的一夫一妻制核心家庭的逐步建立，二者做為眾所皆知的卵石，引發了歐洲奔向現代世界的一連串進程。現在讓我們來看看最初教會是如何在無意間踢中這顆卵石的。

傳統家庭的瓦解

　　WEIRD家庭的根源可以在逐漸擴張的教義、禁令和規約中找到；教會從西羅馬帝國末期起，逐步採用及大力推廣這些教義、禁令和規約。幾個世紀以來，從古典時代晚期一直到中世紀，教會的婚姻和家庭政策處在一個更巨大的文化進程中，在這個文化進程中，教會的信仰和實踐必須與許多其他的神靈、精神、儀式和制度形式競爭，以贏得歐洲人的心靈、思想與靈魂。教會反對祖先、傳統部落神明（如托爾〔Tor〕和奧丁〔Odin〕）、古老的羅馬國教（木星、水星等）和各種地中海救世崇拜（伊

　　西方文化的特立獨行如何形成繁榮世界

希斯〔Isis〕和密特拉斯〔Mithras〕等），以及各種基督教變體。這些基督教教派競爭激烈，包括景教（Nestorian）、科普特（Coptic）、敘利亞（Syrian）、阿里安（Arian）和亞美尼亞（Armenian）教派。例如：在西羅馬帝國滅亡中扮演關鍵角色的哥特人不是異教徒，而是阿里安教派基督徒。阿里安教派是西方教會的大異端，他們擁有一個驚人的觀點，即他們認為聖子（耶穌）是聖父在某一特定時間點創造的，因此聖子從屬於聖父。

如今，西方教會明顯已經不費吹灰之力在這場宗教競賽中勝出。基督教是當今世界上最大的宗教，教徒人數占全球人口的30%以上。然而，在追溯自身的文化淵源時，有85～90%的現代基督徒是經由羅馬天主教會追溯到羅馬的西方教會，而不是經由基督教的許多其他分支，如東正教或東方教會。當羅馬帝國的西半部解體時，塵埃還尚未落定。東正教做為拜占庭帝國的國教，得到了強大的羅馬國家體制和軍事力量的支持。以國際化的波斯為基地的景教教派，分別於西元300年和635年，在印度和中國建立了傳教士團，比羅馬天主教會早了幾世紀到達這些地方。[8]

為什麼西方教會可以長期占據主導地位，不僅消滅、強占了歐洲所有的傳統神靈和儀式，發展速度還遠遠超過了其他基督教教派？

這有很多重要因素。例如：羅馬遠離歐洲主要政治行動的地理位置可能給了教宗——羅馬主教——一些運籌帷幄的空間。相比之下，其他主教，例如君士坦丁堡的主教，則受東羅馬帝國皇帝的控制。同樣地，北歐大部分地區在當時也處於科

學技術相對落後且文盲人口眾多的階段，教宗的傳教士在那裡可能更容易傳播信仰，20 世紀時，北美傳教士在亞馬遜地區的傳教行動大獲成功，也是基於同樣的原因。當傳教士帶著新奇的技術和看似神奇的技能（例如閱讀）出現時，當地人更容易相信新的宗教教義。[9]

我們先不談其中的複雜性，西方教會取得巨大成功最重要的因素在於其對婚姻和家庭的極端禁令、規約和偏好。儘管基督教的聖書對此著墨不深，但這些政策逐漸發展出各種儀式，並透過說服、排斥、超自然威脅和世俗懲罰往各處傳播開來。隨著基督徒慢慢內化這些實踐，並將其做為常識性的社會規範傳給後代，人們的生活和心理層面都發生了重大變化。這些政策迫使一般人重組他們的社會習慣，要他們去適應一個沒有緊密的親屬為本制度的世界，從而慢慢地改變了一般人的經驗狀態。

在整個過程中，西方教會不僅要與其他宗教體競爭，還要與緊密的親屬為本制度和部落忠誠競爭。透過破壞強韌的親屬關係，教會的婚姻和家庭政策逐漸將個人從家族和氏族的責任、義務和利益中解放出來，為人們創造了更多的機會和動力，為教會和之後的其他自願性團體奉獻。無心插柳柳成蔭，西方基督教意外「找到了」拆解親屬為本制度的方法，同時也促進了自身的傳播。[10]

回到起點

教會進駐之前，在歐洲的部落裡，其親屬關係又是什麼模

樣呢？不幸的是，我們缺乏那種類似 20 世紀的人類學家在研究傳統社會時所提供的關於親屬關係和婚姻的詳細研究。研究者轉而求助於不同來源的資料，拼湊出一些見解，包括：(1) 早期的法典；(2) 教會文件，包括教宗、主教和國王之間的許多信件；(3) 旅人所寫的紀錄；(4) 聖人傳記；(5) 北歐和德國的傳奇故事；(6) 古代去氧核糖核酸分析（適用於墓葬）；(7) 古代文獻中所記錄的親屬關係用語。概括來說，這些資料明確指出，在教會試圖對婚姻和家庭進行改造之前，歐洲的部落擁有諸多緊密的親屬為本制度，它們非常類似於我們在世界其他地方看到的那些親屬體制。[11] 以下是**基督教進入之前**，歐洲部落人民的一些大致樣態：

1. 人們生活在部落團體或網絡內部的親屬組織中。大家庭（extended family）從屬於更大的親族團體（氏族、家屋、世系等等），其中一些親族團體被稱為「sippen」（日耳曼人的）或「septs」（凱爾特人的）。

2. 繼承和婚後住所存在父系偏向；人們通常住在父系大家庭中，妻子會搬去與丈夫的親屬住在一起。

3. 許多親屬單位共同擁有或支配領土。即使存在個人所有權，在很多情況下，親屬仍保有繼承權，因此未經親屬同意，土地不得出售或以其他方式轉讓。[12]

4. 更大的親屬組織為個人提供了法律身分和社會身分。按照習俗，在親族團體內部發生的糾紛皆由內部裁

決。由於行共同責任，在針對親族團體之間的糾紛進行懲罰或徵收罰款時，個人意圖有時幾乎沒有任何作用。[13]

5. 親屬組織為成員提供保護、保險和安全。這些親屬組織會照顧生病、受傷、窮困及年邁的成員。

6. 與親戚之間的包辦婚姻，以及嫁妝或聘禮等婚姻支付（新郎或其家人為新娘支付費用），都是慣例。

7. 地位高的男性，其婚姻經常行一夫多妻制。在許多社群中，男人只能與一個「主要」妻子配對，通常是社會地位大致相同的女性，但往後可以再娶側室，通常是社會地位較其低的女性。[14]

即使在羅馬帝國的中心，緊密的親屬為本制度仍是社會、政治和經濟生活的核心。羅馬人的家庭都是按照父系世系組織起來，在這套父系世系制中，每個男人都被夾在曾祖父和曾孫之間。即使他們分開居住並有自己的妻子和孩子，成年男子仍受到父親的支配。只有父親過世的男性公民才擁有完整的法律權利、家庭財產的支配權和上法庭的權利，其他人都必須透過家長行使這些權利。父親有權殺死他的奴隸或孩子。繼承權、亂倫禁令和免於提供法律證詞的豁免權，都沿著父系分支一直延伸到父親的父親的父親的後代。當然，帝國確實發展出一套經由遺囑（遺言）繼承的法律機制，但在前基督教時期，這種遺囑幾乎無一例外地沿襲傳統，因此主要在情況不明確或可能發生糾紛時才會發揮作

西方文化的特立獨行如何形成繁榮世界

用。婦女受到父親或丈夫的支配，但隨著時間過去，父親會對女兒擁有愈來愈強的控制權，即使在女兒成婚後也是如此。婚姻是被安排好的（會支付嫁妝），青春期的新娘會去住在她們丈夫的家中（從夫居）。婚姻基本上是單偶婚，但除了可能與其他羅馬男人發生衝突的情況，羅馬男人幾乎不太約束他們的性行為。當上層菁英紛紛終止女兒的婚姻以便再將她們嫁給更有權勢的家族時，離婚在帝國變得十分普遍。在婚姻期間所生的孩子會留在他們的父親家中，但妻子會帶著嫁妝一起回到她父親那裡。至於表親婚的細節十分複雜，相關的法律和習俗都隨著時間推移而產生變化；簡而言之，表親婚在某種程度上是被社會接受的，羅馬社會中確實有一些上層菁英與他們的表親結婚，像是布魯圖斯（Brutus）、聖梅拉尼亞（St. Melania）和君士坦丁大帝（Emperor Constantine）的四個孩子。這種情況一直持續到教會開始不屈不撓地反對為止。[15]

大肆破壞

597 年左右，教宗格雷戈里一世（Pope Gregory I，即格雷戈里大帝）派遣傳教團前往英格蘭的盎格魯－撒克遜肯特王國（Kingdom of Kent）。大約在 17 年前，肯特國王埃塞爾伯特（King Æthelberht）娶了一位法蘭克（Frankish）的基督徒公主，即後來的聖伯莎（St. Bertha）。不過數年，傳教團就成功使埃塞爾伯特改宗，並開始到肯特的其餘地區傳教，還計畫將版圖擴展到附近地區。與早期在愛爾蘭等地傳教的基督教傳教士不同，這些

教宗派來的傳教士對於正規的基督教婚姻有明確的要求。很顯然地，盎格魯－撒克遜人對這些政策並不買帳，因為傳教團的領導人奧古斯丁（後來被稱為坎特伯雷的聖奧古斯丁〔St. Augustine of Canterbury〕）不久之後就寫信給教宗，要求教宗釋疑。奧古斯丁的信總共由 9 個問題組成，其中 4 個是關於性和婚姻。具體而言，奧古斯丁問道：(1) 親屬之間必須相隔多遠（二代堂表親、三代堂表親等），才是可被允許的基督教婚姻？ (2) 男人可以娶他的繼母或兄弟的妻子嗎？ (3) 兩兄弟可以娶兩姊妹嗎？ (4) 男人做春夢後可以領聖體嗎？[16]

教宗格雷戈里一一回答了每個問題。首先，承認表親婚在羅馬法下具其合法性後，格雷戈里堅定地表示與一代堂表親及其他血緣關係更近的近親之間的婚姻都應被嚴格禁止。他接著也明確表示，即使沒有血緣關係，一個男人也不能娶他的繼母或他死去的兄弟的妻子（禁夫兄弟婚）。儘管這些回應意味著奧古斯丁將面臨許多艱巨的任務，但他的答覆並不全是壞消息。教宗對兩兄弟和兩姊妹結婚沒有異議，只要他們之間沒有血緣關係。[17]

差不多兩個世紀之後，在 786 年，一個教廷委員會再次抵達英格蘭，他們這次是為了評估盎格魯－撒克遜人基督教化的進展而來。他們的報告指出，雖然許多人已經受洗，但信徒中仍存在著 (1) 亂倫（即表親婚）和 (2) 一夫多妻制的嚴重問題。為了根除這些頑固的陋習，教會提出了「非婚生子女」（illegitimate children）的概念，此一概念剝奪了所有並非在合法婚姻（即基督教婚姻）中出生的孩子的繼承權。在此之前，與許多社會一樣，

在一夫多妻制下，側室的子女仍擁有部分繼承權。對皇室來說，側室的兒子也有可能被當成下任國王「養大成人」，以繼承父親的王位，尤其是在國王的正妻沒有生育的情況下。與此對抗，教會透過宣揚「非婚生子女」的概念，並賦予自己決定誰才是合法成婚的權力，掌握了強大的影響力。這些干預行動大大降低了表親婚或女性成為側室的意願。

教會花了好幾個世紀推行這些政策，部分是因為在實際執行上非常困難。在整個 9 世紀，教宗和其他教士不斷向盎格魯－撒克遜國王抱怨亂倫、一夫多妻、非婚生子女的問題，以及與修女發生性關係的罪行。為了應對這些情況，教會可能且有時確實會將與多名女性結婚的上層菁英逐出教會。到 1000 年左右，透過不斷的努力，教會在重塑盎格魯－撒克遜人（英國人）的親屬關係方面取得了極大的勝利。[18]

盎格魯－撒克遜傳教團只是教會整體工作的其中一個例子，其可追溯至西羅馬帝國滅亡（476 年）之前。從 4 世紀開始，教會和新興的基督教帝國開始制定一連串新政策，這些政策同樣時斷時續，但仍一步步腐蝕著維繫緊密親屬關係的基礎。然而請記住，這並不是一個連貫一致的計畫，至少在一開始時是如此。幾個世紀以來，這些政策看起來任意散亂又形式各異；但慢慢地，那些成功落實的政策和措施一點一滴地匯聚成一套我稱之為教會婚姻與家庭計畫（以下簡稱婚家計畫）的東西。在削弱歐洲緊密的親屬為本制度方面，婚家計畫：

1. 禁止人們與血親結婚。這些禁令逐漸擴張到將其他關係更遠的遠房親戚（一直到六代堂表親都包括在內）都納入規定。這些禁令基本上禁止人們和那些與他們在 128 位八世祖中共有一位或多位祖輩的人結婚或發生性行為。

2. 禁止人們與那些他們不被允許通婚的血親的姻親結婚。如果你的丈夫死了，你就不能嫁給他的兄弟，也就是你的大伯或小叔。在教會眼中，你丈夫的兄弟就像是你的親兄弟──亂倫！

3. 禁止一夫多妻制，包括娶側室，以及蓄性奴和公營妓院。妓院在羅馬帝國是合法的，且十分普及。這或許可以解釋為什麼拉丁文中有 25 個表示「妓女」的詞彙。[19]

4. 禁止人們與非基督徒結婚（除非他們已經信主）。

5. 創造精神上的親屬關係，建立教父教母制度。該制度為人們提供了一種建立新的社會紐帶的方式，以照顧兒童。當然，你不能與自己屬靈的親屬（spiritual kinfolk）結婚或發生性關係。[20]

6. 不鼓勵人們收養兒童。母親必須要照顧自己的孩子：如果母親無法提供照顧，教會或教父母會幫忙。[21]

7. 要求新娘和新郎公開表示同意成婚（也就是那句「我願意」）。此舉遏止了包辦婚姻，並將婚姻與浪漫愛情更緊密地連繫起來。

西方文化的特立獨行如何形成繁榮世界

8. 鼓勵（有時甚至是要求）新婚夫婦建立獨立的家庭——新居制。教會還鼓勵人們將傳統的婚姻支付（例如嫁妝）當作建立新居的資金。

9. 提倡個人財產（土地）所有權並鼓勵遺囑繼承。這意味著個人可以自己決定死後財產的去向。

對人類學家以外的任何人來說，這一切聽起來可能很無聊或無關緊要，很難稱得上是點燃西方文明之火的火種，或是讓人們的心理發生巨大轉變的根源。然而，若更仔細地觀察，我們便可以看到教會的這些政策如何大加破壞緊密的親屬關係，同時又促進了自身的傳播。我們先看看教會是如何讓傳統婚姻解體，想想它如何逐步削弱歐洲的氏族和宗族，最後再看看它是如何靠著死亡、繼承和來世致富。

亂倫禁忌的擴張

就像現今世界的大部分地區一樣，在基督教傳入之前的歐洲，婚姻習俗在文化上已發展成是為了加強和擴大大型的親屬組織或網絡。婚姻紐帶在親族團體之間創建了經濟性和社會性的連結，這些連結促進了貿易、合作和安全。為了維持這些連結，長期的交換婚（marital exchanges）是必要的，這通常意味著新的婚姻必須是與血親或姻親（親家）之間的婚姻。在父系社會中，是由年長的男性——家長——管理這些持續進行的交換，他們會利用自己姊妹、女兒、姪女和孫女的婚姻來鞏固與其他親族團體

之間的關係，並培養重要的盟友。因此，包辦婚姻是家父長權力的一個重要來源。[22]

在當時，婚姻做為一種社會技術和家父長權力的來源，但教會藉由禁止一夫多妻制、包辦婚姻以及所有血親和姻親之間的通婚，大大削弱了婚姻的力量。表 5.2 僅以一些相關決定和法令為例，說明自 4 世紀以來教會內部那些與婚姻有關的禁忌和懲罰緩慢但持續的發展。這些政策一步步侵蝕了歐洲親屬體制的命脈，削弱傳統權威，最終導致了歐洲部落的解體。[23]

表 5.2　婚家計畫的重大事件 [24]

年份	教會和世俗統治者針對婚姻頒布的禁令與宣言
305-6	埃爾維拉宗教會議（Synod of Elvira，西班牙格拉納達）下令任何人若是迎娶已故妻子的姊妹為新妻子（妻姊妹婚〔sororate marriage〕）應戒領聖體五年。迎娶自己的媳婦為妻者，至死前都應戒領聖體。[25]
315	新凱撒利亞宗教會議（Synod of Neocaesarea，土耳其）下令禁止人們迎娶自己兄弟的妻子（夫兄弟婚），可能也禁止妻姊妹婚。
325	尼西亞會議（Council of Nicaea，土耳其）下令禁止人們迎娶已故妻子的姊妹，以及猶太人、異教徒和異端分子。
339	羅馬皇帝君士坦堤烏斯二世（Constantius）依據基督教情操禁止叔姪婚，違者處以死刑。

西方文化的特立獨行如何形成繁榮世界

384/7	身為基督徒的羅馬皇帝狄奧多西（Theodosius）重申禁止妻姊妹與夫兄弟婚，並禁止人們與一代堂表親通婚。409 年，西羅馬帝國皇帝霍諾留（Honorius）鬆綁禁令，予以特許。目前並不清楚這樣的教規在西方維持了多長時間。隨著西羅馬帝國瓦解，繼續執行的可能性不大。
396	同樣是基督徒的東羅馬帝國皇帝阿卡狄奧斯（Arcadius）再度禁止一代堂表親通婚，但並沒有祭出嚴厲懲罰。然而，他在 400 年或 404 年改變了心意，讓表親婚在東羅馬帝國合法化。
506	阿格德宗教會議（Synod of Agde，今法國境內的西哥德王國）禁止兩代之內的表親婚，也不准迎娶兄弟的遺孀、妻子的姊妹、繼母、叔伯母舅的遺孀和女兒，或任何女性親屬。這些都被認定為亂倫。
517	埃蓬宗教會議（今法國或瑞士境內的勃艮地王國）規定兩代之內的表親婚皆屬亂倫，縱然沒有解除既存的表親婚，但今後禁止這樣的結合。此會議也明令禁止迎娶繼母、兄弟的遺孀、有姻親關係的女性。在之後成為加洛林帝國的這個地區所召開的許多宗教會議，都是參考這場會議來規範亂倫。
527/31	第二次托雷多宗教會議（西班牙）規定所有涉及亂倫婚姻的人一律逐出教會。逐出教會的年數應該要等同於該婚姻的年數。在 535 年、692 年和 743 年召開的宗教會議皆認可這樣的懲罰。
538	法蘭克國王與教宗之間首封記錄在案的信件，內容涉及亂倫（與已故兄弟的遺孀結婚）。教宗不同意，但他將有關懺悔禮的相關決定交給主教們定奪。
589	西哥德國王雷卡雷德一世（Reccared I，西班牙）下令解除亂倫婚姻，違逆者施以流放之刑，並將其財產轉移給子女。
596	法蘭克國王希爾德貝特二世（Childebert II）下令與繼母結婚者將被判處死刑，但將其他亂倫行為的懲罰交由主教定奪。倘若被定罪者抗拒教會的懲罰，財產將被沒收並重新分配給他的親戚（以創造舉報違規者的誘因）。

627	克利希宗教會議（Synod of Clichy）頒布的罰則與執行程序，與希爾德貝特二世於 596 年所頒布的規定相同。約在此時，約束亂倫的教規被人有系統地彙編集結，成為高盧人最古老的教規集《古高盧教規集》（*Collectio vetus Gallica*）的部分內容。
643	羅薩里的《倫巴第法》（Lombard laws of Rothari）禁止人們迎娶繼母、繼女，或是有姻親關係的女性。
692	在特魯洛宗教會議（Synod of Trullo，土耳其）上，東正教會終於下令禁止與一代堂表親和相對應的姻親結婚。一對父子迎娶一對母女或是兩姊妹，兩兄弟迎娶一對母女或兩姊妹，都是被禁止的。
721	羅馬宗教會議（Roman Synod，義大利）禁止迎娶兄弟的妻子、姪女、孫女、繼母、繼女、堂表姊妹，以及包含與血親結合的所有親屬。該會議也禁止與自己的教母結婚。726 年，教宗格雷戈里二世明確表示，出於傳教目的，禁令只限及一代堂表親，但是對於其他人，所有已知的親戚皆在禁婚範圍之內。繼任教宗格雷戈里三世對此禁令加以闡明，教規允許個人可與三代堂表親通婚，但是不允許個人與禁婚範圍的所有親族結婚。這個會議的決議流傳甚廣。
741	拜占庭皇帝利奧三世（Leo III）在位時，東正教會的禁婚令擴及了二代堂表親，不久之後，又將二代堂表親的子女輩（second cousin once removed）也納入禁婚之列。表親婚的懲罰改為鞭刑。
743	教宗匝加利亞（Pope Zacharias）主持的羅馬宗教會議，命令基督徒不得與表親、姪女和其他親屬結婚。犯下這類亂倫之罪，得開除教籍（excommunication），必要時會降下詛咒。
755	法蘭克國王丕平（Pepin）主持的韋爾訥伊宗教會議（Synod of Verneuil，法國）下令婚姻必須舉行公開儀式。
756	韋爾比耶宗教會議（Synod of Verbier，法國）禁止與三代堂表親以內的親屬通婚，並且下令終止與二代堂表親結合的既存婚姻。那些與三代堂表親結婚的人只需要懺悔贖罪即可。
757	貢比涅宗教會議（Synod of Compiègne，法國）裁示必須廢止二代堂表親以內的既存婚姻關係。法蘭克國王丕平威脅要對不同意的人施以世俗的懲罰。

西方文化的特立獨行如何形成繁榮世界

796	弗留利宗教會議（Synod of Friuli，義大利）著重於針對潛在亂倫婚姻的婚前調查，並且禁止祕婚。該會議明定了婚前等待期，鄰居和長輩可以在這段期間揭露準新人之間是否存在會被禁止結婚的血親關係。該禁令還規定，儘管妻子紅杏出牆是離婚的正當理由，但只要配偶雙方仍舊在世就不能再婚。查理曼大帝（Charlemagne）在 802 年以其世俗權威支持了這些裁決。
802	查理曼大帝於敕令中強調，在主教和神父還沒有與長輩共同調查準新人的血緣關係之前，任何人都不得妄自成婚。
874	杜西宗教會議（Synod of Douci，法國）敦促信徒不要與三代堂表親通婚。為了強化這項表示，此會議也規定在這類亂倫婚姻中所生下的孩子沒有資格繼承遺產。
909	特洛斯萊宗教會議（Synod of Trosle，法國）闡明並確認了杜西宗教會議的主張，認為亂倫婚姻所生的孩子不具有繼承財產和頭銜的資格。
948	英格爾海姆宗教會議（Synod of Ingelheim，德國）禁止人們與記憶可溯及的所有親屬通婚。
1003	在迪登霍芬宗教會議（Synod of Diedenhofen，德國）上，神聖羅馬帝國皇帝亨利二世（Heinrich II），即精力旺盛的聖亨利（St. Henry the Exuberant），大幅擴張亂倫禁令的範圍，將六代堂表親也納入禁令之中。他這樣做可能是為了削弱政治對手的力量。
1023	塞利根斯塔特宗教會議（Synod of Seligenstadt，德國）同樣禁止六代堂表親以內的表親婚。沃爾姆斯的布爾查德主教（Bishop Burchard of Worms）所編纂的《教令集》（Decretum）也把亂倫婚姻的定義範圍延伸涵蓋至六代堂表親。
1059	在羅馬宗教會議上，教宗尼古拉斯二世（Nicholas II）下令禁止人們與六代堂表親或可追溯關係的親戚結婚。他的繼任教宗亞歷山大二世（Alexander II）同樣頒布了禁止六代堂表親以內的親戚通婚。達爾馬提亞王國（The Kingdom of Dalmatia）獲得暫時恩准，禁婚令只溯及四代堂表親以內的親屬。
1063	羅馬宗教會議下令禁止六代堂表親以內的親屬通婚。

1072	盧昂宗教會議（Synod of Rouen，法國）禁止與非基督教徒成婚，並且下令神父必須調查即將成婚者的關係。
1075	倫敦宗教會議（Synod of London，英格蘭）禁止六代堂表親以內的親屬通婚，包括姻親在內。
1101	在愛爾蘭，卡舍爾宗教會議（Synod of Cashel）引進了羅馬天主教會的亂倫禁令。
1102	倫敦宗教會議廢止了既存的六代（以內）堂表親之間的婚姻，並且裁定知悉親屬通婚的第三方也涉及亂倫罪。
1123	第一次拉特蘭會議（The First Lateran Council，義大利）譴責血親之間的結合（但未明定相關細節），並宣布亂倫結婚者將被褫奪世襲權利。
1140	格拉提安《教令集》（Decretum of Gratian）：禁婚令擴及六代堂表親。
1166	君士坦丁堡宗教會議（Synod of Constantinople，土耳其）再次強調先前東正教會對表親婚（二代堂表親子女輩以內的親屬）的禁令，並嚴加落實該禁令。
1176	巴黎主教奧多（Odo）協助引進「結婚預告」（banns of marriage），就是在教區會眾面前昭告即將結婚的消息。
1200	倫敦宗教會議要求發布「結婚預告」，並明訂要舉行婚禮公開儀式。禁止近親結婚（但並未具體說明禁婚的親等關係）。
1215	第四次拉特蘭會議（義大利）將禁婚範圍限縮至三代堂表親，以及所有血緣更近的親屬和姻親。此會議也正式將先前的教令統整入教會法的規章中，如此一來，婚前調查和禁婚令就被正式納入法規。
1917	教宗本篤十五世（Benedict XV）放寬了禁令，只禁婚至二代堂表親和所有血緣更近的親屬。
1983	教宗若望保祿二世（John Paul II）進一步放寬了亂倫禁令，准許個人與二代堂表親及血緣更遠的親戚結合。

附錄一供了本表更完整的版本。

從**夫兄弟婚**和**妻姊妹婚**的實踐中，可看出婚姻規範在維持緊密的親屬關係方面的重要性。在許多社會中，社會規範決定著配偶去世後妻子或丈夫的命運。在夫兄弟婚的制度下，寡婦將嫁給她丈夫的弟弟（她的小叔），他可以是真正的弟弟，也可以是表弟。夫兄弟婚維繫了兩個親族團體間的結盟關係，此結盟關係是在一開始的婚姻中所建立起來的。這在概念上來說是可行的，因為兄弟在親屬關係網絡中通常充當相同的角色，因此從親族團體的角度來看（儘管可能不是從妻子的角度來看），他們是可以互換的。嫁給你的小叔，可能聽起來很奇怪，但這是跨文化的普遍現象，也得到了聖經的認證──看看《申命記》第二十五章第 5-6 節，以及《創世記》第三十八章第 8 節。同樣地，在妻姊妹婚方面，如果妻子去世，則應該由她未婚的妹妹（有時是她的堂妹）來取代她的位子，這麼做同樣維繫了將兩個親族團體連繫在一起的婚姻關係。

教會將姻親視同「兄弟姊妹」，使得姻親之間的婚姻淪為亂倫關係，禁止姻親之間結婚，親族團體之間的連繫因配偶其中一方死亡、喪偶者又被禁止與姻親結婚而中斷。此外，不僅婚姻關係被中斷，很多時候，喪偶者可以自由（或被迫）去他處尋找配偶。妻子通常會帶著她帶進夫家的所有財富（例如她的嫁妝）一起離開。這意味著婚姻無法像傳統上那樣永久地為親族團體帶來財富。

當教會開始嘗試重組歐洲家庭（表 5.2），最早採取的行動之一就是禁止妻姊妹婚和夫兄弟婚。例如：在 315 年，新凱撒利

亞（現在的土耳其尼克薩爾〔Niksar〕）的宗教會議禁止男人與已故兄弟的妻子結婚（禁夫兄弟婚）。10 年後，在 325 年，尼西亞議會禁止男人與已故妻子的姊妹結婚（禁妻姊妹婚），並禁止與猶太人、異教徒和異端份子通婚。這些早期的法令在 8 世紀做了修改，包括禁止所有姻親間的通婚（這些法令最初只禁止人們與「親」兄弟的妻子再婚）。[26]

教會慢慢開始將婚姻禁令（亂倫範圍）從主要親屬（例如：女兒）和直系姻親（例如：兒子的妻子）擴大到一代堂表親、旁系姻親和教子女。西元 6 世紀，在墨洛溫王朝（Merovingian，即法蘭克王國）的統治下，此一進程首次加速。從 511 年到 627 年，17 次教會會議中有 13 次在處理「亂倫」婚姻的問題。到 11 世紀初，教會亂倫禁忌的範圍甚至已經擴張至六代堂表親（除了血親，還包括姻親和屬靈親屬）。這些禁忌事實上排除了所有你（或其他人）認為與你有血緣關係、姻親關係與屬靈親屬關係的人。然而，可能是因為這些範圍廣泛的禁忌被用來抹黑政治對手「亂倫」，1215 年的第四次拉特蘭會議限縮了亂倫的範圍（範圍只包含三代堂表親以內的親屬，包括對應的姻親和屬靈親屬）。三代堂表親共有一個高祖父母。[27]

在這幾個世紀裡，對亂倫行為的處罰趨於嚴厲。對亂倫婚姻的懲罰，從不准違反教令者領受聖體，一直發展到除其教籍、施以詛咒（一種在 8 世紀推行的隆重儀式，在此儀式中，被逐出教會的人，靈魂將正式被移交給撒旦）。與被禁止聯姻的親屬間的現有婚姻，最初被認為可以不受新法令制約。但後來，

做為新法令的一部分，這些既存的婚姻被宣布無效。在婚姻突然失效時拒絕分開的那些人，將面臨開除教籍和被詛咒、驅逐的命運。[28]

　　在中世紀，開除教籍是極為重大的懲罰，尤其是在教會掌握了更大影響力的情況下。遭到開除教籍的人在當時被視同為沾染上了某種精神性的傳染病，因此基督徒被禁止雇用這些人，甚至不准與他們互動。在法律上，被開除教籍的人被規定不得與其他基督徒簽訂合約，現有的合約則被視為無效，或者至少在教籍恢復之前暫時失效。積欠被開除教籍者的債務可以忽略不計。895年的特里布爾會議（Council of Tribur）甚至下令，殺害被開除教籍者不用受到任何懲罰，除非此人曾積極尋求赦免。那些拒絕迴避被開除教籍者的人不僅可能沾染上罪人的汙跡，也可能會面臨其他包括放逐在內的嚴重懲罰。拒絕解除亂倫婚姻關係以尋求赦免者，將永遠下地獄。[29]

　　如果被開除教籍者一再拒絕為其亂倫婚姻尋求赦免，教會可以詛咒此人。除了下地獄這個明顯的問題，將自己的靈魂交予撒旦之人，餘生將面臨各種痛苦、意外和疾病。彷彿像是教會藉由這道儀式，將保護屏障從這些亂倫「罪人」的身邊移除，任其暴露在惡魔的眼皮底下。教會顯然已經動用了強大的超自然力量來捍衛不斷擴張的亂倫禁忌。

　　儘管教會的政策很清楚，但對於這些婚家計畫政策的執行效果，我們仍然知之甚少。例如：我們手邊沒有任何關於不同地區從西元500年到1200年間，表親婚下降率的任何統計數據。

儘管如此，歷史紀錄顯示了幾件事情：(1) 這些新政策並非只是既有風俗慣例的編纂集合；(2) 儘管時斷時續，但為了使人們遵守婚家計畫，教會做出了極大的努力。關於教會禁令的一連串政策逆轉、重申，以及持續不斷的爭議，證實了這些推論。例如早先我們知道，對於亂倫，所有部落都極力追求更加寬鬆的規範。在 8 世紀，倫巴第人試圖遊說教宗讓他們與關係更遠的表親（二代堂表親以外的親屬）通婚。[30]教宗拒絕了（另見表 5.2：1059 年，達爾馬提亞王國得到暫時性的豁免，只禁止四代堂表親以內的親屬通婚）。同樣地，當擁有選擇時，基督徒也願意花錢購買與親戚結婚的特許狀。在剛基督教化後的冰島，唯一有薪政治職位——釋法者（Lawspeaker）——的經費來源就是人們購買特許狀時所支付的費用。根據後來的紀錄，一直到 20 世紀，歐洲的天主教徒都還在花錢購買教宗的特許狀，以便與他們的表親結婚。儘管教宗和主教會策略性地選擇他們的敵人，但他們有時也會對國王、貴族和其他達官顯宦出手。例如：在 11 世紀，當諾曼第公爵（Duke of Normandy）娶了一個法蘭德斯（Flanders）的遠房表親時，教宗立即革除了他們兩人的教籍。為了恢復教籍，或害怕被施以詛咒，兩人各為教會建造了一座美麗的教堂。這段軼事讓人不禁驚嘆教宗的權力之大，因為這位公爵並非溫室裡的柔弱花朵；他在日後成了（英格蘭的）征服者威廉。[31]

現在，雖然我手邊沒有任何關於中世紀表親婚的統計資料可供引用，但有一個巧妙的方法可以讓我們去檢視婚家計畫在已固

西方文化的特立獨行如何形成繁榮世界

化的親屬關係用語中所留下的印記。在研讀歐洲語言最早期的書面資料時，我們可以看到這些書面資料中的親屬稱謂，與世界各地擁有緊密親屬關係的那些社會所使用的親屬稱謂系統具有相同的特徵。比如說，這些語言體系中有像是「母親的兄弟」或「父親的兄弟的兒子」等特殊用語。然而，在過去這一千五百年中的某個時間點，大部分的西歐語言開始採用現代英語、德語、法語和西班牙語等語言中表示親屬關係的稱謂系統。大約在西元 700 年左右，這種親屬稱謂上的轉變，首先發生在拉丁語系語言（西班牙語、義大利語和法語）中。到了 1100 年，在德語和英語中也開始出現這樣的趨勢。與此同時，在蘇格蘭的偏遠地區，人們仍然繼續使用緊密親屬關係的親屬稱謂制度，直到 17 世紀晚期。一般認為，親屬稱謂制度的變化會落後人們生活中「實際」變化幾個世紀，由此回推，這個時間點似乎大致吻合婚家計畫逐步實施的時間點。[32]

在現代歐洲語言（例如英語）中，可以更直接地看到西方教會留下的痕跡。你會怎麼稱呼你兄弟的妻子？

她是你「法律上的姊妹」（sister-in-law）。「法律上」（in-law）是什麼意思？為什麼她是你的姊妹？我們正在說的又是哪一條法律？

「法律上」（in-law）的意思是「在教規中」（in canon law），也就是說，從教會的角度來看，她就像你的姊妹一樣（即你們之間不能存在性關係或婚姻，但你必須待她如至親）。英語中出現「法律上」的同時，德語中拿來指涉姻親的用語也發生了

變化，將代表「姻親的」（affinal）的詞首與相對應、適當的血親稱謂相結合。因此，「岳母」（mother-in-law）一詞從古高地德語（Old High German）中的「Swigar」（特殊用語，與「母親」無關）變成了「Schwiegermutter」，大致為「姻親的母親」之意（affinal-mother）。

西方教會在英語中所起的作用十分顯而易見（例如「in-law」），但我們要怎麼知道西方教會在德語中扮演什麼樣的角色呢？也許有另一群說德語的人試圖抵制教會的影響，在方言中將古老的親屬稱謂保留了下來？

意第緒語（Yiddish）為猶太德語，是中世紀時從高地德語中分離出來的一種方言，在姻親稱謂制度出現變化（姻親被與血親連結在一起，並強加亂倫禁忌的限制）之前，此種語言仍然持續沿用源自於古高地德語的姻親用語。這說明了教會正是造成這種轉變的原因。[33]

綜合來看，毫無疑問地，教會逐漸改變了歐洲人的親屬組織，且最終反映在語言當中。但為什麼教會要這麼做呢？

為什麼有這些禁忌？

為什麼教會會訂立這些亂倫禁令？這個問題的答案要分多個層面來談。首先，簡單來說就是信徒（包括教會領袖在內）開始認為與親屬通婚及發生性關係是違背上帝旨意的。例如：6世紀發生的一場瘟疫被視為是上帝對亂倫婚姻（主要是表親與姻親間的通婚）所降下的懲罰。這種形式的亂倫也被認為可能會玷汙他

西方文化的特立獨行如何形成繁榮世界

人的血液、敗壞他人的道德或身體。由於這些信念被廣為接受，教會針對亂倫婚姻的防範工作可被看做一種公共衛生計畫。但是，這只說明了人們為何會以如此包山包海的方式來看待亂倫的問題。亂倫禁忌有其心理誘因，部分因為我們天生就厭惡近親繁殖，但在人類歷史上，大多數人都不認為姻親、屬靈親屬和遠房表親包括在內。

要談第二個層面，我們必須「跳脫」第一個層面，並且要記得在地中海和中東有許多宗教團體在互相競爭，每個宗教團體的信仰都互不相同且經常面貌迥異。西方教會只是那個無意中發現如何將超自然信仰和實踐行動有效地結合在一起的「幸運兒」。婚家計畫混合了古老的羅馬習俗、猶太法律，以及基督教自身對性（例如禁欲）和自由意志的獨特執念。例如：早期的羅馬法律也禁止近親結婚，但在羅馬帝國（基督教誕生的地方）的法律之下，近親結婚並不屬於社會禁忌。猶太法律禁止人們與某些姻親結婚（或發生性關係），但允許表親婚、一夫多妻制和叔姪婚。羅馬法只承認一夫一妻制的婚姻，但基本上不干涉人們娶側室和蓄性奴（直到基督教接管為止）。在制定婚家計畫時，西方教會將這些既有的風俗法律與新的思想、禁令和取向相結合。其他宗教團體同一時間也在自己嘗試排列組合不同的習俗、超自然信仰和宗教禁忌。接著，這些宗教團體帶著各自的文化包裹（cultural packages）與神聖承諾（divine commitments）開始爭奪信徒。最後，贏家出現了（見第 4 章）。[34]

讓我們來看看這場激烈的競爭中，其他宗教社群在那段時期

是如何處理婚姻問題的。[35] 表 5.3 整理西方教會部分競爭對手的婚姻政策。瑣羅亞斯德教（Zoroastrianism）是波斯一個強大的普世宗教，支持親戚聯姻，尤其是表親，但也包括兄弟姊妹和其他近親。瑣羅亞斯德教仍然存在，但只擁有數十萬信徒。其他亞伯拉罕宗教皆以不同的方式將摩西律法（Mosaic law）納入自身體系之中。在西方教會開始實施禁令後，其他亞伯拉罕宗教仍允許表親婚，有些宗教甚至直到今日都沒有明令禁止表親婚。表親婚是迄今為止最常見的親屬婚姻形式，因此，若禁止了表親婚，

宗教傳統	古典時代晚期和中世紀早期的婚姻政策與模式
瑣羅亞斯德教（波斯）	提倡與近親通婚，包括表親、姪女，甚至是手足。在其教義中，一個膝下無子的男人無法進入天堂，除非其遺孀和他的兄弟生下兒子。夫兄弟婚、妻姊妹婚及一夫多妻制，都是被允許的。
猶太教	遵循摩西律法，禁止人們與主要親屬和關係較近的姻親（主要是在家戶內）結婚。允許表親婚，並鼓勵夫兄弟婚及叔姪婚。他們一直到 10 世紀的開端才禁止一夫多妻制。
伊斯蘭教	以摩西律法為本，但明確禁止叔姪婚。中東地區的穆斯林社會擁有一種幾乎是獨一無二的嫁娶風俗，即鼓勵人子迎娶父親兄弟的女兒。只要妻子同意，就可以將寡婦娶進門。一夫多妻是被允許的，但最多只能有 4 個妻子，且 4 個人地位相等。
正教會	遵循摩西律法，但禁止夫兄弟婚和妻姊妹婚。表親婚則直到 692 年才被禁止（表 5.2），且禁令範圍從未擴張至三代堂表親。人們通常可以接受叔姪婚。羅馬法禁止一夫多妻制。正教會的婚姻禁令基本上是「婚家計畫簡配版」。

表 5.3　一些主要宗教社群的婚姻禁令 [37]

　西方文化的特立獨行如何形成繁榮世界

就會少了一根構築緊密的親屬為本制度的重要支柱。同樣地，猶太教和伊斯蘭教都允許夫兄弟婚和一夫多妻制。這很有趣，因為這意味著，儘管西方教會的政策也建立在摩西律法的基礎之上，但婚家計畫否決了聖經對夫兄弟婚、表親婚和一夫多妻制的默認。[36]

東正教會（以下簡稱正教會）是一個重要的比較案例，因為它在古典時代晚期正式與西方教會合併，但後來又慢慢分化出去，直到 1054 年，在基督教會大分裂（Great Schism）時，才正式與西方教會分裂。然而，相較於西方教會不斷擴張婚姻禁令以及升級相關懲罰，正教會僅是有一搭沒一搭地遵循婚家計畫，特別是在墨洛溫王朝時期。正教會直到 692 年才禁止表親婚。此一禁令的範圍在 8 世紀擴張至二代堂表親（但從未包括三代堂表親）。同時，在監督工作和執法力度方面，正教會並沒有跟上西方教會的步伐。東正教的政策決策在表 5.2 中以灰色陰影表示。我們可以將正教會的政策視為婚家計畫簡配版。[38]

更重要的一點是，不同的宗教團體發展出各式各樣神所認可的婚姻形式，從瑣羅亞斯德教的手足聯姻到西方教會針對婚姻所下達的全面性禁令（甚至連關係最遠的姻親〔六代堂表親〕都被納入禁令範圍之中）。西方教會有一套極端的亂倫禁忌，這套被視為出於上帝旨意的禁忌產生了巨大的後果，最終成為打開 WEIRD 心理學大門的鑰匙。

在試圖找出教會亂倫禁忌的源頭時，你可能會懷疑拉丁基督教徒已經以某些方法推斷出各種婚姻禁令帶來的長期社會後果或

對遺傳的影響。一些穆斯林作家和基督教作家確實針對各種婚姻習俗可能會帶來的影響進行過推測，但這些模糊的猜測似乎並沒有引發任何關於亂倫的宗教辯論，也沒有促使這些古老的婚姻習俗被廢止。即使在有詳細的科學數據可用的現代世界，關於表親婚和一夫多妻制的爭論依然綿延不絕。此外，無論是關於近親交配之於健康的影響，還是行一夫一妻制、與陌生人通婚所帶來的社會利益，這些模糊的認知都無法解釋加諸在姻親、繼兄弟姊妹和教父母（以及教父母的孩子）身上的亂倫禁忌（他們跟其他家庭成員並沒有遺傳學上的關係，也不盡然有密切的來往）。[39]

歸根究柢，與其他宗教一樣，西方教會出於一系列錯綜複雜的歷史成因，採用了特定的一套與婚姻相關的信仰和實踐（即上述的婚家計畫）。然而，對我們來說重要的是，與其他替代方案相比，以及在與其他社會相互競爭的情況下，不同的宗教信仰和實踐實際上如何影響日常生活。在接下來的兩千年裡，相對於採用或保有一種更緊密的親屬組織方式的其他群體，那些深受婚家計畫影響的社會進展如何？[40]

婚家計畫為中世紀歐洲社會帶來的整體影響非常深遠，我們將在下文以及接下來的章節中談到這一點。現在試想一下，11世紀的某人若想為自己找一個伴侶，理論上必須排除平均2,730個表親和潛在的1萬個親戚，包括這些表親的孩子、父母和未亡配偶。在現代世界，到處都是人口百萬的繁華大城，我們可以輕鬆應對此類禁令。但是，在中世紀的世界裡，只有零星散落的農場、居民關係密切的村莊和小型城鎮，這些禁令會迫使人們去更遠的

西方文化的特立獨行如何形成繁榮世界

地方尋找出身於其他社群（通常來自不同部落或族裔群體）的陌生基督徒。我想，這些影響在中等收入階層中感受最為強烈，他們成功到足以被教會注意到，但又還沒有權有勢到足以靠賄賂或其他影響力來規避禁令。因此，婚家計畫可能首先是從中間階層開始往外擴張，一點一滴地瓦解緊密的親屬關係。婚家計畫悄悄地循序漸進，重組了歐洲上層菁英腳下的社會結構（見圖3.3），但這些上層菁英將一路抵制到最後。[41]

終結家系：收養、一夫多妻制和再婚

在心理層面上，氏族和世系是十分有效的制度，但這些制度有個弱點，就是必須代代生育繼承人。只要一代沒有繼承人，就可能使一個歷史悠久的世系終結。從數學上講，只有數十個甚至數百個人的世系，最終將無法生育「正確」性別的成年人（例如：父系氏族或父系王朝中的男性）。在任何一代，大約有20%的家庭只會生下一種性別的孩子（例如：女孩），而20%的家庭將沒有子嗣。這意味著所有世系最終都將缺少可繼承世系的性別成員。正因如此，在文化演化的過程中，衍生出了各種繼承策略，包括收養、一夫多妻制和再婚。收養在許多社會中都很常見，藉由收養，沒有合適性別的孩子可繼承家系的家庭可以直接領養一個繼承人（通常是親戚的孩子）。在一夫多妻制中，與第一任妻子無法生下繼承人的男性可以直接娶第二任或第三任妻子然後繼續嘗試。在一夫一妻制社會中（像是羅馬），那些急於尋找繼承人的人可以離婚然後再婚，以便找到更能生育的伴侶。[42]

教會總是不遺餘力地阻撓這些繼承策略。在基督教傳入以前的歐洲社會，收養一直都是一個重要的組成部分，古希臘和羅馬都存在規範收養的法律。然而到了第一個千禧年中期，在那些基督教部落的法律規則中，已經沒有了正式轉移親屬關係、繼承權和儀式義務的法律機制。婚家計畫成功地將所有的繼承形式直接與血緣世系綁在一起。因此，英國直到 1926 年，在麻薩諸塞州（1851 年）和法國（1892 年）已使收養合法化之後，才讓合法收養出現在法律中。[43]

　　除了嚴厲禁止人們以任何方式納妻討妾，教會還提出非婚生子女的概念，一點一滴地削弱一夫多妻制的基礎。從那些力圖根絕一夫多妻制的主教和傳教士言語中的擔憂來看，基督教傳入之前的歐洲有各種形式的一夫多妻婚姻，且十分普遍。富人通常可以娶一個正妻，然後再討幾個側室。若需要一個繼承人，人們會「撫養」側室的孩子來延續血統、執行祭祀儀式、繼承遺產和頭銜。教會只承認男人的合法妻子（在教會裡成婚的妻子）所生下的孩子為擁有繼承遺產和頭銜權利的合法子女。此舉不僅阻止人們撫養非婚生子女，也斷絕了這個常見的繼承途徑。[44]

　　如果你無法靠一夫多妻制再為家裡討幾個老婆，也許你可以離婚然後再娶個年輕的妻子，好讓她幫你生個孩子繼承家業？

　　不，教會也關上了這扇門。像是在 673 年的時候，赫特福宗教會議（Synod of Hertford）下令，即使合法離婚，也不得再婚。令人驚訝的是，即使是國王也不能得到豁免。在 9 世紀中葉，當洛斯林吉亞國王（the king of Lothringia）休掉了第一任妻子，並

　　西方文化的特立獨行如何形成繁榮世界

將他的妃子扶立為正妻時，前後兩任教宗發動了長達 10 年的反對運動，想將他導回正軌。在反覆請願、召開無數的宗教會議和威脅要革除其教籍之後，國王終於屈服並前往羅馬請求寬恕。這些與教宗間的衝突一直持續到中世紀。最後，在 16 世紀，亨利八世一舉將英國國教改為新教，做為對教宗頑固之舉的回應。[45]

教會對收養、一夫多妻制和再婚的限制意味著所有世系終將面臨沒有繼承人而日漸凋零的命運。在這些限制之下，許多歐洲王朝因找不到繼承人而滅亡。與婚家計畫的亂倫禁令一樣，這些王朝的覆滅將人們從緊密的親屬關係中解放出來，同時也使財富流入了教會的金庫，教會因而從中獲益。這筆新收入的來源是靠販售**撤銷婚姻的手續**（annulments）：是的，再婚是不可能的，但在某些情況下，第一次婚姻可以被撤銷──被宣布無效，變成從未存在過。當然，這種強大的魔法是很昂貴的。

現在，我們來看看這些政策以及一些對所有權和繼承權規範所進行的調整，是如何讓教會成為歐洲最大的地主，同時又摧毀歐洲緊密的親屬為本制度，從而改變了往後每一代子孫所身處的社會世界。[46]

個人所有權和私人遺囑

在緊密的親屬為本制度中，通常會有一套規範繼承權和所有權（包括土地和其他重要資源）的社會準則。例如：在以世系群或氏族為基礎的社會中，土地往往由一個親族團體的所有成員共同擁有。在這些情況下，繼承方法很簡單，即由新一代的氏族成

員集體繼承上一代的財產，因此沒有個人所有權。出售氏族土地往往還是一件無法想像的事情，因為這些土地是氏族祖先的棲身之所，並且與氏族的儀式和認同息息相關。即使這些都不成問題或可被克服，仍然要親族團體中的每個人，或者至少每戶家長都同意才行，因此很少有這種情況發生。而在親類中，普遍存在更個人化的所有權觀念，兄弟、同父異母兄弟、叔叔和表親通常都保有對死者的土地或其他財富的剩餘索取權（residual claims）。這些權利受習俗所規範，很難被已故所有者的個人偏好推翻。也就是說，一個父親不可能剝奪其兄弟或表親的繼承權，改讓其僕人或牧師繼承。繼承不是由個人偏好所決定的。在那樣的社會中，像所有權和私人遺囑這種 WEIRD 概念可能是不存在的，或者僅存在於一些非常少數的情況下。而在這個世界，教會則利用私人遺囑（遺言）推動個人所有權和繼承權，藉此謀取利益。

要了解這個運作過程，讓我們從古典時代晚期的羅馬帝國開始談起。在當時，菁英階層可以合法擁有個人所有權，且可按照遺囑繼承。利用個人所有權和遺囑繼承，米蘭的聖安博主教（Ambrose of Milan）等基督教領袖發展出一套教義，為富有的基督徒解決了那個「比駱駝穿過針眼還難」（camel-through-the-eye-of-a-needle）的棘手問題。這道難題源自於《馬太福音》（19:21-26），當時耶穌給一名富有的年輕人設了一道難關：

> 「你若願意作完全人，可去變賣你所有的，分給窮人，
> 就必有財寶在天上；你還要來跟從我。」那少年人聽見

這話，就憂憂愁愁地走了，因為他的產業很多。耶穌對門徒說：「我實在告訴你們，財主要進天國是難的。我又告訴你們，駱駝穿過針的眼，比財主進神的國還容易呢！」

聖安博以這個故事為基石，為教會建了一座金庫：他開始宣揚富人確實可能進入天堂，只要他們「透過教會」將財富分予窮人。理想上，富有的基督徒應該將他們的財富施予窮人，並投入事奉之中。但是，教會也提供了另一種心理上比較好過的替代方案：富人可以在他們去世時，將部分或全部財富贈與窮人。這讓富人可以一輩子保持富有，只要在死前慷慨解囊，就可以讓駱駝穿過傳說中的針眼。[47]

這張慈善牌真是絕妙的一招。這個想法為富有的基督徒創造了強大的動機，這股動機背後堅實的基石則是耶穌的話語。它讓一些羅馬貴族主動放棄萬貫家財並投入事奉的行列。例如：在394 年，富可敵國的羅馬貴族聖保林（Pontius Paulinus）宣布，他將遵循耶穌的建議，將所有財富都捐給窮人。同年晚些時候，聖保林在巴塞隆納（Barcelona）於民眾的讚譽聲中被授與神職。這種代價高昂的行為，尤其是像聖保林這樣有聲望的人所採取的行動，會對我們的心理產生信譽增強展示（CREDs，見第 4 章）的作用。早期的教會領袖，包括米蘭的聖安博、希波的聖奧古斯丁（Augustine of Hippo）和圖爾的聖馬丁（Martin of Tours），意識到聖保林躬身實踐的那股力量，都立即將他奉為典範。聖馬

丁到處嚷嚷著：「擇善而從，見賢思齊。」放棄財富這種代價高昂的行為，其會帶來的心理影響包括：(1) 對此印象深刻的觀察者心中的信仰會更堅定或是萌芽，(2) 引發人們仿效的熱潮（進一步火上澆油），以及 (3) 讓教會變得更加富有，因為所放棄的財富將透過教會的金庫流向窮人。[48]

不出所料的是，大多數富有的基督徒對於要捐出他們所有財富一事都興致缺缺，至少在他們還活著的時候是如此。然而，像是聖保林這樣的典範人物，幫助教會說服了人們在去世時將他們的部分或全部財富捐給窮人。教會告訴他們，這種義舉將為他們帶來耶穌口中「在天上的財寶」，無須受貧困之苦。教會靠著提供這道通往天堂的後門，好好地充實了自己的財庫，搞得世俗君主最後不得不頒布法律防止富人過度捐贈。例如：西哥德國王下令規定，有子女或姪子的寡婦最多只能捐出四分之一的財產，必須將四分之三留給子女和親屬。[49]

教會將精力集中在照料病人和垂死者這類基督教的核心業務之上，部分解釋了為什麼這一教義如此有效。富有的基督徒臨終時會召來牧師，一直到現在都是如此。牧師會恪盡職守地在垂死之人身旁陪伴，安撫他們，並讓他們為來世準備好不朽的靈魂。一位細心殷勤的牧師，加上對於即將到來的死亡的恐懼，以及是上天堂還是下地獄的不確定性，這一切顯然都讓富人甘心樂意將他們的巨額財富（透過教會）贈予窮人。

對教會來說，因為有規範財產權、所有權和遺囑的管理體制存在，這種遺贈（bequest）策略在古典時代晚期的菁英公民身上

西方文化的特立獨行如何形成繁榮世界

運作得相當良好。然而，隨著西羅馬帝國垮臺，教會被迫要面對一個在地部落習俗（local tribal customs）剛被制度化並彙編成典的世界。早期的部落居民如盎格魯－撒克遜人和法蘭克人，他們的法律條文明顯受到緊密親屬關係極大的影響（像是按習慣繼承的繼承權），這給了教會強大的動力來推動個人所有權和遺囑繼承。教會與世俗統治者合作，推動支持個人所有權的法律、傾向嚴格限定直系繼承的繼承法規（剔除了兄弟、叔叔和表親），以及給予人們在以遺囑進行遺贈方面更大的自主權。[50]

這種對於個人所有權和私人遺囑的追求，將會削弱親屬組織，因為這些共財團體（corporate groups）會不斷地將他們的土地和財富拱手讓給教會。臨終前，躺在床榻上的基督徒會盡其所能地向教會奉獻，讓他們在來世能過上更好的生活。那些沒有繼承人，且無法收養或再婚的人，一旦從按習慣繼承和共同所有權（corporate ownership）中被解放出來，就可以將他們所有的財富捐獻給教會。親屬組織和他們的家長、族長逐漸失血而亡，因為教會吸乾了他們的繼承命脈。祖先的土地成了教會的土地。

這些對繼承權和所有權的改動加速了教會的擴張，並成為其經費來源。慈善捐款風潮的傳播既能透過這些昂貴贈禮的信譽增強展示來吸引新成員加入，又能深化現有成員的信仰。這些遺贈同時帶來了巨額收入。在中世紀時期，教會靠著遺贈、什一稅，以及提供撤銷婚姻的服務和販售表親婚的特許狀，變得非常富有。其中，遺贈占最大部分。到了 900 年，教會已經擁有西歐約

三分之一的耕地，包括德國（35％）和法國（44％）。到 16 世紀的新教改革，教會已經擁有德國一半的土地，以及英國四分之一到三分之一的土地。[51]

婚家計畫對緊密親屬關係的破壞，可能也消除了中世紀全盛時期之前存在歐洲人當中的部落差異（tribal distinctions）。如第 2 章所述，部落社群（tribal communities）和族群（ethnic communities）之所以能長久維持，部分是因為人們傾向於跟那些擁有共同語言、方言、服飾和其他族群標記（ethnic markers）的人互動及學習，也因為跟享有同一套社會規範的人互動較為容易。婚姻通常是一股可以具體化並強化部落界線的巨大力量。教會的婚家計畫透過下列方式瓦解歐洲的部落組織：(1) 建立泛部落（pan-tribal）的社會認同（基督徒），(2) 要求個人向外尋找沒有血緣關係的基督徒配偶，以及 (3) 制定一套新的婚姻、繼承和居住規範，不同部落必須在這套新基礎上進行互動、聯姻和協作。[52]

靠著破壞歐洲的親屬為本制度，教會的婚家計畫既解決了一個同它爭奪群眾忠誠的主要競爭對手，又創造了新的收入來源。在緊密的親屬關係下，對於所屬親族團體和部落的忠誠高於一切，且必須為之鞠躬盡瘁。隨著親屬關係的淡化和部落的解體，尋求安全保障的基督徒可以更全面地投身於教會和其他自願組織之中。婚家計畫也創造了巨額收入（靠著婚姻特許狀、撤銷婚姻服務和遺贈），這些收入被用於傳教工作、興建教堂和濟貧（慈善）。除了這些造就教會榮景的社會與經濟貢獻，婚家計畫的婚

姻禁令和繼承規約也改變了信徒的心理狀態，這種改變反饋回教會，從內部改變了教會。[53]

加洛林王朝人、莊園制度，以及歐洲婚姻模式

自6世紀晚期起，教會找到與法蘭克王朝統治者一致的目標。如同此前與之後的許多國王，法蘭克人一直與影響力巨大的貴族家庭及眾多強大的氏族不合。婚家計畫削弱他們透過聯姻長期結盟的能力，限制了這些貴族及農村親族團體的規模與團結。因此，教會與法蘭克人聯手，以世俗權威和軍事力量支持婚家計畫（見表5.2）。舉例而言，在596年，墨洛溫王朝的國王希爾德貝特二世下令，與繼母結婚者將處以死刑，並由主教決定如何懲罰其他亂倫者。任何違抗主教的人，土地將被沒收並重新分配給其親戚，這提供足夠動機讓這些親戚監視彼此。教宗與法蘭克國王之間的結盟持續至查理‧馬特（Charles Martel），乃至於加洛林王朝。國王矮子丕平與查理大帝都將對亂倫的禁令、管理與懲罰做為首要的政治議程。[54]

在查理大帝的長期統治期間，他將王國版圖拓展至巴伐利亞、義大利北方、（德國的）薩克森，以及穆斯林掌控的西班牙地區。教會時而領導時而跟隨帝國腳步，與帝國一同壯大。這種相互依賴的情況在西元800年的聖誕節時最明顯，那年教宗加冕查理大帝為「羅馬人的皇帝」。下頁的圖5.3顯示加洛林王朝在814年（查理大帝於該年逝世）的版圖。

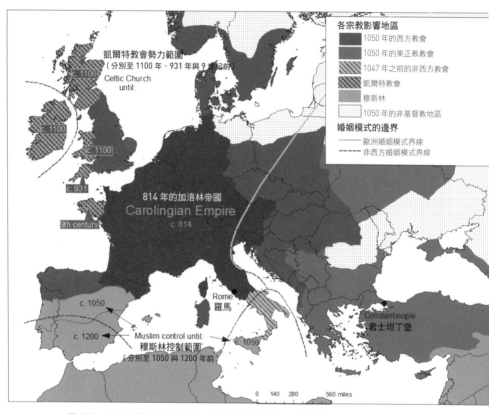

圖 5.3 這張地圖顯示 814 年加洛林帝國的疆域，以及 1054 年東西教會大分裂時西方教會與東方教會的勢力範圍。這張地圖也呈現了凱爾特教會與伊斯蘭勢力控制下的土地。約在 1500 年後，虛線以內的許多地區都確實地記錄了歐洲婚姻模式。為了提供參考，這張地圖也標示當代歐洲國家的邊界現況。[55]

西方文化的特立獨行如何形成繁榮世界

加洛林王朝對於教會婚家計畫的支持，創造出新的組織與生產形式，因此重新塑造了歐洲人口。在這些社會與經濟制度中，首先出現的便是位於法蘭克王朝中心地帶及英格蘭的莊園制度（manorialism）。與其他表面上看起來類似的體制不同之處在於：莊園制度最初並非源於古典時代晚期、有著緊密親屬關係的羅馬別墅（Roman villas）或是奴隸制。相反地，農民夫婦與大地主或其他農戶形成經濟交換關係。這些農民裡，雖然包括一些被困在土地上的農奴，但更多是自由人。如果某個農戶需要勞動力，這對夫婦就會雇用其他農戶的青少年或青年，而非尋求封閉的親屬網絡協助。根據勞動力的需求，這對農民夫婦的孩子通常會在青少年或青年時期自家中搬出，為其他地主或是有勞動力需求的農戶工作。當兒子結婚時，他可以接手父母的家庭，或是在父母所屬地主或其他地主之下建立家庭。他也可以搬到其他鄉鎮或城市。如果接手父母的農場，他將成為戶長，而非繼續為父親工作；他的父母將會進入半退休狀態。這樣的經濟體系將勞動力自親屬關係內獨立出來，鞏固了新居制，也進一步抑制家父長的權威。這些莊園裡頭沒有關係的家戶提供了彈性的勞動大軍，並透過共享水源、磨坊、蜂箱、林地、果樹園、葡萄園及馬廄的形式彼此合作。[56]

從全球與歷史角度來看，這種莊園形式很特殊。在同時期的中國，土地與其他資源通常由父系氏族共同擁有。氏族擁有的設施包括：穀倉、祠堂，以及為氏族成員準備公職考試以便進入政府工作而建造的學校。在西方教會婚家計畫鞏固之前，愛爾蘭便

在凱爾特教會之下改信基督教了，在那裡，莊園制度是受氏族支配，並且仰賴奴隸。愛爾蘭氏族擁有並控制磨坊與燒窯。綜觀各個文化，像法蘭克王朝莊園制度這樣仰賴無關係家庭提供協助、擁有核心家族與新居制的現象都是非比尋常的。這些莊園薄弱的親屬關係意味著個人與夫婦（有時候）可以離開前往他處，例如其他莊園、城鎮，以及修道院，尋找更好的選擇（當然，時常遭遇地主反對）。[57]

教會傳教士利益、莊園組織與教會世俗盟友之間相互協助，為加洛林帝國及英格蘭注入了特別強而有力的婚家計畫。[58] 時至西元 1000 年左右，莊園人口普查證實，農民家庭形式為核心小家庭制，並擁有 2 至 4 個孩子。年輕夫婦通常建立獨立的新居家庭，有時會搬至新的莊園。然而，女孩的結婚年齡仍然很年輕，從 10 至 15 歲不等。這也許是因為菁英男性遲遲不願放棄娶側室的習俗。舉例來說，查理大帝與 10 個已知的正妻和側室生育了 18 個孩子。這些子嗣後來建立了哈布斯堡王朝（Habsburgs）、卡佩王朝（Capetians），以及金雀花王朝（Plantagenets）等貴族世家。[59]

到中世紀末與早期現代，人口資料已足夠讓歷史學家開始利用數據描繪歐洲婚姻模式。該模式有幾個重要特徵：

1. **單偶婚核心家庭與新居制**：男性在年輕時成為戶長，與新婚妻子搬出家中而不受婆婆或岳母的支配。當然，核心家庭與新居制僅是理想；經濟現實仍迫使許

西方文化的特立獨行如何形成繁榮世界

多人選擇大家庭。對比之下，中國的理想家庭仍是從夫居、數代同堂的大家庭，雖然有時現實情況也會迫使人們建立核心家庭。[60]

2. **晚婚**：男女平均婚齡提高至 25 歲左右。許多因素可能影響這個模式，包括強調個人選擇的重要性（拒絕包辦婚姻）、尋找非親戚對象的難題（亂倫禁忌），以及建立獨立家庭（新居制）的經濟條件。[61]

3. **許多女性不婚**：到了 30 歲，歐洲西北部約有 15 ～ 25% 的女性未婚。教會提供了體面的替代機制來逃避婚姻：女性可以進入修道院。對比之下，在絕大多數的社會中，幾乎所有女性都會結婚，而且通常是在年輕的時候。舉例來說，在傳統中國，只有 1 ～ 2% 的女性在 30 歲時未婚。[62]

4. **家庭規模更小且生育率更低**：可能有許多因素導致家庭更小，包括親屬關係更少（能幫忙照顧兒童的人更少）、新居制（來自姻親的壓力更小）、婚齡較晚，以及缺乏一夫多妻制。

5. **婚前勞動期**：在童年晚期至成年早期，年輕人通常離開家中前往其他家庭工作，賺取薪資、學習新技能，並且觀察其他家庭運作的方式。從全球及歷史角度來看，雇用無親屬關係者擔任「生命週期僕役」（life-cycle servant）是少見的。[63]

圖 5.3 概述了歐洲婚姻模式的大概邊界。我們可以從沒有呈現這個模式的地區獲得一些資訊。愛爾蘭人由於過早被基督教化，直到 12 世紀被英格蘭征服之後才體驗到婚家計畫的全面威力。同樣地，711 年至 1492 年間的西班牙南部受穆斯林統治，儘管這段期間他們擁有的領土持續縮小。和北方地區不同，義大利南部從未被併入（很早就開始強力實施婚家計畫的）加洛林帝國，許多地方仍由穆斯林蘇丹或是拜占庭國王所治理。在東部，歐洲婚姻模式的邊界更接近舊加洛林帝國而非東西教會大分裂期間繪製的官方邊界。[64] 這是因為雖然教會最終仍向東拓展，婚家計畫卻較晚擴張至此。在第 7 章，我們將會看到表親婚的許多不同形式直至 20 世紀仍存在於歐洲，而掌握婚家計畫抵達該地區的時間能讓我們解釋這些現象。[65]

向下轉型

　　隨著緊密的親屬為本制度瓦解，中世紀歐洲人無論是在關係中或居住方面，逐漸得以自由移動。從家庭責任與根深柢固的相互依賴中解放的個人，開始選擇自己的同伴（朋友、配偶、合夥人甚至是老闆），並建構自己的關係網絡。關係自由也有助於居住遷徙，因為個人與核心家庭開始重新落腳於新的土地上或是日漸蓬勃的都市社區。此現象有助於自願組織的發展與擴展，包括新的宗教組織、特許城鎮、職業公會與大學等新體制。[66] 這樣的發展是以接下來七個章節所強調的心理變革為基礎，並且開啟了

　　西方文化的特立獨行如何形成繁榮世界

中世紀全盛時期的都市、商業與法律革命。[67]

　　社會變革對於教會的影響本身是有趣的，因為它代表了社會與心理轉變之間的回饋，這樣的轉變是由婚家計畫及之後的教會體制演化所創造出來的。舉例來說，在教宗格雷戈里一世的團隊於西元 600 年左右抵達之前，盎格魯－撒克遜英格蘭早期的修道院，通常屬於家族事務。男、女修道院的院長職務都是在兄弟之間傳承，或是由母親傳給女兒。在愛爾蘭，修道院是由富裕的愛爾蘭氏族所營運，並且以共有財產的形式被傳承下去，這樣的慣例持續了好幾世紀。[68] 然而。親屬為本制度遭破壞，加上神職人員的子嗣逐漸喪失合法性，抑制了緊密的親屬關係對教會組織的強勢入侵。許多修道院要求有意成為修士的人們切斷親屬關係做為入會條件，迫使後者在教會與家庭之間做抉擇。從克呂尼修道院（Cluny Abbey）開始（910 年），這股趨勢隨著熙篤會（Cistercian Order）的出現（1098 年）而加速，修道院愈來愈像是非政府組織，而非氏族企業，伴隨而至的包括修道院長的民主選舉、書面章程，以及一個開始以中央集權制衡地方獨立的階層化特權結構。[69]

　　教會的婚家計畫重塑歐洲家庭的過程約在五百年前完成。然而，這真的影響了現代心理嗎？在一個較不緊密的親屬為本制度中長大，真的會明顯影響我們的動機、理解、情緒、思考模式與自我概念嗎？是否能將當代心理的這些變異歸咎於教會呢？

CHAPTER 5

WEIRD FAMILIES

五、WEIRD 家庭

─── 注釋 ───

1. 我在這裡指的是美國親屬關係（Schneider and Homans, 1955），不過整個基本模式可以相當廣泛地應用於 WEIRD 群體。關於英國親屬關係的討論，請見：Strathern, 1992. 有關親屬關係和國家的討論，請見：Fukuyama, 2011; Murdock, 1949.

2. 我在這裡引用了 D-PLACE.org 上「民族誌圖譜」（Ethnographic Atlas）的延伸版本：「地點、語言、文化和環境數據庫」（Kirby et al., 2016）。主流文化人類學家長期以來對「民族誌圖譜」一直多有批評。為了解決這些問題，我的實驗室針對「民族誌圖譜」中的數據資料與 21 世紀的研究中相對應的數據資料進行了比對。如果「民族誌圖譜」和一些人類學家所聲稱的一樣，純屬「無稽之談」（Leach, 1964, p. 299），我們應該就無法在兩者的數據之間找到任何關聯性。然而，我們的分析──由經濟學家安克・貝克帶頭──揭示了文化實踐跨時代的驚人持久性，「民族誌圖譜」中的資料預測了同一族裔群體成員在一個世紀後的回應（Bahrami-Rad, Becker, and Henrich, 2017）。當然，這並不意味那些針對「民族誌圖譜」的批評都毫無意義，或

者我們不需要打造一個更完善的資料庫。但是，文化人類學和相關領域中對「民族誌圖譜」的草率否決反映了其缺乏科學訓練、厭惡量化及對統計的無知。

3. 出於以下幾個原因，圖 5.1 可能低估了 WEIRD 親屬關係的特殊性。首先，我沒有納入一些關鍵特徵，例如氏族或獨特親屬稱謂的有無，這些特徵都會進一步將 WEIRD 社群與其他群體區分開來。其次，即使雙邊繼嗣「表面上看起來」與其他群體的親屬實踐十分相似，但這種觀點沒看到非 WEIRD 社群在極大程度上仍被對他們的個人安全、經濟繁榮、婚姻前景及社會認同至關重要的親屬為本制度所包圍。例如：WEIRD 社群和朱瓦希族的狩獵採集者都是雙邊繼嗣。然而，不同於 WEIRD 社群，朱瓦希族是從親屬關係的角度來思考他們的世界，並能夠將陌生人也納入他們的關係網絡中。如果不將新來到的人置入親屬網絡中，他們將不知道如何跟這個人互動。第三，1500 年後，足跡遍布全球的天主教傳教團開始要求所有人都實行天主教婚姻，這意味著他們必須著手打壓一夫多妻制和表親婚等習俗。在某些地方，傳教士在人類學家到達之前就改變了家庭結構。例如：美國西南部的普布羅人（Pueblo Tewa）很可能在傳教士進入宣教（始於 17 世紀）之前擁有一個父系氏族組織（Murdock, 1949）。在 1900 年左右，曾有研究人員詳細記錄了普布羅人的親屬組織，當時，儘管普布羅文化中仍然保有許多傳統宗教信仰，但其親屬關係的模式已經被改造成與 WEIRD 社群一致。最後，這些親屬關係特徵的編碼必然是不夠精細的，例如：古埃及人被登錄為「一夫一妻制」。然而，在古埃及的底層社會實行一夫一妻制的同時，菁英男性仍繼續行一夫多妻制（Scheidel, 2009a, 2009b）。

4. 這些資料由強納森・舒茲在擴充艾倫・比特斯（Alan Bittles）及其同事蒐集的數據後編製而成（Bittles, 1998; Bittles and Black, 2010）。

5. Bittles, 1998, 2001; Bittles and Black, 2010. 關於中國親屬關係的討論，請見：Baker (1979).

6. Ember, 1967; Hoff and Sen, 2016; Shenk, Towner, Voss, and Alam, 2016.

7. Berman, 1983; Fukuyama, 2011; Gluckman, 2006; Greif, 2006a, 2006c; Greif and Tabellini, 2010; Marshall, 1959.

8. 據估計，大約有 85% 到 90% 的基督徒，可將文化根源追溯到西方教會。請參考皮尤民調（www.pewforum.org/2011/12/19/global-christianity-exec）及維基百科（en.wikipedia.org/wiki/Lis_of_Christian_denominations_by_number_of_members#Catholic_Church_%E2%80%93_12.85_billion）。

9. Mitterauer and Chapple, 2010. 在印度、中國和波斯，景教和正教會的傳教士必須與其他普世宗教、世故精深的哲學願景和狡詐幹練的救世邪教競爭。這其中的差異或許可以比擬現代基督教傳教團成功讓非洲人放棄傳統信仰，轉而改宗基督教，或是成功讓已被灌輸伊斯蘭信仰的非洲人改宗基督教（Kudo, 2014）。

10. Goody, 1983; Mitterauer and Chapple, 2010; Ubl, 2008. 我在仿效像傑克·古迪（Jack Goody）等人類學家、阿伏納·格雷夫等經濟學家，以及邁克爾·米特勞耶（Michael Mitterauer）和卡爾·烏布爾（Karl Ubl）等歷史學家的做法。

11. Amorim et al., 2018; Anderson, 1956; Ausenda, 1999; Berman, 1983; Burguiere et al., 1996; Charles-Edwards, 1972; Goody, 1983; Greif, 2006a, 2006c; Greif and Tabellini, 2010; Heather, 1999; Herlihy, 1985; Karras, 1990; Loyn, 1974, 1991; Mitterauer and Chapple, 2010; Ross, 1985; Tabellini, 2010.

12. Anderson, 1956.

13. 早期的歐洲法典內容特別詳實，一般來說它們規範了親族團體之間的關係，關於一個親族團體需要支付多少先令以賠償另一個親族團體（當涉及謀殺、傷害或財產損失時）經常都有詳細規定。通常，無論是故意還是意外，罰款

西方文化的特立獨行如何形成繁榮世界

都是一樣的。就謀殺案（包括過失殺人）來說，一個親族團體的成員必須向另一個親族團體支付被稱為「wergild」（譯注：一種古老法律規定，指凶手應該支付給被害人家屬的賠償金）的人身賠償金（blood money），即使他們沒有參與在內。親屬的責任歸屬（包括復仇在內）都很清楚：在西班牙，如果你與受害者有同一個曾曾祖父，亦即受害者為你的三代堂表親（third cousins），你就可以合法地為死去的親戚報仇。這種關於賠償金的法律並不罕見，在20世紀，從新幾內亞到非洲，在不同社會中都可以找到（Berman, 1983; Diamond, 2012b; Glick, 1979; Gluckman, 1972a, 1972b; Goody, 1983; Greif, 2006a, 2006c; Grierson, 1903; Kroeber, 1925; Curtin et al., 2019）。

14. Anderson, 1956; Berman, 1983; Charles-Edwards, 1972; Goody, 1983; Greif, 2006a, 2006c; Heather, 1999; Herlihy, 1985; Karras, 1990; Mitterauer and Chapple, 2010; Ross, 1985. 在文獻中，側室（secondary wives）經常被稱為「妾」（concubines）。由於「妾」這個詞有著各種不同的含意，我在文中將會使用「側室」一詞。

15. Brundage, 1987; Burguiere et al., 1996; Goody, 1990; Shaw and Saller, 1984. Shaw and Saller (1984) 提供的證據表明，在早期羅馬帝國的大部分地區，貴族之間的表親婚比例很低。他們認為，權勢強大的家族可能靠著與剛進入帝國的富裕家庭聯姻而從中獲取更多利益。我還沒找到中下層階級表親婚的量化資料。

16. 按照後來的標準協議，修士鼓勵剛改信的國王將自己視為神授的保衛者，並鼓舞其制定成文法典。這些修士很可能試圖影響成文法典的內容。

17. Berman, 1983; Brundage, 1987; Goody, 1983; Higham, 1997; Ross, 1985. 格雷戈里的信，存在真實性的爭議。這方面最好的學術研究來自卡爾・烏布爾，他的研究支持這封信的真實性（D'Avray, 2012; Ubl, 2008）。如果你正在閱讀這條注釋，你可能會對格雷戈里如何回答奧古斯丁關於做春夢後是否能夠

領受聖體的問題感到好奇。我讀到格雷戈里回覆說：「在做夢者被淨化、誘惑之火被澆滅之前，不得領受聖體。」你可以在貝德的《英格蘭教會史》（第27章）中自己找格雷戈里回覆的翻譯來看，網址為：www.gutenberg.org/files/38326/38326-h/38326-h.html#toc71。

18. Brundage, 1987; Goody, 1983; Ross, 1985.

19. Brundage, 1987; Harper, 2013. 關於拉丁語中的「妓女」一詞，請見：Brundage, 1987, p25.

20. Lynch, 1986.

21. Goody, 1969; Silk, 1987. 關於歐洲部落中基督教傳入前的收養實踐，請見：Lynch, 1986, p. 180.

22. Chapais, 2009; Fox, 1967; Goody, 1996; Korotayev, 2000, 2004.

23. 研究完這些亂倫禁忌後，中世紀歷史學家大衛·赫利希（David Herlihy）寫道：「迄今為止，還沒有任何一個社會以如此嚴厲的方式應用亂倫禁忌。」（Herlihy, 1990, p. 1.）

24. 資料來源請見附錄一。

25. 嚴格來說，這就是「開除教籍」，但其影響與後來「開除教籍」在中世紀教會中所具有的影響大不相同（Smith and Cheetham, 1880）。

26. 這些禁止姻親聯姻的禁令持續超過一千年。例如：在英國，直到20世紀初，議會才在1907年通過《已故妻子姊妹婚姻法》，在1921年通過《已故兄弟遺孀婚姻法》，脫離教會法的影響。如今，至少在英國，你可以跟你妻子的姊妹或丈夫的兄弟結婚，不過前提是你的配偶死亡——仍然不存在一夫多妻制。此法是長期政治運動的結果，也是在18世紀和19世紀，傳統菁英和不斷擴張的企業中產階級（包括企業家與知識份子）中有愈來愈多人與親屬（尤其是死去妻子的妹妹）非法結婚的結果（Kuper, 2010）。例如馬修·博

爾頓（Mathew Bolton）。

27. Goody, 1983; Mitterauer, 2015; Schulz et al., 2019; Smith and Cheetham, 1880; Ubl, 2008. 姻親關係不僅是透過婚姻建立，也經由性關係產生——所以嚴格來說，你不能與任何和你的父親、兄弟姊妹發生過性關係的人結婚。

28. 唯一例外是羅馬帝國的基督徒皇帝曾試圖判亂倫的人死刑，但並未成功。

29. Ekelund et al., 1996; Smith, 1972.

30. Ausenda, 1999; Heather, 1999; Miller, 2009. 倫巴第事件的背景是教宗格雷戈里在一個世紀前為盎格魯－撒克遜人制定了親屬關係圈。新教宗堅決拒絕倫巴第人的遊說。新教宗主張，盎格魯－撒克遜人是到最近才改信基督教的「粗魯民族」，這是一個特殊情況。教會正在幫助他們適應基督徒的生活方式。相比之下，倫巴第人生活在義大利，幾個世紀以來都是基督徒，儘管他們得從阿里安教派改宗（天主）基督教。其他證據則是一些抱怨傳統婚姻習俗的信件。例如：874 年，教宗約翰七世（Pope John VII）寫信給麥西亞（Mercia）國王（英國），抱怨男人娶自己的親戚為妻（Goody, 1983, p. 162）。

31. Ekelund et al., 1996; Miller, 2009. 拉特蘭第四次會議放寬了對表親婚的限制之後，在冰島，人們只要支付財產的十分之一就可以跟表親結婚。

32. Anderson, 1956; Mitterauer and Chapple, 2010; Schulz, 2019.

33. Anderson, 1956, p. 29.

34. Mitterauer, 2011, 2015.

35. Harper, 2013; Mitterauer, 2011, 2015; Smith and Cheetham, 1880.

36. Mitterauer, 2011, 2015.

37. Korotayev, 2004; Mitterauer, 2011, 2015; Smith and Cheetham, 1880; www.

iranicaonline.org/articles/marriage-next-of-kin.《舊約聖經》中明確指出：「若兄弟同居，其中一人死而無子，死者之妻不可改嫁外人。她丈夫的兄弟要娶她為妻，對她盡丈夫兄弟的職責。」《申命記》第二十五章第 5-10 節上述兄弟的「職責」是指為她授精，讓她已故丈夫的名字能延續下去──即延續他的血統。同樣地，在《新約聖經》中，撒都該人利用摩西贊同夫兄弟婚這一點，問耶穌在復活時誰將成為女人的丈夫，是她第一任丈夫，還是她丈夫的其中一個弟弟，試圖破壞耶穌的來世觀（在故事中，她的第一任丈夫有六個弟弟。隨著每任丈夫一一過世，她相繼嫁給這六個兄弟）。耶穌本來可以透過質疑夫兄弟婚來回應，或者提出一妻多夫制（這會是我的選擇）。然而，耶穌接受了夫兄弟婚這個前提，轉而聲稱在來世並不存在婚姻──我們將像天上的天使一樣。在中世紀的埃及，猶太人和科普特基督徒都有大規模的表親婚（Goody, 1983, p. 82）。

38. 嚴格來說，東正教禁令禁止七等親通婚的規範是比照羅馬的法規，即禁止女性嫁給她的三代堂表親的父親，而不是她的三代堂表親（Ubl, 2008）。

39. 古代晚期教會的關鍵人物確實對近親結婚之於社會和健康的影響有過評論。聖奧古斯丁寫道：「對於古代的家戶長來說，確保親屬關係的紐帶不會因世代相傳而逐漸弱化到不成連帶，是一項宗教義務。因此，彼等試圖在親屬關係變得太遙遠之前，藉由婚姻關係來加強這種連繫，也就是說，當親屬關係逃離時，便將其召回。然而，當現在表親之間的婚姻被禁止了，誰會不同意目前的情況是更加有德的呢？這不僅僅是因為剛才提到的親屬關係的倍增，還因為如果一個人不能處於雙重關係中，而這種關係可以被兩個人分享時，那麼家庭紐帶的數量就會因此增加。」（Augustine, 1998, pp. 665–66.）聖安博（St. Ambrose）是奧古斯丁的導師，他評論了在近親結婚的子女身上所發現的有害健康的影響（Ambrose, 1881）。但是，這聽起來像是聖安博對偏好政策的事後合理化（post hoc rationalization），他的觀察並不能證成亂倫禁忌的擴張（到遠房姻親、繼兄弟姊妹和教父母）。夫兄弟婚或是兒子

（在父親去世後）迎娶繼母，兩者都是失去的紐帶會自動被取代。然而，更重要的是，當教會政策實際在執行時，沒有人重提這些評論來為教會的政策辯護。聖安博自己在勸阻一位家長不要讓他的兒子娶他同父異母妹妹的女兒時，引用的是神聖的法律 —— 而不是後代的健康（Ambrose, 1881, pp. 351–54）。

關於親屬間通婚對當代健康的影響，請見：Bittles and Black, 2010. 關於一夫多妻制所帶來的社會與健康成本，請見：Barbieri et al., 2016; Henrich, Boyd, and Richerson, 2012; Kong et al., 2012.

當然，基督教確實從《聖經》中提取了堅實的依據，試圖打破緊密的家庭紐帶，例如：耶穌在《馬太福音》第十二章第 47-50 節（新國際版）中說：「有人告訴他（耶穌）：『你的母親和兄弟站在外面，想和你說話。』他回答說：『誰是我的母親，誰是我的兄弟？』他指著他的門徒說道：『這是我的母親和我的兄弟們。』因為凡遵行我天父旨意的，就是我的兄弟姊妹和母親。」耶穌還說，根據《馬太福音》第十章第 35-36 節：「因為我來是要叫兒子與父親作對，女兒與母親作對，媳婦與婆婆作對，家人之間要反目成仇。」然而，值得注意的是，這些《聖經》經文並沒有導致科普特、景教或敘利亞基督教採納任何像 MFP 的東西。

40. 從這個角度來看，教會領袖的動機並不是最重要的。教會領袖，就像伊希斯邪教（Isis cult）或聶斯脫里派（景教）的領袖一樣，可能是基於深厚的宗教信念而發展出他們的信仰、禁令和規約；或者，有些人可能是在玩政治遊戲，為自己謀利。這並不重要。重要的是，這些信仰和規範最終如何在與其他宗教和體系的競爭中兌現。當然，某些政策更容易填滿教堂的長凳、充實金庫、擴大主教的土地，而其他政策則無法，這一事實也許形塑了 MFP 的模樣。雖然這種戰略性想法無疑是發揮了一定作用，但沒理由認為任何人可以，甚至已經預見到 MFP 的長期效果。MFP 的發展和傳播，是因為它「奏效」了。在這裡，我與古迪（1983）有不同的想法。古迪似乎在說，

教會的政策使教會變得富有，那麼教會一定是為了達到這個目的而有意打造了 MFP。然而，許多關於文化演化的努力揭示了「體系」可以多麼複雜，而且往往是在沒有人了解它們如何或為什麼奏效的情況下誕生的（Henrich, 2016）。關鍵是退後一步，把教會看做是無意識地在「實驗」不同排列組合的眾多宗教團體中的一個。

41. Mitterauer, 2011, 2015. 這個算法是假設人口穩定，所有夫婦都有 2 個孩子，人口一半是男性、一半是女性。它還假設人們總是與無親屬關係的人結婚。就表親來說，這意味著表親的數量是 2 的 2n 次方，其中 n 是表親的類型。就六代堂表親來說，2 的 12 次方等於 4,096 人。其中一半是男性、一半是女性。為了得到 2,730，我將第 1 個到第 5 個表親加到數字中。這些表親有相同數量的父母（不同家譜距離的阿姨和叔叔），所以當我們把他們都加進去時，總數就翻倍了。

42. Goody, 1969, 1983.

43. Goody, 1983; MacFarlane, 1978. 例如：在西哥德人（Visigoths）的早期法典中，收養是被禁止的。該法典確實在寄養部分有相關的規定，但寄養並沒有完成，因為這些規定並不包括親屬關係、個人身分、儀式義務或繼承權的轉移——養子養女仍然與其生父生母的親族團體保持連結。

44. Ausenda, 1999; Ekelund et al., 1996; Goody, 1983; Heather, 1999; Herlihy, 1985; Mitterauer and Chapple, 2010; Ross, 1985.

45. Goody, 1983; Smith, 1972.

46. Ekelund et al., 1996.

47. Brown, 2012.

48. Brown, 2012.

49. Ausenda, 1999; Ekelund et al., 1996, locs 137, 258; Goody, 1983, pp. 105, 124.

西方文化的特立獨行如何形成繁榮世界

西哥德國王萬巴（Visigoth King Wamba）和查理曼大帝都意識到了正在發生的事情，他們採取了措施試圖加以遏制。

50. Berman, 1983; Goody, 1983; Greif, 2006a, 2006b, 2006c; Heather, 1999; Mitterauer and Chapple, 2010. 關於法蘭克人，請見：Goody, 1983, p. 118. 教會可能是從羅馬皇帝那裡抄來這個策略，這些羅馬皇帝都從朋友和支持者那裡獲得了巨額的遺贈資金（Shaw and Saller, 1984）。

51. Ekelund et al., 1996; Goody, 1983, pp. 127, 131; Heldring, Robinson, and Vollmer, 2018.

52. 人類學對於什麼造就並維繫了部落群體的看法（Henrich, 2016; McElreath, Boyd, and Richerson, 2003），以及部落存在於整個中世紀早期但在中世紀盛期從歐洲許多地區消失的事實，是此一推論的基礎。

53. D'Avray, 2012; Ekelund et al., 1996; Mitterauer and Chapple, 2010; Smith and Cheetham, 1880; Ubl, 2008.

54. Ekelund et al., 1996; Heather, 1999; Mitterauer and Chapple, 2010. Schulz et al. (2018) 的補充資料總結了以下研究：psyarxiv.com/d6qhu。

55. 這份地圖綜合了不同來源的資訊（Hajnal, 1965; Macucal, 2013; Shepherd, 1926; Speake, 1987; the Editors of the Encyclopaedia Britannica, 2018）。關於凱爾特教會，我使用 Schulz et al. (2018) 關於羅馬教宗轄區擴張的資料。義大利方面，請見：Ramseyer, 2006; Schulz, 2019; Wickham, 1981. 關於加洛林帝國、改宗基督教前的德國與以東的資料，請見：Menke, 1880; Schulz et al., 2018; Shepherd, 1926.

56. Hajnal, 1982; Herlihy, 1985; Mitterauer and Chapple, 2010; Toubert, 1996.

57. Berman, 1983; Ember, 1967; Greif and Tabellini, 2010; Mitterauer and Chapple, 2010; Silverman and Maxwell, 1978.

58. 可以確信的是，盎格魯－撒克遜與其他德國部落所擁有的那種極為親密的親屬體制，已經包含婚家計畫關於親屬關係的部分規範，像是雙邊繼嗣與個人所有權（Lancaster, 2015; MacFarlane, 1978）。因此，教會的工作也變得比較輕鬆了。

59. Brundage, 1987; Charles-Edwards, 1972; Clark, 2007a; Goody, 1983; Greif, 2006; Greif and Tabellini, 2010; Herlihy, 1985; Laslett, 1984; Laslett and Wall, 1972; MacFarlane, 1978; Mitterauer and Chapple, 2010; Toubert, 1996. 那些在生態上不適合莊園農業的地區，因此不受早期婚家計畫的強烈影響。

60. Baker, 1979; Goody, 1990; Lynch, 2003. 在歐洲，最成功的家戶是獨立、新居制的核心家庭；在中國，成功家戶則為相互依賴、從夫居的大家庭。

61. 當然，婚齡會因為各種原因而變動。但是這並不會改變歐洲西北部逐漸在歷史與跨文化層面上展現獨特模式的事實（Van Zanden and De Moor, 2010）。

62. Lee and Feng, 2009; Van Zanden and De Moor, 2010.

63. MacFarlane, 1978; Silverman and Maxwell, 1978; Lynch, 2003. 與此模式相關的另外兩個元素是：(1) 遺囑繼承制：財產不再是根據傳統規範，自動傳承給下一代（相反地，愈來愈多個人決定誰可以繼承哪些財產，更重要的是，預設規則偏好配偶與子女，而非兄弟姊妹與叔叔舅舅；(2) 退休：人生階段發展中，人們在死前的一段時間失去了領導角色和經濟中心地位：這與大多數社會形成鮮明對比，在這些社會中，老年人在經濟和社會上仍處於中心地位，除非他們出現認知障礙。

64. Mitterauer and Chapple, 2010. 即使在教會與歐洲婚姻模式為主的地區，我們仍然可以在偏遠地區發現傳統親屬為本制度的存在。舉例而言，位於荷蘭弗里斯蘭省（Friesland）、鄰近北海的海岸溼地，世系群組織與血親復仇仍存在好幾個世紀，即使周圍的法國或德國地區，類似的組織與習俗都已消失。

65. 時至今日，芬蘭、俄羅斯、巴爾幹半島以及波羅的海國家鄉村地區的基督教傳統，都反映了古老的祖先祭拜儀式。舉例而言，位於巴爾幹半島西部的賽爾維亞基督徒，擁有慶祝家庭「守護神」的慶典，在當地的基督教節日中，被認為是最莊嚴的慶典之一。與其他慶典日不同，該慶典是在年長的父輩家中舉行。兒子從父親手中繼承家庭守護神，妻子則從丈夫那邊迎接守護神（儘管人們不得與擁有相同家庭守護神的對象結婚，也就是氏族成員之間的聯姻）。儀式中，人們大聲朗讀先父們（祖先）的名單，有時候也以動物祭拜祖先（Mitterauer and Chapple, 2010）。人們在這些祖先祭拜儀式中，大多穿著基督教服飾。

66. Bartlett, 1993; Cantoni and Yuchtman, 2014; Greif, 2006a, 2006c; Herlihy, 1985; Kleinschmidt, 2000; Lilley, 2002; Lopez, 1976; MacFarlane, 1978.

67. Kleinschmidt, 2000, p. 25.; Lynch, 2003.

68. Herlihy, 1985; Ross, 1985.

69. Andersen et al., 2012; Bartlett, 1993; Berman, 1983; Ekelund et al., 1996; Kleinschmidt, 2000; Mokyr, 2002; Woods, 2012.

六、心理差異、家庭與教會

家庭是我們來到人世時第一個接觸的體制，而且至今，在絕大部分的社會，家庭仍為大多數人的生活提供主要的組織架構。因此，不難理解家庭對於形塑我們的思想與行為發揮了根本的作用。在第1章，我展示了個人主義、順從、非個人的信任和分析性思考所導致的愧疚感，以及意圖在道德判斷中所扮演的角色等範疇內心理變異的全球模式。在本章，我將提出證據說明這樣的心理變異，有一部分是隨著我們的思想適應並配合我們面對的文化建構之環境（特別是在成長時）而形成的。我們將檢驗緊密的親屬為本制度如何影響人們的心理，特別是中世紀歐洲教會對於緊密的親屬關係的瓦解，如何不經意地將歐洲人推向更 WEIRD 的心理。

　　為了達成這個目標，首先我將提出兩種方式，衡量全世界民族語言群體與國家的親屬為本制度的緊密度。接著，將視野放大，我將展示親屬關係的緊密度可以解釋第1章中許多跨民族的心理變異。你將會明白，某一群人的傳統親屬為本制度愈薄弱，今日他們在心理上就愈具備 WEIRD 特質。然後，我將利用教會的歷史擴張創造一個量表，計算全球每個國家婚家計畫的持續時間，把它當成婚家計畫的定時釋放的劑量，並以與教會接觸的每百年為計算單位。使用這個歷史的時長量表，我們將會發現，當一群人攝入婚家計畫的時長愈多，他們的親屬為本制度就愈薄弱。最後，我們將直接把這些婚家計畫時長與當代心理差異連結起來。驚人的是，當一群人攝入婚家計畫的時長愈多，他們的心理就愈具備 WEIRD 特質。

在下一章，我將聚焦於歐洲內部，甚至是歐洲國家、中國與印度內部的心理變異。這些分析不僅證實了我們所預期的心理變異與親屬關係緊密度以及與教會之間的關聯，也應該能令你完全消除在心中建立「西方／非西方」、「WEIRD／非WEIRD」的二分法。我們並不是在觀察不同群體之間的固定或本質差異，而是在觀察一個持續進行中的文化演化過程，這個過程受到諸多因素影響，並且在不同地理區之間持續了數百年。

親屬關係緊密度與心理

我的團隊一直對親屬關係緊密度與心理之間的關係進行系統性研究，成員包括經濟學家強納森・舒茲、杜曼・巴哈拉米－拉德與強納森・波尚，以及我的同事班傑明・恩柯，他也受到本書的概念所啟發。在這些成果之上，我們將使用傳統親屬規範指數，以及實際的表親婚比例，來衡量不同群體的親屬關係緊密度。第一個方法是將「民族誌圖譜」裡的人類學數據彙整為每個群體的單一數字，我稱之為「親屬關係緊密度指數」（Kinship Intensity Index, KII）。KII 結合表 5.1 中關於表親婚、核心家庭、雙邊繼嗣、新居制與單偶婚（相對於一夫多妻）的資料，以及關於氏族的資訊和某一社群內部聯姻的習俗（endogamy，內婚制）。它因此掌握全球各人口歷史的或傳統的親屬為本制度緊密度，而非 21 世紀的實踐。「民族誌圖譜」搜集的人類學資料，平均日期約是西元 1900 年，因此在我們對於親屬關係的歷史衡量何時被觀察，

西方文化的特立獨行如何形成繁榮世界

以及我們的心理衡量何時被採用之間，存在約 100 年的差距。

　　像是親屬關係這類歷史制度可以經由多種路徑影響當代心理。最明顯的路徑是持久性，而親屬制度可謂超持久。透過最近的全球調查，我和我的共同研究者證實，「民族誌圖譜」裡的婚姻與居住模式，在某種程度上一直持續至 21 世紀。然而，即便制度習俗被遺棄，這些傳統制度的價值觀、動機、社會化的習俗，仍可持續好幾個世代，並藉由文化傳播的方式被延續。這創造出一種即使歷史制度已滅絕，卻仍可影響當代思想的路徑。舉例而言，一群人也許會發展出一整套價值觀（例如：孝道）、動機（例如：尊敬長輩）、偏好（例如：兒子比女兒重要），以及關於其父系氏族的儀式，但之後國家與法律正式禁止了其氏族組織（如1950 年代的中國）。在這種情況下，即使氏族組織已經消逝，氏族的心理狀態仍可透過文化傳播延續好幾個世代。事實上，因為人們的心理也許沒有時間適應最近採用的親屬關係習俗，比起當代家庭體制，衡量傳統親屬為本制度或許更能解釋心理變異。[1]

　　圖 6.1 顯示全球超過 7,000 個民族語言群體的 KII 值，陰影愈深代表親屬為本制度愈緊密。舉例而言，現今居住在美洲的大多數人口，其親屬為本制度都衍生自傳統歐洲社群。因此許多美洲的 KII 值可以追溯至歐洲。然而，南美洲顏色較深的地區，通常代表當代原住民人口。[2]

　　這個指數有兩個主要缺點。首先，基本上，「民族誌圖譜」的資料來自地方社會規範的人類學報告。因此，KII 值不一定能捕捉當地人的實際作為（他們的行為）。為了檢查「民族誌圖譜」

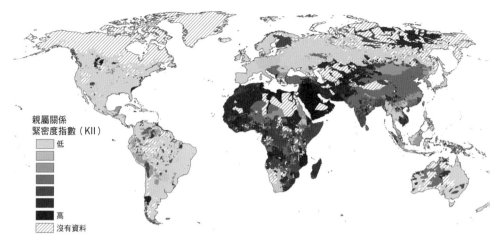

圖 6.1　全球民族語言群體親屬關係緊密度指數（KII）。陰影愈深代表親屬為本制度愈緊密。細線代表無法取得資料。[3]

裡的民族語言學資料是否真的代表長期行為模式，我們研究 KII 值與這些人口的基因關聯性之間的關係，後者是根據數百個團體的去氧核糖核酸樣本為基礎。我們發現某個團體的 KII 值愈高，他們的基因關聯性就愈高（即使在統計上控制了其他可能影響關聯性的因素之後）。這正是我們所預料的：如果這些穩定的社會規範真的影響人類行為長達數幾百年　文化將會在基因組裡留下印記。[4]

　　第二個缺點是 KII 值做為一種指標，綜合了親屬為本制度的許多不同面向，因此我們無法分辨究竟是緊密親屬關係的哪個特徵發揮了心理作用。究竟是禁止表親婚，還是禁止一夫多妻制？

　　　　　　　西方文化的特立獨行如何形成繁榮世界

當然，我認為指數中的所有因素都有某種程度的影響力（這是為什麼我們將它們納入考量），不過如果能看到個別習俗的效果會更好。為了處理這個問題，我也會使用與表親或其他親戚聯姻之比例的資料。當我們比較不同國家時，會使用與二代堂表親或是關係更親近的血親聯姻的比例（如圖 5.2）。我將此稱為「表親婚的普遍度」或簡稱為「表親婚」。這些比例是根據 20 世紀的資料，其存在通常早於我們的心理測量方法至少數十年。

表親婚特別重要，值得單獨被討論，因為它代表西方教會與東正教教會婚姻政策的關鍵差異。當西方教會在中世紀早期與中期，以數百年的時間大肆撲滅甚至是與遠親的聯姻時，東正教教會僅意興闌珊地實施一些限制，而且似乎不太願意強制執行。

為了將這些親屬關係緊密度的量表與心理差異連結在一起，我們將檢視三種心理結果。首先，只要情況許可，我將分析實驗室實驗或是精心設計的心理量表。這為我們提供心理變異的最佳測量方法，儘管在許多國家無法取得這些資料。為了補充這些量表，我們將檢視稍微觸及這些心理層面之全球調查的問題。這些調查提供許多數據（範圍通常是許多國家中的數百到數千人），因此我們可以在數據上控制親屬關係緊密度以外影響人們心理的潛在重要因素的效力，例如氣候、地理、宗教與疾病流行等相關因素。在部分案例中，我們將能藉由母國（他們從哪裡移居過來的）或是其民族語言群體的親屬關係緊密度，比較在不同國家中生活的移民心理。最後，只要有機會，我們會檢視真實世界裡頭的行為模式，這些行為模式與實驗和調查中捕捉到的心理特質有

關。它之所以重要，是因為顯示了我們研究的心理差異，正以重要的方式影響真實世界。

個人主義、順從與愧疚感

　　親屬為本制度的固有特質影響我們如何想像自己，以及我們的關係、動機與情緒。將個人嵌入綿密、相互依賴且根深柢固的社會連結網絡，緊密的親屬規範以細緻且強大的方式控制人們的行為。這些規範促使個人仔細監視自己與所屬團體的成員，確保每個人都守規矩。這些規範通常賦予長輩對於年輕成員的強大權力。成功駕馭這些社會環境，將有利於融入同儕、尊敬傳統權威、對羞辱保持敏感，以及將集體（例如氏族）置於個人之上的傾向。

　　相較之下，當關係的束縛變少、變弱時，個人必須打造互惠互利的關係（通常是與陌生人）。為了達成目標，他們必須建立屬於自己的一套特質、成就與性格傾向，將自己與群眾區分開來。這些專注在自我世界中的成功，有利於建立更多的獨立性、減少對權威的服從、有更多的愧疚感，以及更加注重個人成就。

　　這聽起來貌似可信，但是緊密的親屬為本制度，是否等同於更嚴格的規範？由心理學家米歇爾‧格爾凡德（Michele Gelfand）主持的研究團隊發展出一套評量社會規範「嚴格」程度的心理量表。相對「嚴格」（與「寬鬆」相比）的社會，通常受到許多考量當地條件的規範所管制，而這些規範通常被嚴格執行。這個團隊的問卷以「在這個國家，有許多人們應該遵守的規範」、「在這個國家，如果某人的行為不合宜，其他人會強烈反

西方文化的特立獨行如何形成繁榮世界

對」等陳述，詢問人們的同意程度。根據數千位參與者的資料，圖 6.2 顯示 KII 值愈高（分圖 A），或是表親婚（分圖 B）的普遍度愈高，該社會就愈令人感到「嚴格」。這些分圖掌握的變異，從「寬鬆」的委內瑞拉到「嚴格」的巴基斯坦。

你將會看到許多這樣成對的圖，所以這裡有一些幫助理解它們的說明。首先，在關於親屬關係緊密度的部分，每一組分圖的縱軸都是相同的，有助於將 KII 值與表親婚的心理效果並列比較。其次，某個實際數值只有在與其他數值（例如：KII）一同呈現才有意義時，為了避免分散注意力，我會將它自圖中移除。在這些

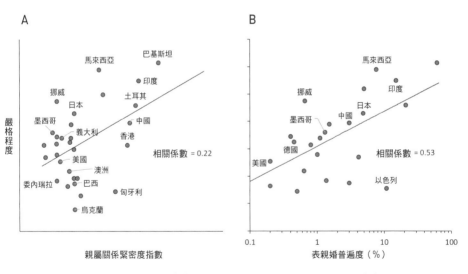

圖 6.2　心理「嚴格」程度與 (A) 親屬關係緊密度指數（30 個國家）及 (B) 表親婚普遍度的關係（23 個國家與遠房或更親近的親戚結婚的百分比）。注意：表親婚普遍度是以對數尺度繪製。[5]

案例中，有意義的是分圖中不同群體的相對位置。然而，只要數值容易被理解或是有助於具體說明現象，我就會將數值留下。舉例而言，表親婚使用與親近親戚結婚的真實百分比，因此會出現在所有分圖。第三，因為表親婚將社群連結在一起，因此以對數尺度呈現的效果最好。如果你不懂對數尺度，不用擔心；你可以從橫軸獲得真實百分比。理解對數尺度的最簡單方法就是表親婚普遍度的影響，對數從 0 到 10%，效力比百分比從 40 增加至 50 多得多。一個小小的表親婚，影響卻很深遠。使用對數尺度讓我們可以更容易將此現象視覺化。[6]

親屬為本制度（也許是藉由它們所創造的嚴格程度）影響人們從眾的傾向，就像艾許從眾實驗所評估的那樣嗎（見圖 1.3）？在艾許判斷直線長短的實驗中，來自各國的大學生必須根據他們自己對於線段長度的判斷，決定是公開給出客觀正確的答案，或是順從前一位回答者的錯誤觀點（這些人其實是實驗者的同僚，他們假扮成參與者，在某些關鍵實驗中配合給出錯誤答案）。圖 6.3 顯示兩種親屬關係緊密度的量表，以及對照順從同儕、公開給出錯誤答案的人數百分比。資料顯示，來自親屬為本制度較弱之社會的學生，更容易公開抵觸同儕，並給出正確答案——也就是說，他們較不從眾。人們順從不正確答案的傾向，從親屬為本制度最弱之社會的 20%，到親屬關係最緊密之社會的 40～50%。必須注意的是：我們只有 11 個國家的表親婚資料（見圖 6.3 分圖 B），並且缺少最順從人口的資料（見圖 6.3 分圖 A）。儘管缺少樣本，仍顯示強烈的關係。

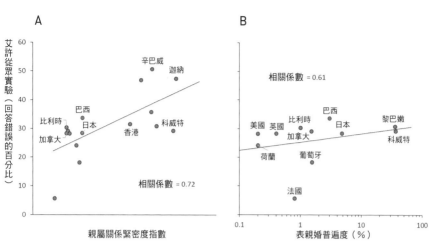

圖 6.3 艾許從眾實驗與（A）親屬關係緊密度（16 個國家）及（B）表親婚普遍度（11 個國家）的關係。在此，艾許從眾實驗是以回答錯誤但是與同儕答案一致的百分比計算。表親婚則是以對數尺度呈現。[7]

　　艾許從眾實驗與「嚴格程度」的數據問題在於，它們僅來自少數幾個國家。為了掌握更廣大的人口，我們從一項全球調查「世界價值觀調查」（WVS）中思考兩個問題：人們對於傳統的堅持，以及服從的重要性。第一個問題要求人們以 1 到 7 分評定自己與以下陳述的相似程度：「傳統對我很重要。我嘗試遵守自身宗教或家庭傳承下來的傳統。」第二個問題讓我們能夠計算每個國家之中，認為向兒童灌輸「服從」觀念很重要的人的百分比。數據顯示：KII 值較高或表親婚較普遍的國家，平均來說遵守傳統的

程度更高，也更重視培養兒童的服從性──相關係數為 0.23 至 0.52（見附錄圖 B.1）。其影響顯而易見：例如在表親婚比例高達 40% 的約旦，大多數受訪者（55%）表示「服從性」對兒童至關重要；在表親婚比例趨近於 0 的美國，只有不到三分之一（31%）的人認為服從性很重要。[8]

　　循規蹈矩、服從權威，以及遵守傳統的情感基礎，可能涉及羞恥與愧疚。舉例而言，在艾許從眾實驗中，當人們在公開場合與同儕發生衝突時，他們可能會感到羞恥，或者他們可能因為屈從同儕壓力而給出錯誤答案，之後感到愧疚。在第 1 章中，我們看到來自個人主義程度較高國家的人，比個人主義程度較低國家的人更容易感到愧疚。班傑明・恩柯重新分析數據，將每個參與者感到愧疚的次數，減去感到羞恥的次數。他發現：一個國家的親屬為本制度愈緊密，人們感到羞恥的次數會比感到愧疚的次數多。相比之下，來自親屬關係較薄弱之社會的人，有許多與愧疚類似的經驗，卻幾乎沒有任何與羞恥相關的經驗。在缺乏緊密親屬關係的社會中，愧疚似乎是主要的情感控制機制。[9]

　　關於羞恥與愧疚的數據是以大學生的自我報告為基礎，可能無法掌握其所屬群體中大多數人的實際（未說出的）情感經驗。為了解決這些問題，班傑明分析 Google 搜尋中包含「羞恥」與「愧疚」的數據。比起其他方法，研究 Google 搜尋紀錄讓我們可以搜集更多人群的數據，儘管我們並不知道這個範圍究竟廣泛至何種程度。此外，網路環境似乎消除了人們被他人監控的擔憂，儘管你在網路上的所有行為早已被記錄下來。先前的研究表明，人

們會向 Google 提出任何問題，從「與填充玩具動物做愛」之類的問題，到擔心自己陰莖的形狀或是陰道的氣味等等。

以此為背景，班傑明將「愧疚」與「羞恥」翻譯成 9 種語言，並且搜集過去五年 56 個國家使用 Google 搜尋這些詞彙的頻率。透過比較使用相同語言但來自不同國家的搜尋結果，班傑明的分析揭露了，比起親屬為本制度較不緊密的國家，親屬為本制度較緊密的國家，搜尋「羞恥」的頻率比「愧疚」更多（見附錄圖 B.2）。簡而言之，家庭關係薄弱的社會似乎飽受愧疚所苦，但幾乎不會感到羞恥。[10]

我們將檢視霍夫斯泰德關於個人主義的著名量表來為本節作結，如圖 1.2 所示。該量表提出許多個人主義情結的元素。回想一下這份個人主義的綜合量表，它包含了關於個人發展、成就取向、獨立及家庭關係的問題。圖 6.4 顯示，親屬為本制度較不緊密的國家，個人主義傾向更明顯。為了理解親屬關係的力量，我們將表親婚普遍度從 40% 降為 0，個人主義也隨之增加 40 分（即：印度與美國之間的差距）。

請注意，在圖 6.4A 中，KII 值高的國家，其個人主義傾向都較低，但是 KII 指數低的國家，卻涵蓋了個人主義傾向的所有範圍。許多 KII 值與個人主義傾向皆低的國家都位於拉丁美洲。這顯示了，瓦解緊密的親屬關係，為個人主義情結的發展打開了大門，但是也需要其他體制（也或許是其他因素）去真正推動個人主義。我們將在第 9 章的開頭討論其中的一些附加因素。[11]

到目前為止，我已經向你展示了心理和親屬關係緊密度之間

的關聯，這樣的關係正如本書闡述的概念所預測的那樣。然而，對於跨國數據中簡單的相關性，我們應抱持懷疑的態度。為了消除這類相關性可能具有誤導性的疑慮，我們的團隊利用了手邊關於個人主義、遵守傳統及服從等研究結果的更大樣本。我們希望對潛在的干擾因子進行統計控制（即可能會產生可見的相關性的變數），例如使人們更加循規蹈矩，同時也強化親屬關係。在先前的研究基礎上，我們研究數十個不同控制變量的影響。為了處理地理、生態與農業生產力差異的問題，我們考慮了地形崎嶇程度、與航行水道的距離、農業生產力、灌溉、疾病流行、緯度，以及開始發展農業的時間等指標。為了處理宗教可能是真正驅動

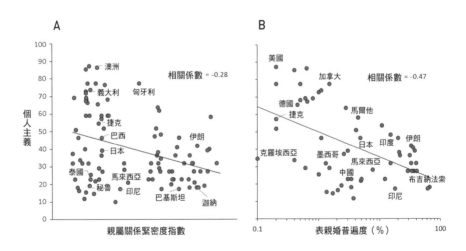

圖 6.4　為個人主義與 (A) 親屬關係緊密度指數（98 個國家）及 (B) 表親婚普遍度（57 個國家）的關係。這個個人主義的綜合量表來自 IBM 與全球各地其他人的研究。表親婚則是以對數尺度呈現。

　西方文化的特立獨行如何形成繁榮世界

因素的問題，我們控制了宗教信仰，只比較主要宗教教派──例如：天主教國家與天主教國家等等。當然，正如我在之後所展示的，教會確實對親屬關係緊密度產生了重大影響，但這些分析仍證實，即使我們只檢視各宗教並且比較具有相似宗教信仰的國家，我們還是可以察覺到親屬關係緊密度的影響。我將在之後對此進行更多說明。但總的來說，即便這些控制變量在統計上保持不變，你在本章所看到的大多數簡單相關性的結果仍然存在。在下一章中，對歐洲、中國與印度的內部差異分析，將有助於進一步確認這些關係的性質。

非個人利社會行為

到了西元 1000 年之初，普世宗教已在舊世界各地湧現。這些宗教如今都具備程度不一的道德準則、來世獎勵、自由意志等觀念，並多少擁有道德普遍主義的色彩。然而，它們影響行為的能力仍然有限，因為大眾與菁英仍完全被嵌入且依賴緊密的親屬為本制度。這些緊密的親屬關係網絡對人們灌輸的認同感與強烈的忠誠度，甚至超越了對於普世宗教的認同感與忠誠度。對於這種個人信念的階層關係的描述，我最喜愛的表述方法來自巴基斯坦的普什圖（Pashtun）政治人物瓦利汗（Wali Khan）。在國家動盪的 1972 年，瓦利汗在一場訪問中被問及個人認同與「首要效忠」的問題。他回答道：「我身為普什圖人已經有六千年了，身為穆斯林一千三百年，身為巴基斯坦人二十五年。」[12]

普什圖人是一個分支世系制社會，因此瓦利汗的一席話意味

著，他認為世系比伊斯蘭宗教及巴基斯坦國家重要。事實上，這句話裡頭的年代也表明：他的世系比普世宗教伊斯蘭教更重要 4 至 5 倍，比國家巴基斯坦重要 240 倍。值得注意的是這句詩意的句子：「我身為普什圖人已經有六千年了……」瓦利汗受訪時只有五十多歲，顯然他將自己融入一個可以追溯至六千年以前的連續生命鏈裡。

瓦利汗的評論凸顯我在第 3 章提出的論點：氏族與其他緊密的親族團體擁有強化內團體團結、在相對緊密的圈子裡密切合作的規範與信仰，以及世代傳承的責任。親屬為本制度的許多特徵促進這種信任感，這樣的信任感依賴人際關係網絡間的相互連繫，以及對於自身所處的網絡那種強烈的內團體忠誠度。人們會非常依賴與他們有連繫的人，同時也害怕那些與他們無關的人。緊密的親屬關係因此在內團體與外團體之間產生明顯區別，以及對於陌生人的普遍不信任。[13]

有鑑於這些體制差異，我們應該預期來自親屬關係更緊密之社群的人，會更加區分內團體成員與其他所有人，因此普遍不信任陌生人與任何不在自身關係網絡內的人。為了評估這點，我們使用一種經濟學方法，該方法整合全球調查的六個問題，這些問題詢問人們對於 (1) 家人、(2) 鄰居、(3) 認識的人、(4) 第一次見面的人、(5) 外國人，以及 (6) 其他宗教信徒的信任程度。我們利用這些數據，透過計算人們對前三個問題（家人、鄰居與認識的人）的答案的平均數，建立一個內團體信任量表。然後，我們算出後三題（新朋友、外國人與其他宗教信徒）答案的平均數，建

西方文化的特立獨行如何形成繁榮世界

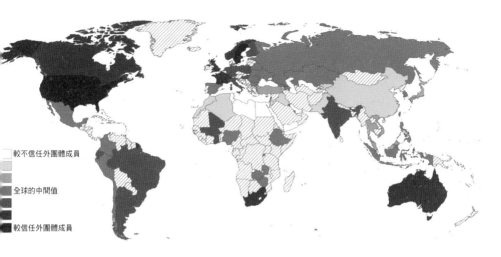

圖 6.5　根據 75 個國家的世界價值觀調查答案的外團體－內團體信任值。陰影較深代表相較於家人、鄰居與認識的人，該地區較信任陌生人、外國人與其他宗教信徒。斜線地區代表缺乏資料。

立一個外團體信任量表。我們將第二個量值減去第一個量值（即內團體信任），得出我所謂的「外團體－內團體信任值」。如圖 6.5 所示，外團體－內團體信任值最能衡量調查中非個人的信任。需要解釋的是：外團體－內團體信任值的實際數值通常是負數，意味比起陌生人、外國人等等，每個人更信任自己的家人、鄰居，以及他們認識的人。但與其他地方相比，仍有一些地方視陌生人如家人與朋友。不幸的是，我們再次缺乏非洲與中東大部分地區的數據，意味著我們必然無法掌握全球變異的全部範圍。

　　一個國家的 KII 值或是表親婚比例愈高，人們愈不信任陌生

人、剛認識的人，以及其他宗教信徒（見圖6.6）。外團體－內團體信任值與表親婚普遍度的關係尤其強烈，美國的表親婚普遍度與非個人的信任度都是最低，另一方面，科威特與伊拉克則兩者數值皆高。從上述個人主義量表我們得知：即使在統計上，保持大量生態、氣候、地理因素，以及與宗教及全國財富等眾多因素的影響力不變，這些關係仍然存在。

為了更深入了解這點，這裡有一個很酷的技巧，能讓我們比較目前居住在同一個國家但是來自不同母國的人的外團體－內團

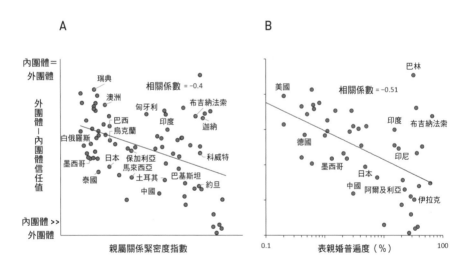

圖 6.6　外團體－內團體信任值（非個人信任值）與〔A〕親屬關係緊密度指數（75個國家）以及〔B〕表親婚普遍（44個國家）的關係。此圖顯示親屬關係緊密度指數愈高或是表親婚普遍度愈高的國家，相較於對內團體成員（家人、鄰居與他們認識的人）的信任，他們遠遠不信任外團體成員（剛見面的人們、外國人、或是其他宗教的信徒）。表親婚是以對數尺度繪製。[14]

　　　　　西方文化的特立獨行如何形成繁榮世界

體信任值。班傑明從全球調查中抽出 21,734 名第一代移民。然後利用他們已知的種族淵源,將每位移民與「民族誌圖譜」上的民族語言群體的 KII 值進行配對。他得出的結果與圖 6.6 所顯示的敘事相同:如果移民來自親屬關係較不緊密的群體,比起自己的家人、鄰居與熟識的人,他們對陌生人、外國人與其他宗教信徒展現更高程度的信任。這樣的關係不太可能是因為移民間的經濟或人口差異所造成,因為當我們在數據上控制個人收入差異與教育的影響不變,這樣的關係仍然存在。[15]

普世主義與內團體忠誠度

以緊密的親屬為本制度建立了評斷他人的道德動機與標準,這些動機與標準比較是根植於內團體忠誠度而非公正原則。為了理解這點,我們從乘客難題(如圖 1.6 所示)開始。這項研究詢問世界各地的企業經理人是否願意在法庭上做偽證,以幫助朋友避免因為魯莽駕駛而入獄。這些人不願意做偽證,並認為朋友要求自己說謊是錯誤的行為,這正是普世主義的反應,顯現出非關係型的道德觀。另一種回應是參與者表示願意撒謊,並認為朋友要求他們這麼做也沒問題,這是**特殊主義**或關係型的反應,儘管這些反應也與內團體忠誠度有關。

圖 6.7 顯示一個國家的表親婚比例愈高,該國的經理人就愈願意在法庭上做偽證。這裡我們將表親婚比例從 10% 降低至趨近於 0,企業經理人拒絕協助朋友的比例也隨之增加。數字從不到 60% 增加至 90%。請注意:我在這裡拿掉了搭配的 KII 圖,因為

這個樣本太少，KII 值幾乎沒有變化，無法提供太多資訊。

世界經濟論壇的數據補充了這些結果，數據顯示，來自親屬為本制度更強大之國家的高階主管，會聘用更多親屬進入高階管理層。WEIRD 群體稱此為「裙帶關係」，其他人則稱之為「家族忠誠」，並認為這是雇用值得信賴的員工的明智做法。[16]

除了經理人與高階主管這些菁英，我們也檢視在 yourmorals.org 這個網站上使用「道德基礎問卷」（Moral Foundations Questionaire, MFQ）所搜集的數據，這份問卷是由心理學家強納森・海德特（Jonathan Haidt）與傑西・葛瑞姆（Jesse Graham）所開發，目的是研究道德觀差異。強納森與傑西使用 MFQ 表明你可以從五個他們稱之為「基礎」的主要維度來掌握大部分的人類道德觀。這五個基礎涉及人們所關心的 (1) 公平（正義、平等）、(2) 傷害／關懷（不傷害他人）、(3) 內團體忠誠度（幫助自己人）、(4) 尊重權威，以及 (5) 重視神聖、純潔（遵守儀式、整潔、禁忌等等）。

班傑明使用 MFQ 在網路上從 206 國、285,792 名受訪者搜集而來的資料，進行三種分析。首先，他特別挑出內團體忠誠度基礎。該基礎要求人們具體說明他們對於「人們應該對家族成員忠誠，即使他們做錯了事」之類陳述的同意程度。結果顯示：來自 KII 值較高的國家之人，更注重內團體忠誠度這樣的道德觀。其次，班傑明結合人們兩個普遍價值觀維度（公平與傷害／關懷）的分數，然後減去兩個部落維度（內團體忠誠度與尊重權威），建立了一個量表。這裡的概念是，親屬為本制度強烈支持內團體

西方文化的特立獨行如何形成繁榮世界

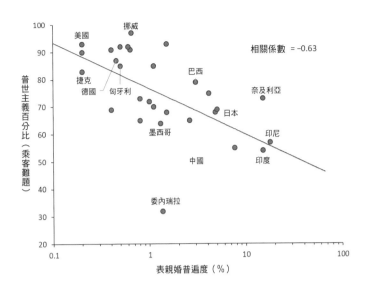

圖 6.7　普世主義與表親婚普遍度的關係，普世主義是以乘客難題中普世主義回應者所占的百分比來計算。表親婚普遍度是以對數尺度呈現。[17]

忠誠度與尊重傳統權威，同時壓抑公平與傷害／關懷等普世或公正的概念。在這裡，親屬關係更緊密的人們較不關心普世道德觀，更關注內團體忠誠度與尊重權威。[18] 最後，班傑明挑出（來自近200 個國家的）26,657 名在網路上回覆 MFQ 的移民。他將每個人與其母國的 KII 值進行配對，只比較那些生活在同一個國家、面對相同政府、警察、安全網等等的人們。這份分析證實上述的跨國比較：即使在同一個國家內，當人們來自親屬關係較緊密的地區，就會更關心內團體忠誠度，而不是非關係型的道德觀。[19]

整體而言，這些道德基礎問卷的結果與我們使用乘客難題及裙帶關係調查的結果一致。從這些結果，我們可以得知一個現象。但這可能只是人們討論道德觀的方式。我們必須知道，當金錢、血液，以及其他珍貴物品處於危險之中時，這些明顯的心理差異是否仍然成立。

金錢、血液與停車位

當你進入經濟學實驗室，一位友善的學生助理便會前來迎接，引領你前往私人隔間。在那裡，你將透過電腦終端機獲得 20 美元，並與其他 3 個陌生人被安排在同一個小組。接著，你們 4 人有機會將這筆錢的任何金額（從 0 元到全部的 20 美元）捐贈給一個「小組計畫」。當每個人都做出捐獻後，小組計畫的所得將增加 50%，並且平分給 4 位成員。由於玩家可以留下他們沒有捐給小組計畫的錢，所以顯而易見地，不捐一毛錢給計畫的玩家將能獲得最多錢。然而，由於所有捐給計畫的錢都將增加（20 美元變成 30 美元），人們捐愈多，整個小組獲得的錢也愈多。你的小組將重複 10 輪互動，最後你將以現金形式獲得所有收入。每一輪，你都能以不具名的形式看到所有捐獻以及自己的總收入。如果你是這場賽局的玩家，在這場與陌生人同組的賽局中，你會在首輪捐獻多少呢？

這就是公共財賽局（Public Goods Game, PGG）。這是一項旨在掌握個人決定為更廣大社群的利益而行動時，所面臨的基本經濟權衡的實驗。愈多人投票、捐血、從軍、舉報犯罪、遵守交

通法規與納稅時，社會將因此得益。然而，個人可能更偏好不投票、避稅、罹患「骨刺」（以逃避兵役），並忽視公告的速限。因此，個人利益與更廣大社會的利益之間存在矛盾。[20]

當研究人員在 WEIRD 學生之間進行公共財賽局時，他們假設每個人都是理性且自私的，然而最後卻發現玩家捐獻的金額比預期多上許多。換句話說，賽局理論的標準預期，或是我稱之為「經濟人」（Homo economicus）的預測，大大低估了人們的合作傾向。這是一個關鍵的見解，然而當研究人員迅速將得自於學生實驗的結果推論至整體人類，認為經濟人演化至「互惠人」（Homo reciprocans）這個令人印象深刻的新詞彙時，問題就出現了。[21]

正如你可能預料的那樣，從更廣泛的角度來看，WEIRD 學生的行為特別不尋常。2008 年，班尼迪克・赫曼（Benedikt Herrmann）、克里斯蒂安・托尼（Christian Thöni）與西門・加特（Simon Gächter），在全球 16 個城市的大學生之間進行公共財賽局。在每個城市，參與者面臨相同的電腦螢幕（內容經過準確翻譯），並在根據各國購買力換算的金額下，進行匿名決定。儘管在不同城市建立了基本上相同的環境與金錢獎勵，研究團隊仍然發現，不同地區的人們與陌生人匿名合作的意願存在相當大的差異。

圖 6.8 使用這些公共財賽局數據，顯示了親屬為本制度較緊密的社會，人們在首輪中捐獻給小組計畫的金額平均較少。我喜歡檢視人們的首輪捐獻，因為玩家在做出決定時，並沒有看到

其他人如何行動。縱軸代表每個國家參與者捐獻的平均百分比
（100%代表他們捐獻全部金額）。從 KII 值與表親婚普遍度來看，
親屬關係緊密度從最低增加至最高，人們首輪捐獻也從 57% 降低
至將近 40%。儘管這些差異看起來不是特別大，但是在接下來數
輪的互動中，差距將變大，特別是個人有機會懲罰他人的時候，
一如我們即將看到的那樣。[22]

讓我們將目光從精心控制的實驗室經濟學賽局轉向真實世界
的公共財──捐血。這種捐獻代表典型的公共財，因為這是自願、
成本高昂、匿名，並且對陌生人有幫助的行為。每個人都可能從
儲量豐富的血庫中受益，因為我們永遠不知道自己什麼時候會突

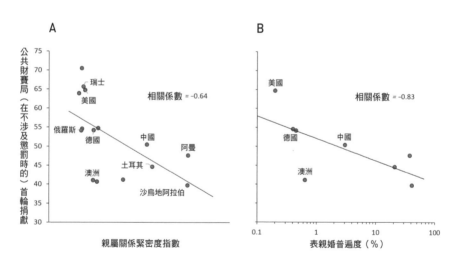

圖 6.8　公共財賽局首輪平均貢獻（以百分比計）與 (A) 親屬關係緊密度及 (B) 表親
婚普遍度的關係。親屬關係較緊密的國家在首輪較不願意合作。表親婚普遍度是以
對數尺度呈現。

西方文化的特立獨行如何形成繁榮世界

然需要輸血。然而，捐血耗費時間、精力且痛苦，對個人而言，很容易逃避去做這件事，之後當自己或家人因受傷或疾病需要血液時，再從其他人的捐獻中不勞而獲。為了檢驗捐血情況，我們的團隊擷取世界衛生組織 2011 年至 2013 年關於無償自願捐血的數據。接著我們計算 141 國每年每 1,000 人的捐血頻率。[23]

圖 6.9 顯示，來自親屬關係較緊密之國家的人很少匿名自願捐血。事實上，那些來自家庭關係薄弱之國家的人，（每年）每 1,000 人中約有 25 人捐血，KII 值最高的幾個國家幾乎無人捐血給陌生人。同樣地，在表親婚比例低的國家，每 1,000 人約有 40 人捐血，表親婚比例高的國家捐血比例卻很低。值得注意的是：這些結果與之前討論的地理、生態及宗教變量無關。[24]

圖 6.9A 揭示了與圖 6.4 關於個人主義模式的類似模式。儘管緊密的親屬關係與捐血頻率低之間有強烈關聯，然而家庭關係薄弱並不保證高捐血率，沒有緊密親屬關係的社會之間展現巨大差異。因此，較不緊密的親屬關係為根植於普世道德觀的非個人規範開啟了一扇大門（如同我們現在討論的捐血），然而薄弱的親屬關係卻無法引領你通過這扇門。

像是布吉納法索或是中國等地區的人們捐血比例不高，我們很容易想到經濟或其他非心理因素；然而，捐血模式與我們在公共財賽局中發現的捐獻模式類似，而上述非心理學解釋顯然不適用於後者。在公共財賽局中，每個人都受過良好教育、理解情況、面臨相同的金錢獎勵，並且明確地被賦予一個方便捐獻的機會。然而，在實驗室中，在涉及陌生人的情況下，人們願意捐獻至公

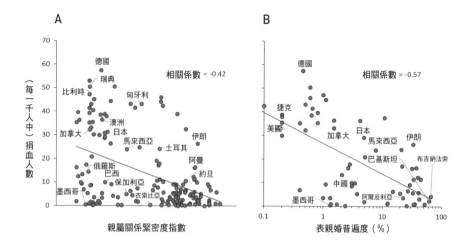

圖 6.9 （2011 至 2013 年間，每年）每 1,000 人中自願捐血人數與 (A) 親屬關係緊密度指數及 (B) 表親婚普遍度的關係。表親婚普遍度是以對數尺度呈現。

共財的傾向與親屬關係緊密程度呈現強烈負相關，在真實世界中的匿名捐血也呈現相同模式。

許多涉及公共財的情境並不像是「真正的合作」，因為沒有人會因為人們未做出貢獻而直接被影響。舉例而言，當人們偷拿辦公室影印間的影印紙、將車停在消防栓前面衝入藥房、逃漏稅、使用個人發票報公帳時，似乎沒人受到明顯傷害，儘管企業與公共安全的整體利益已受到損害。讓我們在實驗室單獨檢視此點，回到非個人的誠實賽局（第 1 章），在賽局中，參與者擲出一個 6 面骰子，並且根據他們回報的結果按比例獲得現金。1 點獲得的金額最少，5 點最值錢，擲出 6 點則拿不到半毛錢。圖 6.10 分

　　　　西方文化的特立獨行如何形成繁榮世界

析這些數據，顯示來自親屬關係較緊密之國家的大學生，擲出的點數較高。沿著趨勢線，擲出高點數的百分比從沒有緊密親屬關係族群的 65%，到有著緊密親屬關係地區的將近 80%。

　　非個人的誠實賽局反映的真實情況是：人們可以選擇遵守公正規則，或是為了個人利益違反規則。第 1 章掌握了這個真實世界中的困境，該章敘述一場自然的實驗，其中各國外交官被帶到位於紐約市的聯合國，並被賦予違規停車的外交豁免權。違反停車規則的人堵塞狹窄的街道、車道與消防栓，雖然這麼做能讓他們在時間與金錢上獲得個人利益，卻同時對其他人（陌生人）造成不便，甚至危及他人。外交官母國的親屬關係緊密度能否解釋

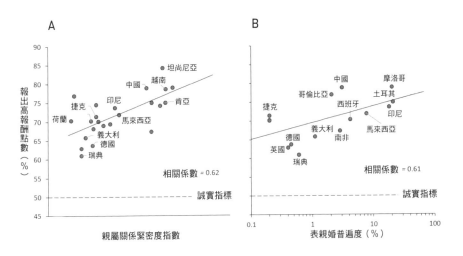

圖 6.10　非個人的誠實賽局中，報出高報酬點數（3、4 或 5 點）與 (A) 親屬關係緊密度指數及 (B) 表親婚普遍度之間的關係。底部的水平虛線是誠實度基準，如果每個人都據實回報自己的點數，那麼這就是我們預期的高點數之比例。表親婚普遍度是以對數尺度呈現。

他們的停車行為呢？

　　確實，來自親屬為本制度較強大之國家的外交官，比起親屬為本制度較薄弱之國家的外交官，累積了更多未支付的違規停車罰單（見圖 6.11）。事實上，無論我們使用 KII 值或是表親婚比例來檢視，家庭關係較薄弱的國家，其外交官代表平均每人收到 2.5 張違規停車罰單，那些來自親屬為本制度較強大之國家的外交官，平均每人收到 10 至 20 張違規停車罰單，換算下來足足有 5 至 10 倍之多。[25]

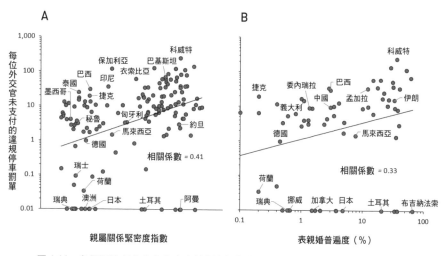

圖 6.11　各國平均每位外交官未支付的違規停車罰單數量與這些國家 (A) 親屬關係緊密度指數及 (B) 表親婚普遍度之間的關係。縱軸與表親婚普遍度皆以對數尺度繪製。

西方文化的特立獨行如何形成繁榮世界

非個人懲罰與報復

所有已知的社會都藉由某種形式的制裁來維持社會規範。在親屬為本制度中，違反規範者通常會被自己的家人或是傳統權威（例如氏族耆老）懲罰。例如：在許多氏族社群裡，如果年輕男子偷了其他村莊的東西，或是年輕女子屢次穿著不得體，他們就可能被父親的哥哥毆打做為懲罰。氏族通常藉由懲罰行為不端的成員來保護自己的集體聲譽——兄長有強烈的動機，不僅僅毆打犯錯的後輩，更要留下某些可見的痕跡，令其他氏族注意到並且確信犯錯者確實受到懲罰。然而，如果是**其他**氏族的人，即便只是斥責小偷或是服裝違規者，都很可能導致暴力衝突。當氏族成員受到來自外部的攻擊，或者僅是批評，都可能構成對全部成員的侮辱。相較之下，親屬關係薄弱的社會，陌生人能夠以個人身分斥責、指出違規行為，有必要時甚至報警，而無須冒著來自違反規範者大家庭、受到名譽所驅動的報復風險。簡而言之，雖然使用暴力通常不會被寬恕，在一個沒有緊密親屬關係的社會裡，個人通常會立即告誡違反規範者，即便他們是陌生人。我們姑且稱之為**第三方強制規範**。

請注意，懲罰有各種不同形式。在親屬關係較緊密的社會裡，你可以藉由懲罰某個自身團體的成員來維護團體的名聲，或是報復對自己團體犯下不端行為的其他團體。然而，你絕不會干涉陌生人之間的互動，而且如果某個陌生人干涉你的家務事，你會感到惱火。例如：如果你看到一個陌生人偷了另一個陌生人的東西，你絕對不會插手，因為你知道那是報復先前的侵犯。相比之下，

家庭關係薄弱的社會中，報仇是不受歡迎的，這麼做也不會獲得名聲或地位。不過，人們認為絆倒一個正在躲避警察的搶匪，或是制服某個不認識、毆打妻子的人是合適甚至值得欽佩的。當我們討論懲罰陌生人或是外團體成員時，我們必須區分**第三方強制規範與由報復驅動的行為**。在各自的文化環境中，兩者都可以是光榮且合乎道德的行為。

在之前的公共財賽局中，赫曼、托尼與加特偶然發現懲罰動機的這些差異。除了先前討論過的實驗，他們也進行了另一個版本的賽局，讓玩家有懲罰團體中其他成員的機會。在這個版本中，參與者於某一特定回合中做出捐獻後，每個人都可以（匿名）看到其他人的捐獻金額，並且有機會付錢從其他玩家手中拿走金錢。具體來說，一個人從自己的帳戶支付 1 美元，實驗者就會從被鎖定為目標的玩家那裡拿走 3 美元。

當這個實驗在 WEIRD 群體進行，這些懲罰機會對於合作有著強大的影響力。一些 WEIRD 群體懲罰搭便車者，而原本捐獻金額低的玩家就會捐獻更多。反覆幾回合後，人們懲罰的意願趨動了捐獻金額，甚至是團體總收益的增加。長遠來看，懲罰同伴的機會導致了整體回報的提高。[26]

然而，在中東或東歐的大學發生的情況就不是這樣了。這些地方的部分參與者也會懲罰捐獻金額低的玩家，但那些被懲罰的低貢獻者經常在後面的回合進行報復，攻擊他們懷疑懲罰自己的高貢獻者。當然，這個實驗設計的目的就是讓這個行為變得困難，畢竟懲罰是匿名進行。然而，來自這些地區的低貢獻者不受阻嚇，

西方文化的特立獨行如何形成繁榮世界

甚至被激怒，仍然盲目地攻擊高貢獻者，在後面的回合懲罰他們。事實證明，這種現象在全球很普遍，但在 WEIRD 學生中卻非常罕見，以致於它僅被認為是某種存在於人類行為中的隨機性。這種報復性反應的後果有時非常強大，以致於懲罰機會完全抑制了允許同儕互相監督和制裁的合作誘導效應。[27]

人們對於兩種懲罰方式的不同傾向與親屬關係緊密度密切相關。分析這些模式的最簡單方式是將每個群體第三方強制規範（懲罰捐獻低於自己的人）的數量，從報復性懲罰（懲罰捐獻**高於自己**的人）的數量中刪除。一如預期，一個國家的親屬關係緊密度愈高，相對於第三方強制規範的數量，人們從事的報復性懲罰就愈多。[28]

懲罰動機的這些差異，會對數輪互動之後的合作貢獻產生更大差異。一個國家的 KII 值或表親婚普遍度愈高，在 10 輪之內的公共財賽局中的平均合作貢獻程度就愈低（見圖 6.12）。在血緣關係最緊密的地方，如沙烏地阿拉伯或阿曼王國，平均貢獻率約為 40%。在家庭關係最薄弱的地方，如美國或瑞士，這一比例達到 70% 至 90%。[29]

這個結果帶來深刻的教訓。經濟學家原本以為在公共財賽局中添加懲罰的選項，將促使人類更加合作。但是，這樣的「政策修正」僅適用於 WEIRD 群體，因為從心理學角度而言，這麼做符合他們的動機、期待與世界觀。相比之下，在其他群體加入懲罰同儕的機制簡直是一場災難，因為這麼做激起復仇循環，即便在實驗室內也是如此。這些群體在沒有「政策修正」的情況下表

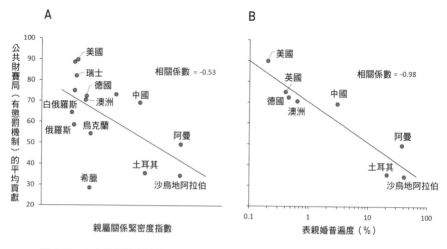

圖 6.12　在有懲罰機制的情況下，經過 10 輪的公共財賽局後，平均合作貢獻與 [A] 親屬關係緊密度及 [B] 表親婚普遍度的關係。表親婚普遍度是以對數尺度呈現。

現得更好。教訓很簡單：政策制定與正式體制必須符合群體的文化心理需求。

道德判斷的意向性

　　緊密的親屬為本制度，藉由將個人交織在共享身分、公共所有權、集體羞恥和共同責任的網絡中，將社群連結起來。因此，在這樣的世界下，審視他人意圖或其精神狀態可能不太重要，甚至適得其反。在預測人們行為時，其環境都會受社會規範和他人目光所限制，以致在察覺人們的個人信念或意圖上難有助益。相反地，試圖了解他們的社會關係、盟友、債務和義務，會是更好的方式。同樣地，在進行道德或刑事判斷時，意圖的重要與否取

西方文化的特立獨行如何形成繁榮世界

決於涉入各方的關係。在極端情況下，當某氏族成員殺害另一氏族的成員時，其意圖或許與判定懲罰無關。如果你殺了另一個氏族的成員，你的氏族成員將負責向受害者氏族支付補償金。這筆補償金的大小並不取決於你是意外殺死那個人（你射殺鹿隻的箭偏離了原來的方向），或是精心策畫的謀殺。此外，如果你的氏族沒有支付規定的補償金，受害者氏族將追究你氏族所有成員的罪責，以及在不理會受害者意願的情況下殺害你的氏族成員以尋求報復。相比之下，當行動者脫離其關係網絡的約束時，意圖、目標和信念變得更加重要。人們在沒有緊密親屬關係所施加的限制時，其意圖或其他心理狀態會告訴你更多關於他們為什麼做某件事或將來可能會做什麼事（所以它們更為重要，也值得更仔細的審視）。[30]

我在第 1 章中曾介紹過一項研究，關於一組人類學家向世界各地的傳統社區居民提出好幾個情景，例如某人在市集上無意或故意拿走他人包裹（「盜竊」）、將毒藥倒入村莊水井（「企圖謀殺」）、出拳傷人（「毆擊」）或違反食物禁忌。我們從這項研究中可以看到，一個人的意圖在判斷「盜竊」的重要性上，可以從洛杉磯和烏克蘭居民的最大值，到巴布亞紐幾內亞新愛爾蘭的瑟瑟昂加人與斐濟亞薩瓦島居民的接近於零。這些判斷也結合了人們對這些行為是「好」或「壞」、肇事者的聲譽應該受到多大的損害，以及肇事者應該受到多大懲罰的評估。如果肇事者的行動是蓄意的，我們就將他們對肇事者的判斷從那些意外行為中排除。[31]

我們現在可以解釋判斷他人意圖的重要性的大部分變異。在進行這項研究的期間，有著強大親屬為本制度的社會，會比較少在我們提供的情景中以人們的意圖做道德判斷。圖 6.13 顯示，判斷某人在繁忙市集中拿走某物（「盜竊」）的意圖的重要性，與當代親屬關係緊密度的關係，為了盡可能符合 KII，我使用我們團隊中人類學家提供的數據，建立當代衡量親屬關係緊密度的方法。這項指數大約涵蓋這些社會以肇事者意圖判斷拿走包裹（「盜竊」）的 90% 差異。其他領域也有類似的關係，尤其是毆打和謀

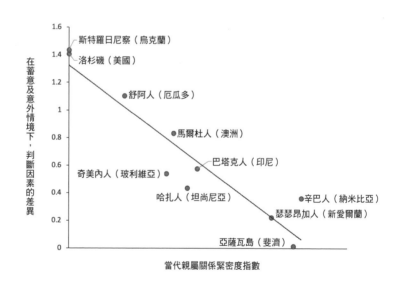

圖 6.13 判斷「盜竊」意圖的重要性與親屬關係緊密度指數的關係。這指數是為了與 KII 匹配而設。與 KII 一樣，數據來源主要基於民族誌觀察。與 KII 不同的是，這並非根據過往歷史，而是掌握了當代實踐。

西方文化的特立獨行如何形成繁榮世界

殺未遂。即使將正規學校教育中的個體差異和當地環境的不確定性考量在內，這樣的模式依然成立。當我們考慮到這些社區仍嵌入在功能齊全的親屬為本制度中，以及他們與前述許多研究的商人、網路受測者和大學生有所不同時，這深刻的關係強度就變得沒什麼好驚訝的。例如斐濟的亞薩瓦人仍然生活在父系氏族制度中、服從長輩、與表親聯姻並共同控制土地。[32]

與他們高強度的親屬關係緊密度一致，未信奉基督教前的歐洲人很可能也是生活在一個受羞恥而非愧疚支配的世界中，並在道德判斷中不重視個體的意圖。像是在斯堪地那維亞傳說和野蠻部落最早制定的法典中，幾乎沒有明確提及像是個人意圖或愧疚的心理狀態，卻強調羞恥或「面子」做為社會控制的核心情感。中世紀教會透過瓦解歐洲部落的親屬為本制度，支持人們利用精神狀態來對他人進行道德與法律判斷。我們稍後將討論這些心理轉變如何影響自中世紀中期開始的西方法律發展。[33]

分析性思維

心理學家認為，學習如何有效駕馭關係緊密的社會環境，能影響人們對非社會世界的思考與分類。成長在親屬為本制度中的人們，會將注意力集中在人際關係和人與人的相互連繫上；相比之下，那些生活在親屬關係薄弱之社會的人們，傾向根據自身個人能力、性格和特徵與他人建立互惠互利的關係。這裡的概念是：緊密的親屬關係能培養思維更全面的人，他們會關注到更廣泛的背景與事物關聯，包括個人、動物或物體之間的

連繫。相比之下，親屬關係較不緊密的社會則培養更多分析導向思維的人。他們傾向透過為人與物體分配屬性、特質或個性來解析世界，並經常根據假定的潛在本質或傾向分類它們。我們在第 1 章討論了用來區分分析性思考與全面性思考的分類測試。在這項測試中，參與者會看到三個圖像，例如手、冬季手套和羊毛帽。在這三個圖像中，他們可選擇目標物體（例如手套）應該搭配手還是帽子。由於分析性考者喜歡單獨、受規則支配的類別，所以他們傾向把手套和帽子歸類在一起，做為冬季服裝。相比之下，由於全面性思考者會先尋找關聯，所以他們更傾向把手與手套歸類在一起。[34]

那些來自表親婚比例較高國家的人們，會表現出更全面性的思考方式（見圖 6.14）。從約 30% 婚姻涉及親屬的群體，到幾乎沒有表親婚的群體，前者主要使用全面性思考（60% 的全面性），後者則偏向分析性思考（62% 的分析性）。請注意，我刪除了 KII 的分圖，因為在曾受過分類測試的 30 個工業化國家中，都顯示親屬關係緊密度變化很小，所以無法獲得太多資訊。[35]

基於親屬為本制度與分析性思考之間的關係，或許有助於理解一種長期被認為是跨文化模式的「場地獨立」（以及「場地依賴」）感知能力。場地獨立反映一個人在**不依賴**背景或脈絡的情況下，準確評估空間內物體大小和位置的能力。這個概念與我在序言討論閱讀有關的分析性視覺處理過程有密切相關。例如在桿框測驗中，來自不同社會的人坐在桿子前，而桿的周圍則被方形框架包圍。實驗者慢慢地轉動旋鈕讓桿子在空中轉動，就像是用

西方文化的特立獨行如何形成繁榮世界

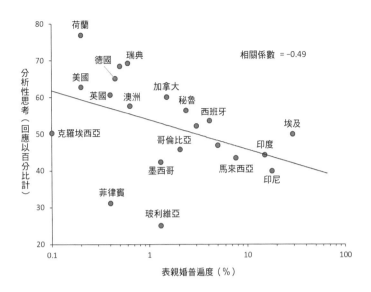

圖 6.14　基於分類測試的分析性思考與表親婚普遍度的關係。表親婚普遍度是以對數尺度呈現。

手擺動時鐘那樣。受試者的任務是在桿子抵達垂直位置（12 點鐘方向）時告知實驗者。這實驗也可以透過旋轉方形框架使其傾斜於地面，讓實驗變得更加困難。那些比較「場地依賴」的人會在方形框架歪斜時難以使桿子垂直，並傾向讓桿子與方形框架對齊。比較「場地獨立」的人則更輕易忽視方形框架的轉動，以及讓桿子垂直對齊。實驗將依據桿子與垂直線的偏差而打出客觀的分數。心理學家在 1960 年代和 1970 年代發現：傳統農業人口雖然非常「場地依賴」，但世上有兩個不同的群體特別「場地獨

立」。第一個是 WEIRD 群體。你能猜出另一個嗎？

那些不停移動、擁有廣泛（但不緊密的）親屬為本制度的狩獵採集者，都是「場地獨立」的。這也與人類學家長期以來的意見一致，他們認為狩獵採集者與擁有更緊密親屬為本制度的農民或牧民相比，會更強調注重獨立、成就和自力更生的價值觀，並淡化服從、從眾和尊重權威的價值觀。值得注意的是，在教會擴張後，歐洲各個語言（如英語、德語、法語和西班牙語）所採用的親屬稱謂，都與許多移動的狩獵採集群體相同。[36]

整體而言，上述證據表明，如果我們的心智一直都在適應和校準這些體制所創造的社會世界，那麼全球心理變異與緊密親屬關係恰恰是以我們期望的方式共同發生。就目前來說，我們只需理解世界各地的心理變異程度，並認知到它們會按照預期方式出現就足夠了。我們將在下一章更仔細地研究這些關係，並斟酌各種共同支持親屬為本制度變化會導致重大心理差異的證據。但在我們還沒有討論這些證據前，讓我們看看教會、緊密親屬關係和心理差異之間的全球關係。

教會改變了親屬關係，也改變了人們的心理

緊密親屬關係與心理差異的連繫，帶出一個關鍵問題：為什麼世界各地的親屬關係緊密度差異如此之大？

你已經在第 3 章得到部分答案：某些地區生態條件有利於不同形式糧食生產的發展與傳播，這包括畜牧業和農業灌溉。

人口成長與控制可生產糧食領土的壓力，激發社會與社會之間的競爭，並反過來促進那些可設立更大社區、更廣泛合作、更大生產量、更好指揮和控制的規範。文明的演化最終產生出複雜的酋長領地和國家；但親屬關係會在這個擴展過程的大部分時間裡以多種方式變得愈加緊密。一些地方出現的前現代國家總是建立在緊密親屬關係的基礎上。因此，不同緊密程度的親屬為本制度，可透過各種歷史路徑追溯至生物地理學、氣候、流行疾病（如瘧疾）、土壤肥力、通航水道，以及已馴化動植物可得性的差異上。當然，圍繞在前現代國家的歷史細節也很重要，這是因為一些國家會利用親屬為本制度，而另一些國家則會試圖「反擊」它們。這些因素都導致了全球親屬為本制度的差異。[37]

然而我們感興趣的問題是，透過檢視親屬關係緊密度與接觸基督教會的時長之間的關係，理解教會是否以及在多大程度上塑造了全球親屬為本制度的變化。我們接著質問：心理變異是否可以直接追溯至中世紀時期與教會的接觸？

為了評估不同群體與教會婚家計畫的接觸程度，我們繪製教會的勢力擴張地圖，時間約從婚家計畫開始鞏固的西元 500 年起，至 1500 年為止。為了彙集這個數據庫，我們主要仰賴主教轄區何時建立的資料，因為這通常與各地國王或部落首領轉宗改信基督教有關。我們使用這些資料計算出接觸西方教會和東正教教會的時間長度。這一點很重要，因為即使東正教教會沒有像西方教會那樣極端，也沒有像西方教會那麼熱衷執行婚家計畫，但他們確實有自己的計畫，也就是簡配版的婚家計畫（見圖 5.3）。我

們將西元 1500 年減去婚家計畫開始的年份，就能得到兩種評估教會影響的「時長」，一種是用於西方教會，另一種用於東正教教會。[38]

婚家計畫對歐洲的影響，使我們能計算出世界各地婚家計畫的影響。我們為了達到此目的，使用一個叫做「遷移矩陣」（migration matrix）的方式，估計自西元 1500 年至 2000 年間，[39] 從一個國家移到另一個國家的人口總流量。在世界上各個國家中，我們 (1) 檢視其現代國家的族群構成，(2) 追溯每個亞族群祖先在西元 1500 年時生活的地點，(3) 根據這些亞族群在 1500 年時的生活地點分配婚家計畫時長，以及 (4) 將所有亞族群重新組合在一起以產生聚合每個現代國家婚家計畫的時長。如果這做法看起來很粗糙，確實如此。幸運的是，婚家計畫的影響是如此巨大，以致於它仍然能透過這個曲折的方式顯現出來。[40]

我們首先將教會與親屬關係緊密度連結起來。這些數據顯示：當一個國家的人民接觸教會的時間愈長，其親屬為本制度愈顯薄弱。西方教會和東正教教會的婚家計畫時長，可以解釋全球各國在親屬關係緊密度指數中約 40% 的差異，以及在表親婚普遍度中 62% 的差異。相比之下，農業發展的時間僅占親屬關係緊密度變化的 18%，以及占各國表親婚差異的 10%。事實上，在我們試圖了解全球親屬關係緊密度變化時所探索的農業、生態、氣候、地理和歷史因素中，最大的因素（儘管不是唯一的）是與教會的接觸歷史。[41]

西方教會在減低親屬關係緊密度的影響上，普遍強於東正教教會，但僅僅強了一些。然而正如所料，東正教教會對表親婚的頻率沒有影響，所以功勞全歸在西方教會上。每一個世紀與西方教會的接觸，都能降低接近 60% 的表親婚比例。這一發現與過往歷史紀錄非常吻合，因為表親婚（但不是一夫多妻制或雙邊繼承）代表了西方教會完整的婚家計畫與東正教教會「簡配版」婚家計畫的核心區別。[42]

現在，讓我們直接看看接觸教會時長與心理之間的關係。圖 6.15 顯示高時長的婚家計畫對上述心理測量的影響。那些曾長期集體經歷西方教會統治的國家人民，往往(A)較少受規範約束、(B)沒有那麼循規蹈矩、(C)不那麼迷戀傳統、(D)更個人主義、(E)不會那麼不信任陌生人、(F)有著更強的普世道德、(G)在新群體裡更容易與陌生人合作、(H)對第三方懲罰更敏感（在有懲罰

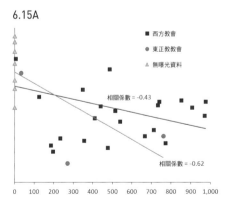

6.15A

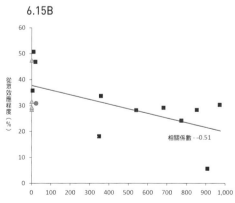

6.15B

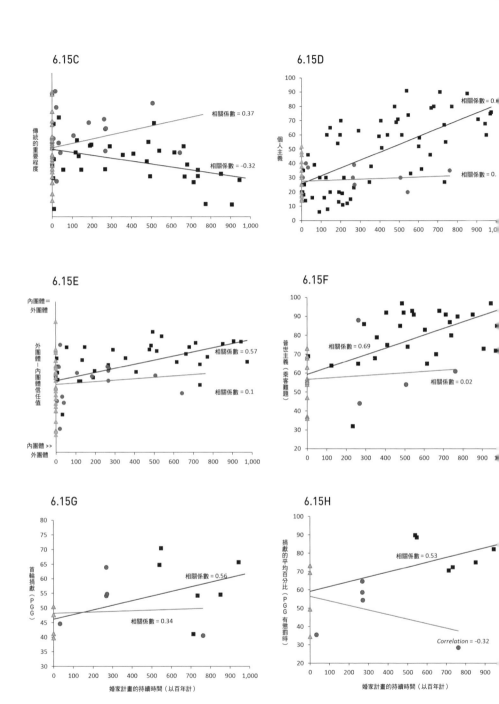

西方文化的特立獨行如何形成繁榮世界

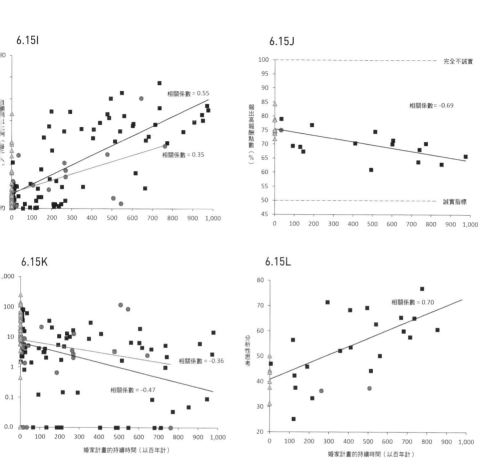

圖 6.15 同時接觸西方教會與東正教教會的時間長度與心理素質關係：(A)「緊密度」分數，(B) 艾許從眾實驗使用錯誤判斷的比例，(C) 嚴守傳統，(D) 個人主義，(E) 非個人的信任（外團體－內團體信任值），(F) 乘客難題中的普世主義，(G) 公共財賽局不涉及懲罰時的首輪平均捐獻，(H) 公共財賽局有懲罰時超過 10 輪的平均捐獻，(I) 每年每千人中的自願捐血人數，(J) 非個人的誠實賽局中報出高報酬點數的百分比，(K) 聯合國外交官未支付的違規停車罰單數量，以及 (L) 從三件組實驗結果獲得的分析性思考百分比。

的公共財賽局中貢獻更大）、(I)更願意自願捐血、(J)更客觀誠實（對匿名體制）、(K)在外交豁免權下也不太會累積停車罰單，以及(L)更具分析性思考。

這些影響很大。例如：在長達 1,000 年的婚家計畫洗禮下，人們願意在艾許從眾實驗中跟隨其他組員給出錯誤答案的比例降低 20%（見圖 6.15B），人們願意為朋友在法庭上撒謊的意願也降低 30%（特殊主義凌駕普世主義，見圖 6.15F）。同樣地，在長達一千年的婚家計畫洗禮下，群體的個人主義從當代肯亞的強度提升至比利時的強度（圖 6.15D）、自願捐血比例增加 5 倍（圖 6.15I）、人們誇大投擲骰子點數的意願減少一半（圖 6.15J），以及，外交代表團未付違規停車罰單的數量從每人 7 張減少至每 10 人僅 1 張（圖 6.15K）。並且，每經一世紀的婚家計畫洗禮，都會使人們的分析性思考傾向提高約 3%，而 1,000 年下來大約提高 40% 到 74% 之間（圖 6.15L）。我們的分析還顯示了，受西方教會婚家計畫影響較深的群體，不太關心向孩子灌輸服從概念這件事，也不太願意聘請家人擔任高階管理職位（家庭忠誠度低）。[43]

接觸東正教教會的時間長短也揭示了相似的模式，但與西方教會相比，影響通常較小。在某些情況下，我們缺乏來自接觸過東正教教會的國家的數據，因此你只能在圖 6.15 中看到西方教會的數據點與一條同位線。在其他情況下，我們有為緊密度與分析性思考所繪製的數據點，但數據稀少，無須認真看待。捐血與未支付違規停車罰單的最完整數據，可以在圖 6.15I 和圖 6.15K 中

西方文化的特立獨行如何形成繁榮世界

找到。在這些情況下，東正教教會的影響與西方教會的影響相似，只是前者顯得較弱。東正教教會和西方教會之間的差異是很重要的，因為它表明了，心理差異與之後的經濟和政治差異，並不是因為接觸羅馬帝國制度或基督教本身所致。直到1453年之前，東正教都是東羅馬帝國的官方教會，提倡與西方教會非常類似的超自然信仰與儀式。這些研究發現支持一種觀點，即西方教會與東正教教會長期影響的區別，在於婚姻與家庭實踐，尤其關係到亂倫禁忌的政策與實施。

打開水閘

我在本章的目標是要說服你，廣泛的全球心理變異模式，是與下圖的因果路徑一致：

儘管我們的數據是粗糙的，心理面向、親屬關係緊密度與婚家計畫時長之間的關係強度，仍然是顯著的。當然，我們看到的全球心理變異總有可能是由其他隱藏因素引起，並恰好與我現在強調的路徑相符。我在下一章中會提供很好的證據來反駁這一點。

儘管如此，仍須強調的是：在上述討論的各個心理面向中，

只要有足夠的數據，無論是班傑明或是我們的團隊，都會進行數十種補充分析，以盡可能從統計學上解釋大量其他因素的影響，這些因素可能創造了本章所點出的的關係因素。總的來說，我們研究了農業生產力、地形的崎嶇、宗教信仰、與赤道的距離、通航水道、寄生蟲帶來的壓力、瘧疾、灌溉潛力與歐洲殖民。我們還隔開了同一塊大陸上各國之間的心理差異，並且只比較具有相同主要宗教教派的國家。在這樣反覆分析後，我在上面論述中所展示的關係大致是成立的，儘管它們之間通常會有點不穩定。這些關係有時確實會消失，但並非有規律的（宗教信仰或農業生產力的影響力並不會一直強於親屬關係緊密度或婚家計畫時長）。綜合來說，我們的分析強烈顯示，沒有閃電般的因素能摧毀我們的發現，並揭示其他足以解釋全球心理變異的路徑。但問題在於，揭示廣泛全球變異模式最方便的方法是比較國與國，但它不是挖掘「是什麼導致什麼」的方法，因為當中隱藏因素太多。我們將在下一章深入挖掘以更清楚地揭示這個路徑。

在此之前，讓我們先停下來並退後一步。我上述所做的分析，從表面上看是讓我們能了解教會如何在中世紀中期（1000 年至1250 年）改變歐洲地區人們的心理。當時一些歐洲社群已經歷近5 個世紀的婚家計畫。當時光來到 1500 年，也就是所謂現代世界的黎明時期，一些地區已經歷近一千年的婚家計畫。這些由家庭與社會網絡組織轉變所引起的心理變異，有助於我們理解，為什麼新設的體制或組織會以特定的方式發展。新修道院秩序、職業公會、城鎮和大學，逐漸以專注在個體的方式制定他們的法律、

　　　　西方文化的特立獨行如何形成繁榮世界

原則、規範和規則，並也常賦予當中成員抽象的權利、特權、責任和組織義務。這些自願組織為了蓬勃發展，必須吸引流動的個體，然後培養他們遵守（最好將其內化）共同商定的原則與規矩。當緊密的親屬關係被強烈限制後，中世紀歐洲人的共通點是：信仰基督教，及其道德普世主義、個人責任感和強烈的自由意志觀念。在這片奇特的土壤上，一套非個人的社會規範萌芽起來，並逐漸往外傳播。

PSYCHOLOGICAL DIFFERENCES, FAMILIES, AND THE CHURCH
六、心理差異、家庭與教會

—————————————— 注釋 ——————————————

1.　Bahrami-Rad et al., 2017.

2.　班傑明‧恩柯與我的團隊都創造了自己版本的親屬關係緊密度指數（Enke, 2017, 2019; Schulz et al., 2019）。由於這些指數的結果相似，我決定忽略其建構過程的細微差異，並在主文中將它們合併。

3.　這張地圖結合「民族誌圖譜」資料與目前全球民族語言群體的分布狀態（Schulz et al., 2019）。為了推測所有民族語言群體的 KII 值，我們首先計算圖譜中數千個族群。然後我們利用這個語言譜系資料，分配其他所有族群的 KII 值，端視這些族群最接近圖譜中的哪個族群。我們彙集這些資料，建立全國的 KII 值，做為跨國間分析使用，或是將這些資料直接與全球調查中的個人連結起來，做為個人分析使用。語言地圖來自 www.worldgeodatasets. com.

4.　熟悉演化生物學的讀者可能會猜想關聯性更高的團體之間應該更加合作。這雖然是對的，但在這些群體間發現的關聯量是如此之少，以致於無法解決真實世界中實際的合作情況。我們用來比較的基因關聯性數量非常小。

5. 數據來自：Gelfand et al., 2011. 由於我不太知道如何為以色列分配一個 KII 值，因此並未將它納入分析。我可以藉由他們的語言（也就是希伯來語）將以色列部分亞族群連結至某個 KII 值，但是這個語言直到 19 世紀中期重新復甦之前，一直是一個死的語言。

6. 分圖中的相關係數是斯皮爾曼相關係數（Spearman correlations）。要理解表親婚的效果為什麼是非線性的，就必須明白每次婚姻都在兩個家庭之間建立了一段關係。兩個家庭間的第一個婚姻創造了連結。第二個婚姻可以強化這個連結，但是卻不如第一個婚姻重要。因此，對於社會嚴格度而言，更多的表親婚，其邊際收益卻呈現遞減。

7. 數據來自：Bond and Smith, 1996; Murray, Trudeau, and Schaller, 2011. 關於緊密度與從眾性之間的關係，請見：Gelfand et al. (2011). 注意：如果你使用的是每次實驗的實際效應規模（圖 1.3），而不是錯誤比例，結果也同樣強烈。我使用錯誤率的原因是它們比較好理解。

8. 如果你使用的是「民族誌圖譜」中某個經過詳細研究的族群分組數據（標準跨文化樣本），裡頭包含灌輸服從觀念的資訊，你會發現相同的關係（Enke, 2017, 2019）。

9. Elison, 2005; Fessler, 2004; Wallbott and Scherer, 1995.

10. Enke, 2017, 2019; Jaffe et al., 2014; Stephens-Davidowitz, 2018; Wong and Tsai, 2007.

11. Enke, 2017; Schulz et al., 2019. 在我們的兩個親屬關係緊密度量表與核心家庭對家庭關係的主觀價值之間，也存在強烈的相關性（Alesina and Giuliano, 2015）。

12. Ahmed, 2013, pp. 21–23; Hilton, 2001.

13. 在新幾內亞（第 4 章）的塞皮克河流域，伊拉西塔村的村民認為陌生人都

是「巫師與小偷」，因此「幾乎不想去拜訪他們的巢穴」。這樣的想法在戰事結束後仍持續數十年。如果陌生人在拜訪伊拉西塔村落時要求住宿，他們會被安置在有屋頂但四周沒有牆面的平臺，如此村民才能監視他們（Tuzin, 1976, pp. 22–23）。

14. Enke, 2017; Schulz et al., 2018. 關於信任度的資料來自世界價值觀調查（Inglehart et al., 2014）。

15. Enke, 2017, 2019. 親屬關係緊密度也可以解釋圖 1.7 的信任度變異地圖，這份地圖使用了普遍信任問題。然而，這個關係是薄弱的。如同第 1 章所說，細緻分析顯示，在中國這樣的國家，當人們回答普遍信任問題時，會說「大部分的人都值得被信任」，但是也會說不能信任外國人、其他宗教信徒，或是第一次見面的人。這顯示儘管普遍信任問題能夠測量歐洲與美國的非個人信任程度，但在其他地方不一定如此。普遍信任問題是一個屬於 WEIRD 社群的問題（Chua et al., 2008, 2009; Enke, 2017; Greif and Tabellini, 2015; Schulz et al., 2019）。關於補充資料與連結，請見 Schulz et al. (2019) 的討論。

16. Enke, 2017; Schulz et al., 2019.

17. 乘客難題的相關數據來自：Schulz et al., 2019; Trompenaars and Hampden-Turner, 1998.

18. Enke, 2017; Haidt, 2012; Haidt and Graham, 2007.

19. Enke, 2017, 2019. 關於移民的分析，我們應該擔心驅動結果的因素與這些移民的母國有關，而且恰好與緊密的親屬關係相關。為了解決這個問題，班傑明在數據上移除了像是移民母國的就學與人均 GDP 之類的影響，以及溫度、與赤道距離、農業肥沃度、瘧疾普遍度等許多地理因素。結果站得住腳。可能有人會進一步擔心歐洲殖民與占領才導致這些結果，但是當班傑明在數據上移除移民母國內的歐洲後裔的百分比，僅比較被同一個歐洲強權殖民國家的個人時，結果仍然站得住腳。最後，我們可能會擔心這些關於道德性的結

西方文化的特立獨行如何形成繁榮世界

果只是因為上述討論中的信任度差異所造成；然而，班傑明的分析顯示，緊密的親屬關係除了對普遍信任造成深刻影響，也影響了道德性。班傑明也提供關於道德基礎問卷的額外分析，請見：Enke, 2019.

20. Bowles, 2004; Henrich and Henrich, 2007.

21. Bowles and Gintis, 2002; Fehr and Gächter, 2000, 2002; Herrmann et al., 2008.

22. Herrmann et al., 2008; Schulz et al., 2019. Herrmann et al. 捐獻至小組計畫的金額增加了 40%，而非 50%，我簡化了這點。

23. Schulz et al., 2019.

24. Schulz et al., 2019.

25. Schulz et al., 2019.

26. Gächter, Renner, and Sefton, 2008.

27. Gächter and Herrmann, 2009; Herrmann et al., 2008.

28. 恩柯（2017，2019）使用自己的 KII 量表進行這項分析。經濟學家以「利他主義的懲罰」及「反社會的懲罰」這兩種懲罰類型稱之。這些名詞本身也承載了特定價值觀。根據一個社會的體制，所謂的「反社會的懲罰」可以維持社會秩序，「利他主義的懲罰」則可能導致暴力循環。這兩種類型的懲罰名稱各自代表了對於某種特定社會結構的自我調適心理校準（Bhui et al., 2019a; Henrich and Henrich, 2014）。

29. 當班傑明分析《全球偏好調查》（Global Preferences Survey，第 1 章）的問卷問題時，第三方強制規範與報復也出現了差異。根據來自 75 個國家、上萬人的資料，其結果顯示，當個人來自親屬為本制度較不緊密（KII 值較低）的群體，會更願意懲罰「對他人不公平」的人，也比較不願尋求報復

（Enke, 2017, 2019）。此外，如果我們只聚焦《全球偏好調查》中 147 個國家、2,430 名第一代移民，結果顯示，相對於第三方強制規範，當個人來自親屬關係較緊密的國家，會展現出更強烈的報復傾向。當我們只比較生活在同一個國家的不同移民，並在數據上將個人年齡、性別、家戶收入與正規教育等因素納入計算時，結果仍然站得住腳（Enke, 2017, 2019）。

30. Barrett et al., 2016; Gluckman, 1972a, 1972b, 2006; Harper, 2013; Moore, 1972.

31. 感謝克拉克・巴雷特（Clark Barrett）、雅莉莎・克里藤登（Alyssa Critenden）、艾力克斯・博爾雅納茲（Alex Bolyanatz）、馬丁・卡諾夫斯基（Martin Kanovsky）、喬夫・庫什尼克（Geoff Kushnick）、安・畢索爾（Anne Pisor），以及布魯克・席爾薩（Brook Scelza）提供他們田野地的相關資料，這些資料對於建構當代親屬關係緊密度指數是不可或缺的。

32. Barrett et al., 2016; Curtin et al., 2019. 根據我的團隊在亞薩瓦島的研究，沒有理由懷疑這些意圖影響力的差異是因為人們推測他人心理狀態的認知能力。這種心智能力對於人類的許多重要作業而言都是不可或缺的，例如關於對話的文化學習。相反地，人們似乎並不總是注意其他人的心理狀態，特別是建立某種第三方的道德或名聲判斷的時候（McNamara et al., 2019a, 2019b）。

33. Berman, 1983; Drew, 1991, 2010a, 2010b; Gurevich, 1995; Harper, 2013.

34. Varnum et al., 2010.

35. Schulz et al., 2018.

36. Barry, Child, and Bacon, 1959; Berry, 1966; Liebenberg, 1990; Witkin and Berry, 1975; Witkin et al., 1977. 幾個關於場地獨立的不同實驗，也大致講述相同的故事。有關嵌圖測驗（embedded-figures task）的場地獨立變化，請見：Kuhnen et al., 2001. 這種親屬關係的學術術語是「愛斯基摩系統」（Murdock, 1949）。

37. Diamond, 1997; Enke, 2017; Hibbs and Olsson, 2004.

38. 分配這些年份是件棘手的事，最重要的是，現代國界並不能反映歷史時間，此外也很難清楚知道何時被納入教會管制（教宗詔書沒有宣布）。例如：部分德國地區早在 734 年納入，但其他地區則要晚些（12 世紀）才被納入。這些是重要的問題；但現在先擱在這裡，因為我們會在下一章透過深入研究歐洲各國主教轄區對區域的影響來回應這些問題。

39. Putterman and Weil, 2010; Schulz et al., 2019.

40. 我們沒有創建運行至西元 2000 年的教會劑量（Church dosages），原因有兩個。首先，教會在 1215 年的第四次拉特蘭會議後，放鬆對婚家計畫的限制，而 16 世紀的新教發展也進一步緩解了限制，因此最強的影響確實是在大約 500 年至 1200 年期間出現的。其次，為了計算其他地區的教會劑量，我們必須考量 1500 年之後發生的大規模歐洲移民出境、非洲奴隸貿易，以及其他大規模人口流動。我們為此使用普特曼和韋爾（Putterman and Weil）的遷移矩陣。

41. Schulz et al., 2019.

42. De Jong, 1998; Enke, 2017; Schulz et al., 2018; Ubl, 2008.

43. Schulz et al., 2019.

七、歐洲和亞洲

由於歐洲有著複雜的歷史，一些地區只接受相對較少的教會婚家計畫。舉例來說，我們在第 5 章看到，雖然愛爾蘭、布列塔尼和義大利南部長期都信奉基督教，但他們遲至英格蘭和加洛林帝國領土（包括義大利北部、法國大部分和德國西部）納入教宗勢力範圍後才加入其中，並接受全盤的婚家計畫。這意味著如果我的想法成立，我們應該能夠解釋歐洲內部、甚至是西元 1500 年的基督教世界的心理變異。

探索這一點至關重要，因為雖然我在上一章介紹的跨國關係是豐富且有力的，仍可能還有其他大量因國家而異的隱藏力量。當中包括宗教、歷史、殖民主義、血統、語言等相關因素。我們當然會試圖以一些方式對它們進行統計管制，但你永遠無法完全確定。在這裡，透過聚焦在歐洲，我將表明仍有可能檢測西方教會在中世紀歐洲蹣跚而行的足跡——無論是在當代歐洲人的心理，還是在歐洲親屬為本制度的殘餘之中。如果我們找到與上一章發現的跨國模式相似的模式，現在便可以透過比較歐洲國家內小區域的方式，排除其他眾多解釋。

這裡的關鍵問題是：若與較少接觸教會和婚家計畫的地區相比，來自接觸史更長的歐洲地區的個體，會不會更個人主義和獨立自主、不那麼順從和從眾，以及更具非個人的信任與公平呢？

教會的足跡

在本節，我們將仰賴來自歐洲社會調查（European Social

Survey）的四個量表，這組量表包含了來自 36 個國家的數據。在用來建立前兩個量表的每個問題中，參與者被要求從「完全不像我」到「非常像我」的 6 點量表回答他們與虛構人物的相似程度。這些陳述中的性別代詞有經過調整以符合受訪者。以下是前兩個量表：

1. **從眾與服從性**：該指數代表參與者對四個相關陳述的平均反應，包括「對她來說，表現得宜總是重要的。她想避免做出任何人會說是錯誤的事情」，以及「她相信人們應該按照指示去做事。她認為即使沒人在看，也應該時時刻刻遵守規則」。

2. **個人主義和獨立性**：這平均指數回應兩種陳述：「對她來說，能自己決定要做什麼很重要。她喜歡自由，並且不依賴他人」，以及「對她來說，想出新點子和發揮創造力是重要的。她喜歡以自己的獨創方式做事」。

為了評估人們非個人利社會行為，參與者被要求以 11 點量表（從 0 到 10）回應這些問題：[1]

1. **非個人的公平**：「你認為大多數人會乘機占你便宜，還是會試圖公平？」這個量表的範圍是從 0（「大多數人會嘗試占我便宜」）到 10（「大多數人會試圖公

　西方文化的特立獨行如何形成繁榮世界

平」）。

2. **非個人的信任**：「一般來說，你會認為大多數人是可以信任的，還是應該在與他人打交道時保持謹慎？」這個量表的範圍從 0（「你愈小心愈好」）到 10（「大多數人是可以信任的」）。

為了檢查歐洲人心理是否還可以檢測到婚家計畫的影響，我們團隊建立了一個追蹤歐洲 896 個主教區分布的數據庫。我們使用這些數據，計算歐洲 442 個地區的教會接觸平均值，如同我在圖 7.1 所繪製的那樣。我們在評估一個地區的時長時，會特別關注在教宗管理下的主教轄區。例如一些主教區很早就在西班牙南部和義大利建立起來，但被與羅馬主教不友好的勢力征服時，便與西方教會「脫節」了。例如伊斯蘭社會在幾個世紀的時間裡征服了西班牙的大部分地區和義大利的部分地區。然而後來這些地區再度被征服並重返西方教會後，主教轄區再次在我們的時長測量中變得「活躍」。同樣地，愛爾蘭雖然很早就基督教化，但凱爾特教會並沒有實施婚家計畫，所以這些地區直到西元 1100 年左右才被納入教宗與婚家計畫的影響勢力範圍中。

值得注意的是，我們的研究結果顯示：生活在受婚家計畫影響較長時間地區的人們，擁有較弱的從眾－服從傾向、較強的個人主義－獨立動機，以及較強的非個人的公平和信任。由於我們只比較國家內部地區，這些模式不可能是因當代歐洲國家在國家財富、政府或社會安全網方面的差異所致。在統計上去除了收入、

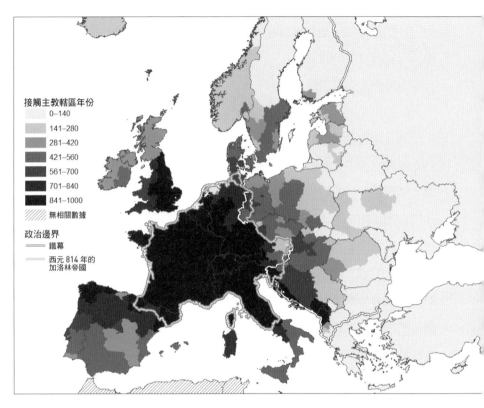

圖 7.1　西元 500 年至 1500 年間的歐洲，婚家計畫在教宗控制的主教區內擴散的時長。時長以接觸西方教會的年數來衡量，範圍從 0 到 1,000 年。陰影愈深，顯示婚家計畫的時長愈強。由於加洛林帝國在中世紀早期與教會合作實施婚家計畫（見第 5 章），因此特別凸顯出查理曼大帝在 814 年去世時的帝國邊界。做為參考，邱吉爾在 1946 年演講所提到的鐵幕邊界，特別標出了 20 世紀的歐洲社會主義版圖。

　　西方文化的特立獨行如何形成繁榮世界

教育、宗教教派和自身信仰程度的影響後，這些結果也能成立。在統計人們的宗教派別（天主教、新教、穆斯林等）和個人宗教信仰程度後，當地婚家計畫時長仍然保持強大的這個事實很重要，因為我們可能會擔心主教轄區的作用是透過人們的超自然信仰或儀式來實現。

當然，不同的主教轄區建立可能也受一些隱藏力量影響，並在改變人們心理方面發揮著真正的實際作用。因此，我們也在統計上保持許多不同地理、生態和氣候的影響因素，包括農業生產力、降雨量、灌溉、溫度和地形崎嶇度。為了取得各種歷史力量，我們對古羅馬道路、修道院和中世紀大學以及該地區在西元 500年的人口密度進行統計控制。這應該能處理在婚家計畫開始時的經濟發展與羅馬影響力差異。然而即使進行了這些統計控制，我們的四個心理量表仍顯示與教會的婚家計畫時常有著穩固的關係。總而言之，那些受婚家計畫支配更長時間的歐洲社區，其心理層面在今時今日會顯得更具 WEIRD 特質。

這將教會與當代心理連結在一起。然而，如果我追蹤的因果路徑是正確的，我們也應該期待歐洲較少接觸教會的地方擁有更強大的親屬為本制度。

緊密親屬關係的最後殘餘

將一個地區的教會接觸與緊密的親屬關係連結起來是有挑戰性的，這是因為我們很難從歐洲獲得有關親屬關係的詳細數據，

而且「民族誌圖譜」所掌握的歐洲資料也特別少（人類學家避開歐洲──WEIRD 特質太強烈了）。相當諷刺的是，我們團隊能夠找到的最佳資料來源，是教宗授權特許人們與一代堂表親通婚的紀錄。如前面所述，教會在中世紀後半葉開始允許人們申請特別許可與表親通婚。我們團隊整理了各式歷史資料，根據 20 世紀法國、西班牙和義大利 57 個不同地區的特許紀錄收集一代堂表親通婚的比例。為了突出這些影響的強度，我們加入了土耳其地區的數據。土耳其因部分位於歐洲而被涵蓋在歐洲社會調查中，我們團隊也在另一項調查中找到土耳其的表親婚數據。添加土耳其數據可以讓我們洞察婚家計畫擴展到拉丁基督教世界以外的情況。正如預期，土耳其地區由於從未經歷婚家計畫，以致有著高於西班牙、義大利和法國的表親婚比例。

結果如下：在中世紀時期較少接觸婚家計畫的地區，人們更有可能在 20 世紀仍要求特許與表親聯姻。事實上，透過理解當地的婚家計畫時長，讓我們能解釋義大利、法國、土耳其和西班牙各地區近 75% 的一代堂表親通婚比例變化。如果我們不考慮土耳其，婚家計畫的接觸仍占表親婚地區差異的近 40%。換句話說，一個地區每接觸一世紀的婚家計畫，其表親婚比例就會下降近四分之一。

我們的分析進一步證實第 5 章所建立的歷史敘述：如果一個地區位於中世紀早期的加洛林帝國內，那麼它在 20 世紀的一代堂表親通婚比例將非常低，甚至是零。如果一個地區在加洛林帝國之外，如義大利南部、西班牙南部和布列塔尼（法國西北部半

島），表親婚比例會更高。在 20 世紀的西西里島上，由於當地有太多人要求與表親通婚的特許，教宗授予西西里主教特權，可以在未經梵蒂岡許可下特許二代堂表親之間的婚姻。在一般情況下，特許是（並且仍然是）教宗的特權，但因當地要求是如此之多，以致於必須給予例外處理。[2]

為了取得更全面的理解，讓我們檢視一代堂表親通婚比例（做為緊密親屬關係的替代）與歐洲社會調查的四個心理面向之間的關係。根據來自 4 個國家、68 個地區，超過 1.8 萬人的回答，20 世紀表親婚比例較高地區的人們，都表現出更高的從眾－服從、更少的個人主義－獨立，以及較低階的非個人信任與公平。如圖 7.2 所示，影響的確很大。只要知道表親婚比例，我們就可以解釋從國際大都市法國到土耳其東南部最偏遠地區在四個心理面向中 36%（順從－服從）和 70%（非個人的公平）的地區差異。此圖說明（我們的統計分析也證實），雖然歐洲國家內部的表親婚差異要小得多，但更廣泛的趨勢大都保持不變。我們的分析還證實了，這些發現無法以個人收入、學校教育、宗教信仰程度或宗教教派差異來解釋。[3]

儘管圖 7.2 所顯示的分析是基於歐洲各地因特殊歷史原因而接受低時長的婚家計畫的零散數據，它們仍解釋了一部分婚家計畫在緊密親屬關係的解體後，進入當代歐洲人心智的路徑。

現在讓我們更專注於社會科學中一個經久不衰的難題：義大利之謎（Italian enigma）。義大利北部和中部雖然在中世紀成為強大的金融中心，以及文藝復興中心，並在 19 世紀工業革命期

A

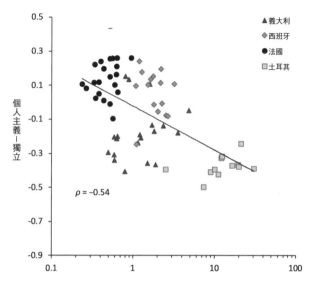

B

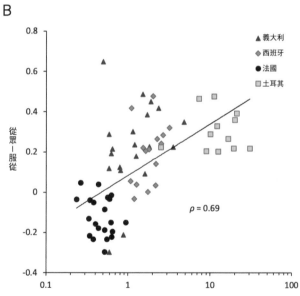

西方文化的特立獨行如何形成繁榮世界

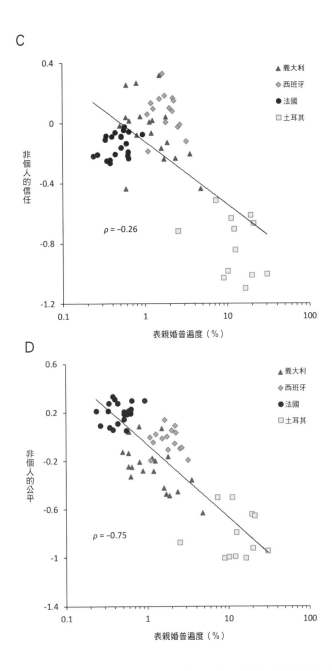

圖 7.2　西班牙、義大利、法國、土耳其等地的一代堂表親通婚比例與四個心理面向的關係：[A] 個人主義－獨立，[B] 從眾－服從，[C] 非個人的信任，[D] 非個人的公平。

間與大部分北歐地區一樣繁榮，但義大利南部卻在經濟上步履蹣跚，反而成為有組織犯罪和腐敗的中心。這是為什麼呢？

你已經在圖5.3中看到這道謎題的線索之一。這張地圖顯示義大利南部從未被加洛林帝國征服，而且大部分落在神聖羅馬帝國之外。事實上，義大利南部在11世紀和12世紀被諾曼人（Norman）征服之後，才被完全納入教宗的管轄之下。在此之前，西西里島被穆斯林統治大約兩個半世紀，南部大陸的大部分地區也在東羅馬帝國和東正教教會的控制下。

這段歷史的印記可以從20世紀義大利各省表親婚的盛行看出，也再次奠基於教會對表親婚的特許上（見圖7.3A）。婚家計畫開始以來，義大利北部大都受西方教會管制，而他們的表親婚比例低於0.4%，有時甚至低於0。當我們向南看時，可以發現表親婚的比例增加了，在義大利「靴尖」（the tip of the Italian boot）和西西里島大部分地區上升至4%以上。請記住，表親婚除了是緊密親屬關係的重要元素，也是其他社會規範的象徵，請看圖7.3B，它顯示了1995年義大利93個省份自願（無償）捐血的頻率。不要忘了，自願匿名捐血是一項重要的公共財，同時也是一種幫助陌生人的方式。當你比較圖7.3的A和B時，有看出任何模式嗎？

很明顯地，一個省份的表親婚普遍度愈低，自願捐血給陌生人的比例愈高。在義大利南部，包括幾乎整個西西里島，捐血率接近於0。在北方一些省份，他們每年每1,000人能捐105次血（每袋16盎司）。我們只要知道一代堂表親通婚比例，就能解釋義

西方文化的特立獨行如何形成繁榮世界

大利各省捐血變化的大約三分之一。換句話說，若將表親婚比例從 1% 提高至 2%，每 1,000 人的捐血量就會減少 8 袋。考慮到一個省份的平均捐血量只有每 1,000 人 28 袋，這的確是個很大的影響。[4]

　　當我們以現實世界中人們對非個人組織與陌生人的信任度來衡量時，類似的模式就會出現。來自表親婚比例較高省份的義大利人會：(1) 較少使用支票，偏好現金；(2) 以現金形式存放更多

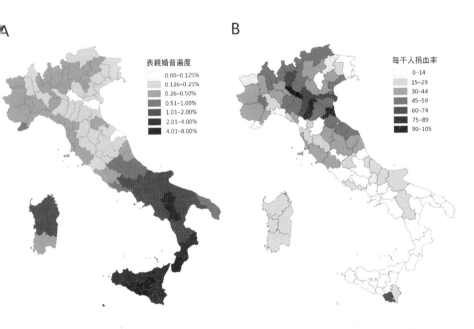

圖 7.3　分圖 A 顯示 93 個義大利省份的一代堂表親婚普遍度。陰影愈深，表親婚比例愈高。分圖 B 顯示各省份每千人的捐血率。1995 年時，表親婚比例較低的省份，自願捐血的人數較多。

財富，而不是投入銀行或股票等；(3)向家人和朋友借貸多於銀行。

這個影響是驚人的：在支票使用的頻率上，義大利表親婚比例較低的省份有著超過 60% 的使用率，但在表親婚比例相對較高的省份則驟降至 20% 左右（圖 7.4A）。同樣地，在義大利表親婚比例接近 0 的省份，家庭保留現金的財富比例從 10% 左右，上升至高表親婚比例省份的 40% 以上（圖 7.4B）。使用個人詳細數據，即使對收入、財富、正規教育和家庭規模的影響進行統計控制後，這些關係依然成立。[5]

腐敗與黑手黨活動也反映出相同的捐血和非個人信任模式。

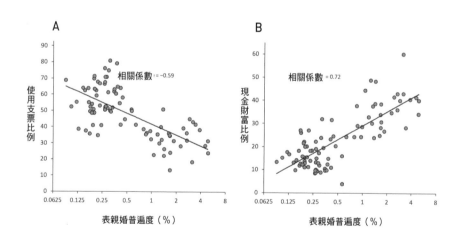

圖 7.4　義大利各省表親婚普遍度與〔A〕使用支票比例和〔B〕以現金而不是銀行或股票等形式保存家庭財富比例之間的關係。這些都是在真實世界中衡量非個人信任的標準。

　西方文化的特立獨行如何形成繁榮世界

一個省份的表親婚比例愈高，腐敗和黑手黨活動的比例也會愈高。這也是黑手黨經常被稱做「家族」或「氏族」，以及黨內老大有時會被稱做「教父」的原因。在緊密親屬關係社會中，內團體忠誠度的力量，以及裙帶關係的力量，正是創造可助長貪汙和有組織犯罪的心理與社會關係條件。儘管義大利有著與其他西歐國家類似的官方政府和教育體制，仍然發展出了這些模式。[6]

移民的子嗣

　　每一年，來自世界各地的人們都會遷移到不同的歐洲國家。最終，許多第一代移民會生下孩子，而這些孩子會在歐洲長大，說上一口流利的當地語言，並在當地學校就學。我們可以透過比較這些第二代移民來了解更多。透過歐洲社會調查來自36個國家大約1.4萬名第二代移民的數據，可以比較在同一個歐洲國家出生長大，但父母來自不同地方的個人心理結果。我們根據父母的母國或家中使用語言，為每個人分配親屬關係緊密度指數（KII）和表親婚普遍度的數值。然後我們分析了與前述研究相同的四個心理面向。

　　我們的研究結果相當具有啟發性：若一個人的父母來自KII值較高或表親婚較普遍的國家，那麼這個人會更從眾－服從、不那麼個人主義－獨立，並且不太願意相信或期望陌生人的公平對待。即使我們在統計上考慮個人的收入、教育、宗教教派、宗教信仰程度，甚至是歧視經歷，這兩者的關係依然牢固。如果我們

再比較生活在同一個地區的個人，也就是我們之前在討論不同婚家計畫時長影響時所使用的地區，這些關係同樣也能成立（見圖7.1）。[7]

過往親屬關係緊密度對第二代移民心理有著持續且有力的影響，表明了這些心理影響的重要構成之一是代代相傳，並不僅僅是因為人們直接暴露於不良施政、社會安全網、特殊氣候、地方性流行疾病，或移民受到當地居民欺壓所致。相反地，這些心理差異持續存在於移民的成年子女中，因為移民常重建在其母國創建的緊密的親屬為本制度（例如：與表親的包辦婚姻），以及從父母、兄弟姊妹和新形成的社交網絡中學到特定的思維與感知方式。在與一夫多妻制、表親婚和氏族有關的實際親屬關係實踐消失後，心理的文化傳播面向仍會長期持續下去。[8]

當我們將第二代移民與他們父母在母國時接觸教會的程度連結起來時，也會出現相同的模式。若其父母在母國曾長期受西方教會影響，會表現得更個人主義－獨立、較不從眾－服從，並更傾向於非個人的信任和公平。

我們在這裡的想法是：中世紀教會透過破壞歐洲的親屬為本制度，塑造出當代的心理樣貌。然而，正如我之前指出的，親屬關係緊密度也受其他因素影響，包括生態和氣候等。檢驗這個想法的有力方式就是離開歐洲，好好思考在沒有教會的情況下，生態因素將如何加強親屬為本制度，並進而誘發類似的心理模式。

西方文化的特立獨行如何形成繁榮世界

中國與印度的心理差異

　　中國與大部分亞洲地區的親屬關係緊密度，都與水稻種植和灌溉相關的生態與技術因素有關。具體來說，對工業化之前的世界而言，稻田與小麥、玉米或小米等農作物相比，有著令人難以置信的產量——就每英畝土地而言。然而，要維持水稻農業的高生產力，需要相對較大的群體合作。單一農戶根本無法建造、維護和保護灌溉渠、堤壩與梯田，也無法應付在發芽床上除草、施肥和重新栽種幼苗的勞動力需求。正如你所知道的，奠基於氏族的組織恰好能培養應對此類挑戰的那種關係緊密、自上而下的組織。[9]

　　從歷史角度來看，水稻在中國的相對重要性在 10 世紀以後大幅提升，這是由於新穎與快熟的濕穀品種從東南亞被引進中國。在氣候變遷和蒙古牧民日益襲擊的推動下，北方農民紛紛往南方和東方遷移，進一步加強水稻的重要性。這些都在大約八百年的時間裡強化父系氏族，並逐漸蔓延至中國各個地區，特別是水稻潛力最大的地區。在 20 世紀初，各個氏族共同擁有廣東省約三分之一的耕地，以及珠江三角洲約 44% 的耕地。[10]

　　今時今日，中國各省份用於種植水稻的農田面積差異巨大（見圖 7.5）。從中國南方到北方，各區人口逐漸減少對水稻的依賴，且增加對其他像是小麥和玉米等主食的種植。圖 7.5 的陰影愈深，用於種植水稻的農田比例就愈大。這種情況提供了一個先天實驗的條件，我們可在親屬關係緊密度內製造變動（特別是

在氏族的重要性上）來追溯一個環境因素：一個地區的水稻生態適宜性。我們可以將這種生態變化與中國各地的心理差異連結起來。[11]

我目前還沒有獲得可分析中國境內表親婚、一夫多妻制和婚後居住等特徵的詳細統計數據，因此我無法像上一章那樣為中國建立歷史上的親屬關係緊密度指數。然而，各省重要的氏族歷史性數據證實，一個省份種植水稻的農業用地比例愈大，父系氏族就愈加普遍和重要。[12]

心理學家湯瑪士‧塔爾赫姆和他的研究團隊，將農事操作與心理差異直接連結起來，並對 6 所不同大學中來自 27 個不同省份的一千多名漢族參與者進行三項不同的實驗任務。他們進行的三項實驗將在下面討論。[13]

1. **內團體偏私**：參與者被告知需想像他們與 (1) 朋友或 (2) 陌生人做生意。然後在每個案例中，參與者回答如果朋友或陌生人對他們做出 (A) 誠實或 (B) 不誠實的舉動時，是否會有懲罰或獎勵朋友或陌生人的意願。來自傳統上從事水稻密集耕作地區的人們，其社會生活可能充滿了緊密的親屬關係，應該會非常偏愛他們的朋友和家人。相較之下，那些紐帶關係較弱的人，應該對尋找新關係和評估舊關係抱持更開放的態度；舊的紐帶可能必須打破，而今日的陌生人可能是明日的朋友。

2. **自我聚焦**：參與者被要求畫出他們自身與朋友的社會
   關係圖，並確保為每個圓圈貼上相應的標籤。參與者
   的自我聚焦是測量他們把代表自己的圓圈與代表朋友
   的圓圈畫多大來做評估。較自我中心的人傾向把自己
   畫得比其他人都大。這是因為參與者沒有被告知他們

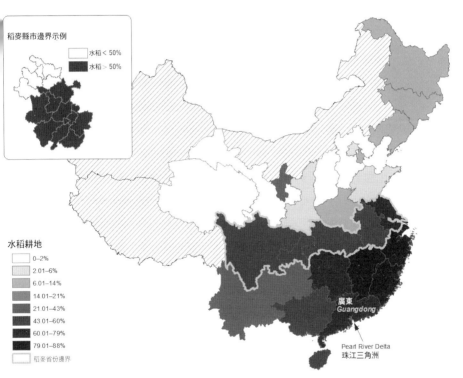

圖 7.5　這張中國地圖顯示了用於水稻種植的土地的變化。較深的灰色陰影代表水
稻農業用地比例較高的地區。左上角插圖顯示塔爾赫姆團隊是如何沿著南北邊界分
析省內各縣情況（見正文說明）。[14]

為何需要畫出社會關係圖，所以他們無法清楚得知研究人員正在測試或想要什麼。這可以避免人們以某種方式展示自己或做出符合實驗者設想情況的擔憂。在這裡，來自歷史上不太依賴稻田的社群的參與者，可能沒有那麼濃厚的氏族觀念，所以他代表自己的圓圈應該會畫得比代表朋友的圓圈來得大。

3. **分析性思考**：前面章節已經討論過參與者對三件組實驗的反應。那些來自對水稻依賴程度較低的社群的人，會因氏族制度從未有顯著重要性，在實驗中做出更多的分析性選擇。

塔爾赫姆和他的團隊發現的結果有很大程度的一致性。在內團體偏私實驗（包含「商業夥伴」）中，與其他省份相比，來自水稻種植比例較高省份的漢族參與者，會**更傾向獎勵誠實**的朋友，而**不太傾向懲罰不誠實**的朋友。也就是說，那些來自更密集地種植水稻的地區的參與者，會對他們的朋友表現出更高的忠誠度（或更任人唯親）。而那些來自不太依賴水稻的地區的人，在對待陌生人和朋友時有著更相似的態度。

在自我聚焦實驗中，來自水稻種植較少省份的人，相較於代表朋友的圓圈，會更傾向放大代表自己的圓圈。如果把數據分為兩組來看，可以明顯看出這樣的影響：那些來自農業用地水稻種植面積不到一半的省份的人，代表自己的圓圈比代表朋友的圓圈大了（平均）1.5 毫米；而那些來自水稻種植面積超過一半的省

西方文化的特立獨行如何形成繁榮世界

份的人，代表自己的圓圈與代表朋友的圓圈大小大致相同（大約相差 0 毫米）。較少的濕穀種植與更多的自我關注是有關聯的。當然，按照 WEIRD 的標準，1.5 毫米的自我膨脹並不那麼「令人驚訝」：美國人自我膨脹 6.2 毫米，德國人是 4.5 毫米，英國人則為 3 毫米。在同樣有著有很多稻田的日本，人們把代表自我的圓圈畫得比代表朋友的圓圈還小（-0.5 毫米）。[15]

在三件組實驗中，來自不太依賴水稻種植的省份的人，會更傾向分析性思考（見圖 7.6A）。這些效果是顯著的：來自江西或上海等「稻田省」的人，符合分析性思考的比例平均落在 10% 到 20% 之間——他們具有很強的全面性思維。同時，來自青海或寧夏等低稻米產量省份的人，有 40% 傾向符合分析性思考。也就是說，在主要種植小麥、玉米和小米（「非水稻」農作物）的省份，符合分析性思考和符合全面性思考的人幾乎一樣多。這使那些沒有種植水稻的群體，正好處於 WEIRD 大學生的典型範圍內，但仍低於 yourmorals.org 網站上的 WEIRD 成年人（見圖 1.9）。整體來說，我們可以透過了解一個省份用於種植水稻的農地比例，解釋中國各省之間大約一半的分析性與全面性思考的差異。[16]

考慮到 6 所大學的所有參與者都是漢族大學生（非農民），這三個不同實驗採集的心理差異廣度實在令人印象深刻。儘管在年齡、教育、國籍和種族上都存在同質性，但塔爾赫姆和他的團隊仍然發現了巨大的心理差異。

然而，人們的心理與水稻農業之間的相關性，並沒有告訴我

A 中國

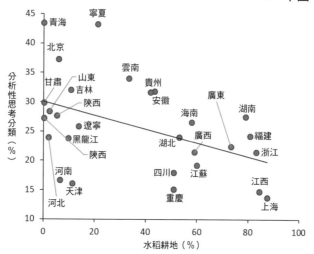

B 印度

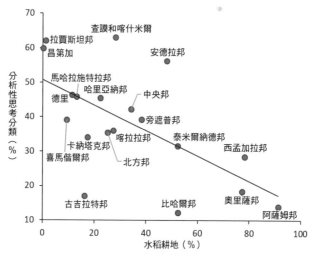

圖 7.6　以三件組實驗測量分析性（與全面性）思考的關係，以及 (A) 中國與 (B) 印度水稻種植用地比例。縱軸是 (A) 中國與 (B) 印度參與者的分析性思考回應平均比例。中國參與者全是漢族大學生。印度參與者則是從網路上招募而來，有著不同的年齡與種族背景。[17]

西方文化的特立獨行如何形成繁榮世界

們是什麼導致了什麼。也許某些心理層面**導致**人們輕視稻米，或是輕視種植濕穀所需要的合作活動？又或是因為水稻種植方式南北大不同，還是南北其他經濟或地理因素也有所不同，導致人們傾向分析性思考並減少種植水稻。利用在三件組實驗中收集到的更大樣本，塔爾赫姆團隊透過兩種方式回應這些問題。首先，他們沒有使用「水稻種植實際盛行率」這個結果，而是純粹使用基於降雨率等生態變量來衡量一個地區的「水稻種植適宜性」。與水稻種植**活動**不同，各省心理差異並不會導致水稻種植適宜性的變化。這種水稻種植適宜性的衡量，連同一些眼花撩亂的統計數據，讓他們能夠追蹤生態條件、農業實踐到分析性思考的因果關係。也就是說，人們的思考再怎麼全面性，也不可能影響降雨。這種方法並非萬無一失，但往連結水稻種植與分析性思考的因果關係上邁進了重要的一步。[18]

其次，為了更好地處理與中國南北差異有關的潛在隱藏因素，塔爾赫姆團隊將關注點縮小至僅限於南北分界線上的五個中部省份（圖 7.5）。他們在這裡獲得每個省份所有縣市的水稻種植數據，讓他們能夠比較整體條件相同但對水稻依賴程度不同的縣市。比較同一省內相鄰或附近縣市，可最大限度地減少對北方和南方之間更廣泛的氣候、經濟、政治和其他文化歷史差異的擔憂。這一分析顯示，中部邊境省份的各縣市都有著在全國各省份觀察到的相同心理變異模式：與較少水稻田的縣市相比，較多水稻田的縣市，人們在分析能力上較弱。這證實我們不僅僅只是看到一些廣泛的南北差異。[19]

這些中國模式也與另外兩項證據吻合。首先，為了檢視其中國研究，塔爾赫姆在印度各邦進行了大約 500 人的網路抽樣，並對他們進行三件組實驗和內團體偏私（「商業夥伴」）測試。印度的水稻生態梯度與中國類似，但他們是朝東西向橫跨次大陸，而中國是從南向北，這點至關重要。如果關於中國的心理變異結論是正確的，我們應該也會在印度看到類似的心理差異。

果然，就跟中國一樣，那些來自印度水稻種植較少地區的人，會更善於在三件組實驗中展現更多的分析性思考，並在商業夥伴實驗上更少展示裙帶關係（偏好親友）。圖 7.6B 顯示了印度不同邦的水稻耕地數量，以及他們在三件組實驗中做出分析性選擇的比例，兩者之間的關聯。印度所呈現出的關聯，和參與者的年齡、性別、收入及教育無關。這裡我不想對印度這項網路研究著墨太多，但它的確證實了在印度也能看到與中國相同的模式，除了方向是從東到西而不是從南到北，這使我們不太可能在基於中國歷史或地理細節的基礎上，產生特殊性解釋。

第二個確認證據是來自一項全球研究。這項研究顯示，歷史上，人們對灌溉的依賴（無論是否用於稻田）與個人主義、關係緊密度和順從的心理測量有關。那些祖先曾依賴灌溉農業的現代人，會比較不個人主義、更關注遵守社會規範，並且更認真向孩子灌輸順從的觀念。[20]

總而言之，來自中國和印度的證據都證實了大國內在的重要心理變異，並支持更緊密的親屬關係會產生某些可預期模式的觀點。教會在這裡並不是導致緊密親屬關係或心理變異的原因。相

西方文化的特立獨行如何形成繁榮世界

反地，某些生態條件創造出集約農業的潛力，並反過來推動具有高度合作、自上而下、緊密的親屬為本制度的文化演變。然而，值得注意的是，若與婚家計畫的影響相比，這種由生態變異所導致的緊密親屬關係變化是相對較小的——教會幾乎消滅了全歐洲的氏族、親類、表親婚、一夫多妻制和繼承規範。

儘管如此，對歐洲來說，這表明某些地區達成薄弱親屬關係和 WEIRD 心理的路徑可能會更短，因為那些地區的生態條件並不利於超緊密的親屬為本制度。也就是說，在北歐的雨養小麥種植地區，教會的婚家計畫在拆解當地部落較分散的親屬為本制度時，所面臨的阻力可能會稍小一些。當然，我們對所有已知能導致心理變異的生態和經濟因素（例如灌溉和疾病流行）進行了統計控制，因此你在前面看到的結果都與這些因素無關。[21]

考慮到中國在 1979 年市場改革後的巨幅經濟成長，讓我先賣個關子，之後再詳細說明。直到 20 世紀中葉，中國普遍實踐各種緊密親屬關係的形式。然後，1950 年，採用／實施「現代」（歐洲）婚姻的運動，在經歷三十年後達到高峰，新興的共產主義政府制定了《中華人民共和國婚姻法》。從法律來說，該法第一條、第二條和第三條終止了多偶婚、包辦婚姻、納妾、童婚、強迫寡婦再婚（夫兄弟婚）和婚姻支付（如嫁妝）。殺嬰也被禁止，妻子獲得擁有財產和從丈夫那裡繼承財產的權利。在親屬通婚方面，1950 年只禁止叔姪婚（二等親，第 5 條），但在 1980 年擴大包含一代堂表親（三等親，第 6a 條）。這樣的婚家計畫聽起來應該有些熟悉：在過去七十年裡，強大的中

國政府持續進行著教會在中世紀歐洲需要好幾個世紀才能完成的事項。[22]

沃土

讓我們先總結本章的三個要點。

1. 我們在歐洲看到的模式與上一章看到的全球模式相似。一個群體接觸西方教會的時間愈長，其家庭關係就愈薄弱，而今天的心理模式就愈具備 WEIRD 特質。不過現在，我們在歐洲國家內部的比較，為其他解釋留下的空間更少。這些模式不能用殖民主義、「歐洲基因」、民主制度、經濟繁榮或個人的收入、財富、教育、宗教教派或宗教信仰程度差異來解釋。

2. 親屬為本制度對人們心理的影響，在文化上是持久的。完全在歐洲長大的成年第二代移民仍然表現與父母祖國或民族語言群體相關的親屬為本制度心理調適（psychological calibrations）。

3. 在其他更大的地區，包括中國和印度，也可以發現類似的心理變異模式。至關重要的是，雖然這些心理變異有可能追溯至緊密親屬關係的地區差異，但其根本原因並非與教會有關，反而和讓灌溉與水稻種植在人口歷史上顯得特別有成效的生態及氣候因素有關。

西方文化的特立獨行如何形成繁榮世界

到西元 1000 年，歐洲好幾個地區經歷了整整 5 個世紀的婚家計畫。我們可以在這些地區，使用主教轄區時長（見圖 7.1）來確認，西方教會無意中引發了一連串的社會與心理轉變。如果沒有緊密的親屬為本制度來組織生產、提供保護，並賦予人們意義和認同感，個體將被迫出於個人或社會動機，搬遷至新地點、尋找志同道合的人、組成自願協會，以及和陌生人互動。相關心理轉變會以多種方式出現：（即時的）兼容性、發展性與文化性。針對關係與居所流動影響的研究表明，其在心理對新環境的快速調適及童年經驗的持久印記上發揮了一定作用。例如：心理學家表明了，讓人們在一個城市定居下來或只是短暫參訪，會立即引起不同的偏好：定居會讓人們更兼容性地重視忠誠的朋友，而短暫參訪會激發更多的平等主義動機。同時，研究也點出對個人發展的影響：孩提時代曾搬過家的年輕人，不太會對朋友和陌生人做出區分。整體來說，更大的居住流動性和更多的關係自由（即對新關係的限制更少），會導致個人形成更大的社交網絡、喜歡新體驗、偏好新奇事物，甚至有可能在思考上更具創造性（見附錄三）。[23]

　　這些心理影響，有一部分是可以只透過增加居住流動性和關係自由來引發，在那些遷入城鎮、都市的人當中，以及在 10、11 世紀開始成長的宗教組織成員中，這種影響尤其強烈。在形構這些新協會和組織時，新興的 WEIRD 心理原型——分析性思考、個人主義和非關係型道德——有利於發展出公正的**個人**（而非氏

族）特權和義務規則，以及執行信任的非個人機制，如會計紀錄、商業法律和書面契約。

當然，人們不擅長**從頭**設計運作良好的正式體制。但因為同樣過程曾發生在歐洲許多不同的城鎮和都市，從義大利北部到英格蘭，文化演化使他們可以做到這一點。當一個社區或組織偶然發現新制度、規範和信仰的有效組合時，他們就會開始繁榮，並透過吸引新成員來擴大自身。這類成功的擴張導致其他組織和社區都複製他們的做法和規範，最終以成文法律、組織政策和城市憲章的形式傳播開來。最有效的制度元素在歷經數個世紀以不同方式複製和重組後，適合發展那個時代的 WEIRD 心理原型的有效、正規體制開始形成，用來組織與治理**個人**（而非家庭、親族等）。新的正規體制也愈來愈能促進同為基督徒的陌生人的合作與互惠交流。

在我繼續檢視非個人市場的興起，以及這對心理的影響之前，我想暫停一下，將教會婚家計畫的其中一個要素放在顯微鏡下，以了解它是如何以及為何發揮作用。讓我們仔細看看單偶婚對社會、心理和荷爾蒙的影響，並思考它在 WEIRD 心理與包容性民主體制的起源中，扮演了什麼樣的角色。

—— CHAPTER 7 ——
EUROPE AND ASIA
七、歐洲和亞洲

—————— 注釋 ——————

1. Schulz et al., 2019.

2. 在這些分析中，我們只使用一代堂表親通婚的比例，這是由於授權給西西里主教的關係，使得梵蒂岡檔案缺少二代堂表親通婚的比例。

3. 我們只有來自分布在 4 個國家、68 個地區的數據，所以當我們比較國家內部地區並忽略國家之間的差異時，我們的 4 個心理面向中只有 3 個仍然成立（Schulz et al.,2019）。

4. 這種關係是相當牢固的。當我們從統計上考慮各省之間的教育差異、農業生產力、氣候、沿海距離、降水等方面的差異時，這種關係仍保持或變得更強。如果我們只比較義大利 20 個地方區域內的省份，這種關係甚至是能成立的，而且也減輕我們了解南北廣泛差異的擔憂。請注意，在表親婚比例相對較高時，捐血量總會比較低落。然而當表親婚較少見時，捐血率也並非一成不變，而是高度變異的。這強調了雖然消除緊密親屬關係為非個人利社會性打開大門，但它並沒有讓人們真正走入裡面。

5. 舒茲等人（2019）重新分析了來自吉索（Guiso）、薩皮恩札（Sapienza）和津加萊斯（Zingales）在 2004 年的研究數據。

6. Akbari, Bahrami-Rad, and Kimbrough, 2016; Schulz, 2019; Schulz et al., 2018.

7. Schulz et al., 2019. Also see Enke, 2017, 2019.

8. Alesina and Giuliano, 2010; Alesina et al., 2015; Enke, 2017; Fernández and Fogli, 2009; Giuliano, 2007. 表親婚可以堅決抵制同化，至少在短期內是如此。像是在英國和比利時 WEIRD 社會的移民，二代移民的近親結婚比例比母國還來得高。在英國，一項研究表明，表親婚在所有第二代巴基斯坦英國人的婚姻中占據 76%，而在巴基斯坦的相對比例低於 50%。在比利時，來自摩洛哥和土耳其的第一代移民表親婚比例也高於母國，但這比例到了第二代僅比母國高一點。這並不令人驚訝：當與近親結婚成為規範且受宗教允許時，各種經濟、社會、人口和生態因素會相互維持而使其得以盛行（Reniers, 2001; Shaw, 2001）。

9. Bray, 1984; Greif and Tabellini, 2015; Talhelm et al., 2014.

10. Greif and Tabellini, 2010, 2015; Mitterauer and Chapple, 2010. 然後，在 1949 年，新的共產黨政府解散了氏族，廢除了他們的規則並重新分配他們的財產。自 1979 年以來，中國出現氏族復興（見第 10 章）。

11. 當然，這不是純粹的環境因素，因為生態影響取決於農民是否擁有 (1) 水稻農業技術知識和 (2) 合適的馴化水稻品種。幸運的是，與親屬為本制度相比，這些要素傳播得很快。

12. Henrich, 2014; Talhelm et al., 2014.

13. 改編自：Talhelm et al., 2014.

14. 感謝阿伏納‧格雷夫（Greif and Tabellini, 2010, 2015）和湯瑪士‧塔爾赫姆提供數據。

西方文化的特立獨行如何形成繁榮世界

15. Kitayama et al., 2009; Talhelm et al., 2014. 使用傳統的信任測量方法，日本參與者的 -0.5 毫米無法與 0 區分開來。請注意，社會關係圖上的圓圈是以直徑來衡量。

16. 與美國大學本科生的比較是基於這些參考資料（Knight and Nisbett, 2007; Varnum et al., 2008），以及與塔赫爾姆的個人交流（2015 年 8 月 31 日，透過電子郵件），他也為維吉尼亞大學（University of Virginia）的本科生主持在中國的三件組實驗。

17. Talhelm, 2015; Talhelm et al., 2014.

18. 他們以水稻適宜性為工具，進行工具變量迴歸（Talhelm et al., 2014）。

19. 塔赫爾姆等人在 2014 年發表的研究成果，收到了一些批評（Ruan, Xie, and Zhang, 2015; Zhou, Alysandratos, and Naef, 2017），雖然很有趣，但不會嚴重影響本書在更廣泛的背景下使用這些發現。Liu et al., 2019 進一步證實此處呈現的模式。

20. Buggle, 2017.

21. 雖然我懷疑這種生態變異發揮了一定的作用，但請記住，除了那些與水稻或灌溉相關的社會、經濟和生態條件，還有許多其他社會、經濟和生態條件都有利於緊密的親屬關係。緊密親屬關係的主要驅動力，通常是來自社群之間的戰爭，正如我們在伊拉西塔所看到的那樣。

22. Baker, 1979. 繼教會的婚家計畫後，中國開始推動土地改革，旨在打破和重新分配父系氏族的共同股份（Greif and Tabellini, 2015）。1980 年，法律規定女性最低結婚年齡是 20 歲（《中華人民共和國婚姻法》[1980]，」1984）。當然，中世紀與 20 世紀中國之間有著重大的區別。例如：現代中國離婚是雙方同意的，法律上男女一律平等，無論父母是否結婚，孩子都享有充分的權利。有趣的是，明朝曾嘗試禁止表親婚，但沒有成功（Fêng,

1967）。

23. Hango, 2006; Li, Hamamura, and Adams, 2016; Lun, Oishi, and Tenney, 2012; Mann, 1972; Oishi and Talhelm, 2012; Oishi et al., 2013; Oishi et al., 2015; Park and Peterson, 2010; Sato et al., 2008; Su and Oishi, 2010; Yuki et al., 2013. 搬遷相關的年齡窗口似乎在 5 歲到 18 歲之間。有關 39 個國家的人際流動性及其心理相關性的跨國研究，請見：Thomson et al. (2018).

八、WEIRD 群體的一夫一妻制

1521 年，埃爾南·科爾特斯（Hernán Cortés）和他的西班牙征服者抵達墨西哥並開始征服阿茲特克人（Aztecs）時，兩個不斷擴張的帝國發生了衝突。這兩個強大帝國各自獨立發展至少一萬五千年，而他們的共同祖先是石器時代的狩獵採集者。儘管這兩個帝國獨立發展，但也有著驚人的相似之處。這兩個帝國都有著高度階層化的農業社會、由複雜的國家官僚體制統治、由世襲統治者領導，並且都有強勢的宗教，這些宗教助長且正當化他們對其他社會的征服。儘管如此，他們之間還是存在一些關鍵差異。

　　在科爾特斯勇敢且殘酷的征服後，他迎接了新西班牙的十二使徒，他們是第一批抵達墨西哥的天主教傳教士。十二使徒的其中一位，方濟會的修士托里比奧·德貝納文特·莫托里尼亞（Toribio de Benavente Motolinía），在就任新聖職後，成為土著信仰與習俗的敏銳觀察者。他的著作讓我們得以一窺將 16 世紀歐洲人與他們的阿茲特克同時代人區分開來的制度之一。關於婚姻，托里比奧修士寫道：

> 在這三、四年的時間裡，除了那些受上帝教導的人，我們沒有執行過婚姻聖事。所有印第安人都隨心所欲與他們想要擁有的女人住在一起。有的人有 200 個女人，有的人少一些，每個男人都可以無限制地選擇適合自己的女人。由於領主和酋長偷走了所有的女人，一個普通的印第安人幾乎找不到可以結婚的女人。方濟會試圖要根

西方文化的特立獨行如何形成繁榮世界

除這種邪惡；但他們沒有辦法這樣做，因為領主擁有大部分女人並且拒絕讓出她們。無論是請願、威脅、爭論，還是修士們採取的任何其他手段，都不足以使印第安人放棄他們的女人，以及在放棄後按照教會法律要求只與一人結婚……這種情況一直持續到五、六年後，為主所喜悅，一些印第安人自願放棄一夫多妻制，只滿足於一個女人，並按照教會要求娶了她……修士們發現，要讓印第安人放棄一夫多妻制並不容易。這是很難實現的，因為印第安人很難戒掉這些極為滿足肉欲的古老習俗。[1]

這位修士做為一名目擊者，即使不是公正的目擊者，[2]他將目光鎖定在不同社會中反覆出現的一夫多妻制婚姻，並提到三個關鍵面向。首先，當習俗允許男性娶多個女性時，菁英男性會娶多個妻子。其次，一夫多妻制婚姻具有強大的社會動力，造就大量貧窮與地位低下的男性，他們因為大多數女性都「已婚」而幾乎難以結婚。第三，有地位的男人，他們的妻子通常會一起抵抗每個人一次只能擁有一個配偶的觀念。

托里比奧修士的著作展示我們故事中的另一個核心內容：基督教傳教士是堅定不移的。無論是西元 600 年左右的盎格魯－撒克遜肯特王國、1530 年的阿茲特克帝國，還是 1995 年的秘魯亞馬遜，他們都未曾停下和放棄；當傳教士傳教失敗或被殺時，很快就會有新成員取代他們，繼續推動教會的超自然信仰、儀式和家庭習俗。

為了說明一夫多妻制婚姻勢不可擋的動力，請看看另一位民族誌學者在另一個相當不同的新世界社群的觀察紀錄：

每個一夫多妻制社會都缺乏符合結婚條件的女性，這是造成科羅拉多市／百年公園世代衝突的主要因素。年長男性總是占據婚姻市場，並在有限的適婚女性中與年輕男性競爭配偶權。已婚與未婚男性間的緊張關係影響了青少年的看法。例如：在 1960 年代，當地警察……會威脅逮捕未離開社區的未婚男性……配偶的競爭是非常激烈的。年輕男性意識到，如果沒有家人（尤其是父親）的撐腰和經濟支持，他們將無法與年長男性競爭配偶。年輕男性也知道，如果他們在高中畢業前沒有找到女朋友，他們可能永遠交不到女朋友。找不到女朋友，他們就會離開社群去找個妻子。[3]

這裡所描述的情況與托里比奧描述的阿茲特克人有著驚人的相似之處。但與 16 世紀的墨西哥相去甚遠，這裡的描述是來自 20 世紀後期美國猶他州和亞利桑那州交界處的一個小鎮。在這裡，人類學家威廉·揚科維亞克（William Jankowiak）揭示了與基本教義派耶穌基督末世聖徒教會（Fundamentalist Church of Jesus Christ of Latter-Day Saints）有關的摩門教社區，在日常生活中如何實施一夫多妻制婚姻。在許多方面，這些摩門教基本教義派與大多數美國人並沒有太大的不同。例如：在參觀國家公園

或逛商場一天後，他們的晚餐話題範圍可以從《魔戒》的娛樂價值到亞麻仁油的營養好處。儘管如此，一夫多妻制的數學問題（見下文）仍然存在，造成一群未婚、心懷不滿的年輕男性，他們（交配）機會渺茫且對未來毫無影響力。正如摩門教徒對這群年輕男性的稱呼——「迷失男孩」，當他們參與犯罪、暴力和毒品，而不是結婚成為可靠、勤奮的父親時，他們就成了社會問題。[4]

要理解一夫多妻制婚姻所帶來的力量及其社會動力，我們首先需要從人性與物種層面思考 WEIRD 群體的婚姻。

「特異」的體制

你現在可能已經知道我要說什麼了：並不是摩門教基本教義派或古代阿茲特克人擁有奇異的婚姻形式；而是我們——WEIRD群體。與更為普遍的親屬為本體制一樣，WEIRD 群體一夫一妻制的特殊性可以從全球歷史和物種進化的角度來探討。如你所見，即使在一夫一妻制的社會中，WEIRD 群體的婚姻也相當特異。[5]

從我們最接近的物種親屬（人猿與猴子）說起，猜猜有多少物種既生活在像智人那樣的大群體中，又只實踐一夫一妻的配對呢？

沒錯，就是 0。沒有任何群居的靈長類動物具有相當於一夫一妻制的非文化特徵。根據我們的近親黑猩猩和巴諾布猿的性生活，我們與這些人猿共享的祖先可能是高度濫交的，並且可能根

本沒有形成配對關係，更不用說持久的一夫一妻制配偶關係。然而，自從與猿類表親分化後，我們已經進化出一種專門的心理——我們的配對心理，可以在配偶之間建立堅固的情感紐帶，並保持足夠長的穩定性，以鼓勵男性對其配偶的孩子投入。這種配對心理為婚姻制度提供了先天性的錨點。然而，這錨點的性質使婚姻制度偏向一夫多妻的配對關係。另一方面，我們與生俱來的擇偶心理通常不贊成普遍存在的一妻多夫制婚姻——即一個妻子有多個丈夫——儘管有充分的物種演化理由認為這種情況會以低頻率出現在缺乏禁令的社會中。[6]

我們的「一夫多妻偏見」有部分源於人類生殖生物學的基本不對稱性。在人類的演化史上，一個人的配偶愈多，他的繁殖能力就愈大，生物學家或將他稱為「適存性」。相比之下，對於女性來說，單純擁有更多配偶是不能直接轉化成更多的繁殖能力或更高的適存性。這是因為她們與男性不同，女性必須自己懷胎、餵養自己的嬰兒和照顧幼兒。與其他哺乳類動物相比，人類照顧小孩需要投入大量資源，一位有抱負的人類母親需要他人協助和保護，以及食物、衣服、住所和文化知識等資源。獲得這類幫助的方法之一，是她要與最有能力、最足智多謀與地位最高的男性建立配對關係，向該位男性明確表示她的孩子也將是他的孩子。他做為父親的信心愈大，就愈願意投入時間與精力為她和她的孩子提供幫助。然而，我們的新丈夫與他的妻子不同，他可以與其他女性組成額外的「平行」配對關係。當他的新妻子懷孕或哺乳時，他可能正「努力」使他的第二任或第三任妻子（依此類推，

還有其他妻子）懷上另一個孩子。

此外，只要能吸引有生育能力的配偶，一個男性就能在整個生命週期內持續繁衍後代，不像女性在停經後就無法再繁殖。男性因此可以透過在生殖組合中增加更多配偶（長期和短期配偶都好）來獲得巨大的適存性優勢。出於這些原因，天擇透過某種方式塑造我們的演化心理，使男性，尤其是地位高的男性，傾向於一夫多妻制婚姻。[7]

我相信你不會對這個發現感到震驚：男人對一夫多妻有一定程度的心理傾向。但更令人吃驚的可能是，演化出對一夫多妻制婚姻的心理推力，並不僅僅來自男性。這是因為女性是「連續」繁殖的，（通常）一次只生育一個孩子，所以選擇一個真正的好配偶是至關重要的。她們選擇的配偶不僅提供她們孩子另一半的基因，而且還能提供保護、資源（例如肉、動物毛皮與燧石等）和其他投資，例如教學。在一夫多妻制婚姻的世界裡，年輕女性和她們的家人可以選擇的潛在對象比純粹的一夫一妻制社會來得多；她們可以選擇已婚或未婚的男性。對於狩獵採集社會中的女性來說，最好的策略可能是成為一位強大獵人的第二任妻子，而不是一個貧窮獵人的第一任妻子；這有助於確保孩子獲得優良基因和穩定的肉類供應（一種寶貴的營養來源）。此外，透過加入一夫多妻制家庭，女性可能會向年長妻子學習，分享工具、蜂蜜和炊具等資源，並在照看和餵養嬰兒方面獲得幫助。當然，在一個完美的世界裡，這樣的女人可能更偏好**獨占**強大的獵人；但在現實世界中，如果她得做出選擇，是要在一夫多妻制與有聲望男

性結婚以獲得更好的整體交易，或者在一夫一妻制獲得比較糟糕的交易，她通常會更願意嫁給已婚男人。因此，一夫一妻制的規範，限制了女性和男性的選擇，並可能妨礙人們與他們真正想要的人結婚。[8]

因此，一夫多妻制婚姻在許多條件下吸引男性和女性，包括在女性可以自由選擇自己丈夫的社會中。相比之下，一妻多夫制婚姻在心理上並不吸引男性或女性，除非是在相對狹小的社會、經濟和生態環境下。[9] 與這裡的描述一致，人類學家已知的狩獵採集社會大都許可一夫多妻制婚姻，而且從統計數字來看，通常會以低至中等的頻率持續存在著。在最全面的研究中，全球 90% 的狩獵採集人口有一定程度是一夫多妻制婚姻，只有 10% 是一夫一妻制婚姻。在一夫多妻制的社會中，有大約 14% 男性和 22% 女性是在一夫多妻制下結婚。即使在高度平等的狩獵採集者中，例如生活在剛果盆地的那群人，也有 14% 到 20% 的男性以一夫多妻的方式結婚。[10] 毫不意外地，在所有群體中，能吸引多位妻子的總是有聲望的男人，像是偉大的巫師、獵人和戰士，儘管很少人娶超過 4 個妻子。相比之下，一妻多夫的婚姻在統計上是不可見的，儘管曾有許多被報導的個別案例。[11]

隨著社會採行農業並開始擴大規模和複雜性，男性之間出現的巨大不平等，過分地誇大了一夫多妻制婚姻的強度。「民族誌圖譜」顯示，有 85% 的農業社會是一夫多妻制。在許多群體中，娶多位妻子仍然是男人聲望與成功的標誌，地位最高的男人甚至有四個以上的妻子：事實上，不多娶妻子的成功男人會讓人感到

西方文化的特立獨行如何形成繁榮世界

驚訝。與此同時,「民族誌圖譜」中只有 15% 的社會被描述為「一夫一妻制」,只有 0.3% 的社會被描述為「一妻多夫制」。隨著社會規模擴大,文化演化透過創造社會階層、世襲財富、政治繼承權和職業種姓,加強我們在婚姻與配對上偏好一夫多妻制的影響。[12]

在這個擴大規模的過程中,一夫多妻制變得如此極端,以致於難以理解其規模。然而了解這個現象最簡單的方法,就是檢視在全球不同地方與時間點的權貴階層後宮規模。在南太平洋與歐洲接觸時,東加的酋長有幾個幫助他鞏固與其他強大家族聯盟的妻子位階較高,另外還有數百位側室。在非洲,阿散蒂(Ashante)和祖魯(Zulu)國王各有 1,000 位或更多的妻子。然而,這些只是至高無上的酋長或國王;通常還有一小群權貴也有由自己管理的小型後宮。例如:每位贊德(Zande)國王都有 500 多位妻子,但他們的酋長也是每人都有大約 30 或 40 位妻子,有時甚至多達 100 位。亞洲情況往往更為極端:柬埔寨的中世紀高棉國國王擁有 5 位出身世家的妻子和數千位分成不同階級的側室。中國早期(西元前 1046 年至 771 年)的西周諸王有王后 1 名、夫人 3 名、嬪 9 名、世婦 27 名和御妻 81 名。到西元 2 世紀,漢朝皇帝的後宮有多達 6,000 個女人。[13]

這些例子有著驚人的相似之處:在不同的大陸板塊,在不同的歷史時期,都出現為權貴男性提供大量專屬伴侶的體制。隨著社會規模擴大,政治與經濟權力往往集中於特定的家族、氏族、族群,或其他聯盟。這些權貴在不受群體競爭制約時,會逐漸把

習俗和法律推向有利於自己的方向，從中犧牲了社會的利益。[14]

關鍵的一點是，在一個沒有規範、信仰、法律或神明可以阻止成功和有權勢的男人獲取許多專屬伴侶的世界中，我們的演化心理偏見和傾向，往往會導致極端的一夫多妻制，並慢慢滲透到大型且複雜的正規社會體制中。

那麼，我們是怎麼形成一夫一妻制的？首先我們應該問自己，我們屬於什麼婚姻制度？

在大部分非洲、中亞和中東地區，一夫多妻制仍然是合法的。與此同時，幾乎所有現代關於一夫多妻制婚姻的法律禁令，都源自 WEIRD 群體，最終可追溯至基督教教義。日本和中國分別在 1880 年代和 1950 年代採納「現代」（西方）的婚姻制度。兩國的新政府都明確複製了西方的世俗制度與法律，包括禁止一夫多妻制婚姻。1920 年代，新成立的土耳其共和國複製了一整套 WEIRD 群體的正規制度與新法律，包括禁止一夫多妻制婚姻。在印度，1955 年的《印度教婚姻法》表明，除了穆斯林可根據其宗教傳統擁有最多 4 位妻子，一律禁止所有一夫多妻制婚姻形式。這很自然地導致了一些有聲望的印度教徒選擇改宗伊斯蘭教，以為他們鑽了法律漏洞。然而印度最高法院在 2015 年裁定該法律適用於所有人，沒有例外。因此，對世界上大部分地區而言，WEIRD 群體的一夫一妻制是個相對新穎的舶來品。[15]

然而，是什麼因素推動了一夫一妻制的傳播，首先是在歐洲，然後傳到全世界？

從表面上來看，一夫一妻制的主要驅動力看似是教會在歐洲

西方文化的特立獨行如何形成繁榮世界

的成功傳播，以及隨後歐洲社會在全球的擴張，為大量試圖使異教徒改信主和「拯救」靈魂的傳教士鋪平了改變婚姻制度的道路。在這樣的歷史模式背後，是群體競爭的兩種標準形式。在一些情況下，歐洲擴張涉及軍事征服，例如在阿茲特克人中，傳教士到達那裡為新近被征服的人民服務。其他時候，特別是在最近這幾個世紀，各地的複雜社會為了回應歐洲和歐洲後裔社會（例如美國）顯著的經濟和軍事力量，貪婪地複製他們的正規制度、法律和慣習，當中包括民主選舉和戴領帶的奇怪習慣。所以，問題在於，一夫一妻制婚姻是更像提供商業市場基礎的契約法，還是更像繫領帶這種借著歐洲威望在全球散布的荒謬衣著習俗？

接下來，我將說明一夫一妻制的婚姻規範（在出現的初期違反一夫多妻制傾向，以及權貴男性的強烈偏好）造成了一系列社會與心理影響，使實行這個制度的社會在與其他群體競爭時擁有巨大的優勢。讓我們看看這是如何運作的。

一夫多妻制的數學問題 [16]

一夫多妻制婚姻往往會產生大量地位低下的未婚男性，他們幾乎沒有婚姻甚至性生活的前景。男性為應對這種情況而發生心理變異，進而引發更激烈的男性與男性競爭，並在許多情況下挑起更多的暴力與犯罪事件。若想看這一點，可參考圖 8.1 所演示的情況。我們在這裡比較兩個虛構的社區，一個是一夫一妻制，另一個是一夫多妻制，每個社區有 20 名男性（黑色圓圈）和 20

名女性（灰色圓圈）。我根據男性的社會地位從上到下進行排序，從執行長到高中輟學者，或從皇帝到農民。在一夫一妻制社區（左側），未婚和社會地位低下的男子隊伍是空的。每名男性都可以找到妻子、生孩子，並有著自己的未來。在一夫多妻制社區（右側），地位最高的男性，即代表財富或地位最高的 5% 者，有 4 位妻子。在他下面的兩位男性代表那些地位在百分等級 85 至 95 之間的人，每人有 3 位妻子。再往下代表百分等級 80 至 85 這個範圍的男性，他們有 2 位妻子。從百分等級 80 以下到 40 的這個範圍內，每個人都是一夫一妻。在這之下，底層 40% 男性沒有配偶，幾乎難以與人交往或結婚，因此不太可能成為丈夫或父親。正是這 40% 表示出一夫多妻制婚姻的數學問題：從物種進化角度來看，一夫多妻制婚姻創造出的「剩男」，他們生無可戀。在這個虛構的社區中，一夫多妻制的程度並不極端，與許多在狩獵採集社會中觀察到的情況沒有太大區別。沒有任何一位男性有超過 4 位妻子。只有前 20% 的男性是實施一夫多妻制。大多數已婚男性只有一個妻子，而大多數女性只有一個丈夫。然而最終仍然有 40% 的男性人口在不自願情況下成為終生單身漢。這個典型例子中所展現的一夫多妻制程度，實際上是遠低於今天在許多非洲社會和北美摩門教社區中所觀察到的程度。[17]

圖 8.1 的數學問題，說明一夫多妻制社區中的男性，通常會比一夫一妻制社區中的男性面臨更大的雄性競爭。讓我們看看薩姆（Samu）的情況，在我們虛構的一夫多妻制社區中，他代表了底層百分等級 5 至 10 的男性。薩姆如果想要娶得一位妻子，

西方文化的特立獨行如何形成繁榮世界

他必須設法讓自己的百分等級越過 40。如果他安分守己並在他的小農場努力工作，他頂多只能往上爬到 25。這不會讓他爬超過 40，因此他幾乎沒有吸引到 1 位妻子的機會，最終可能陷入演化絕境。從天擇來看，這是一種比死亡還糟糕的命運。薩姆唯一的希望，就是採取冒險的行動，將他的社會地位提升至百分等級 35 或更往上——他需要一個大躍進。

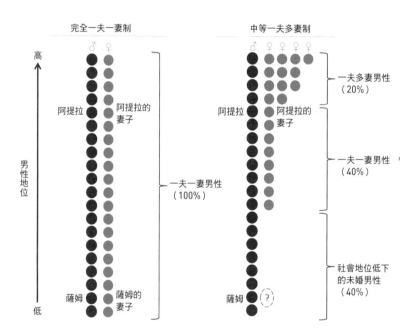

圖 8.1　一夫多妻制婚姻造成了一群地位低下的未婚男性。兩側都代表由 40 名成年人所組成的同一個社區，分別有 20 名男性和 20 名女性。男性根據社會地位垂直排列，最低處是社會地位最為低落者，最頂端代表社會地位最高者。女性偏好社會地位高的男性，所以在一夫多妻制下，地位最低的男人沒有配偶。這導致許多進入一夫多妻制婚姻的女性與高社會地位的男性結婚，而許多社會地位低落的男性（40%）將不會有結婚機會。

舉例來說，假設薩姆正好遇到一位醉酒的商人在深夜裡的黑暗小巷吟唱。薩姆可以選擇搶劫這位商人和盜用他的錢財來擴張自己的農田，又或者什麼都不做（我們這裡不談協助這位商人的選項）。如果他什麼都不做，他進入婚姻與交往市場的機會依然很低，大約 1%。這表示他有 99% 的機會陷入演化絕境。然而，如果他搶劫那位商人，他找到妻子的機會將增加 10%，但也面臨 90% 將被逮捕與處決的可能 —— 再次，他最終陷入演化絕境。那麼他應該怎麼做？什麼都不做意味著他只有 1% 的交配與生孩子機會，而搶劫商人將增加 10% 的機會。總的來說，對薩姆而言，搶劫商人看起來比什麼都不做還好上 10 倍。在這樣的計算下，天擇使男性心理發生傾斜，以致於在這樣的條件下，男性更傾向放手一搏進行犯罪行動。

　　現在，假設薩姆居住在我們一夫一妻制的社區，並且遇到了同一位醉酒的商人。在這個世界裡，薩姆已經結婚了，並有一位 2 歲的女兒。如果他選擇搶劫商人，他有 90% 的機會被處決，這意味著他將無法養育年幼的女兒，也無法與現任妻子繼續擴大家庭。在這裡，薩姆有著未來，並且也早已不是演化絕境。當然如果他選擇搶劫商人，他有 10% 的機會變得更富有，這對他來說是好事（雖然對商人來說並不是）；但薩姆在這個社會一次只能娶一個妻子，所以任何重大經濟成果帶來的演化優勢將不像在一夫多妻制社會中那麼顯著。例如：他不能再娶另一位年輕的妻子。

　　這裡的關鍵是，男性面臨的最大威脅是演化絕境 —— 根本沒有交配的機會。你可以想像如果有你有 1 個孩子，他／她或許可

西方文化的特立獨行如何形成繁榮世界

以給你 4 個孫子……然後這 4 個孫子或許可以給你 16 個曾孫。換句話說，你身處演化遊戲中。然而，如果你從未或很少有性行為（因此沒有孩子），那就沒有之後了。你和你的直系血統就此終滅。由於這種演化原理，在地位低下男性的演化心理中，會對一夫一妻制婚姻與一夫多妻制婚姻創造的社會條件，產生不同的反應（如圖 8.1 所描述）。當然，從心理學的角度來看，男性更關心配偶和交配的機會，而不是清點孩子的數量。但這是因為，在我們演化史的大部分時間裡，男性若有愈多配偶和交配機會，也普遍意味著愈多的孩子。

現在讓我們透過關注阿提拉（Attila），來了解婚姻制度將如何在我們虛構的一夫多妻制社會中影響地位較高的男性。阿提拉代表了 75 至 80 這個百分等級的人口，他是一夫多妻制社群中地位最顯要的一夫一妻婚姻男性之一。然而，與一夫一妻制社群不同，阿提拉仍在婚姻市場中，他必須做出選擇，是要把時間、精力和資源投入在現任妻子和他們的孩子身上，還是要尋找更多妻子。如果他能稍微提升他的財富或地位，他就可以娶第 2 個妻子。如果他的社會地位能提升 10 個百分等級，他的妻子數量可以增加 3 倍。在這種情況下，阿提拉往往會積極地將他投入在現任妻子和她的孩子身上的時間與精力，轉而用來獲得更多妻子。相反地，在一夫一妻制社群中，阿提拉只與 1 位妻子結婚。然而，這裡有關婚姻和性的社會規範，關閉或至少阻礙了他在一夫多妻制社會中取得巨大演化優勢的途徑。阿提拉面對這種情況，更有可能滿足於對他的社會地位或財富進行較小的、漸進式的改善，並

將時間和精力投入在他的現任妻子與孩子身上。因此在一夫多妻制社會中，地位晉升的演化回報要比一夫一妻制社會大得多，即使對社會地位較高的已婚男子也是如此。在一夫多妻制社會中投入資源尋求更多妻子，要比一夫一妻制社會中投入資源在一位妻子和她的孩子身上，更具吸引力。

重要的是，我的例子假定女性在這個一夫多妻制社會中可以自由選擇丈夫，而且她們是根據孩子**相較**於社會上其他人會來得更成功而進行挑選。也就是說，透過成為社會上最富有男人的第二、第三或第四任妻子，女性正在為自己和孩子做出最好的選擇。相較之下，在一夫一妻制社會中的女性，即使她們願意，也無法實踐多妻制，因此她們實際上被迫嫁給社會地位較低的男性。有趣的是，由於一夫一妻制婚姻影響了社會動態和文化演化，因此長遠來看，透過禁止女性與已婚男性結婚來抑制女性選擇，（平均而言）會對女性和孩子更好。這是因為一夫多妻制所釋放的社會動態，影響了家庭的組成、男性心理，以及丈夫將資源投入在妻子與孩子身上的意願。[18]

透過勾勒出薩姆和阿提拉的故事，我說明了一夫一妻制婚姻如何抑制男性之間的生殖競爭，但也同時消耗社會地位低落的未婚男性群體，造成他們對未來沒有懸念（例如期待一個孩子，或至少有一個生孩子的機會）。一夫一妻制婚姻透過抑制這種競爭的激烈程度，引發起一系列的轉變，使男性得以重新適應新的社會環境。這些轉變可以包括對當下環境的即時反應、隨男孩成長而逐漸形塑的心理調適，以及透過文化學習與成功策略、信念和

動機的積累來適應新的制度環境。現在讓我們先看婚姻如何改變男性最喜歡的荷爾蒙。[19]

睪固酮抑制系統

與女性（沒有專門腺體）相比，男性的睪丸會產生大量的類固醇激素睪固酮。如果要了解睪固酮（T），最好先退後一步，讓我們從鳥類開始，然後轉向智人。睪固酮有助於鳥類的第二性徵發育；但與人類的低沉聲音、多毛胸部和方形下巴不同，雄性鳥類會發育出顏色鮮豔的羽毛、肉冠和花哨的肉垂（圖 8.2）。在許多不同物種中，睪固酮還與交配和求愛表現有關，這包括求歡夜曲和舞蹈、領域防禦、與其他雄性爭奪雌性。雖然睪固酮的

圖 8.2 一隻英俊的公雞，有著鮮豔的肉冠和肉垂。[20]

影響也在許多哺乳動物身上出現，但鳥類有一點是很酷的。牠們有許多物種在每個季節只與一個配偶形成持久的配對（「一夫一妻制」），雄性甚至在巢穴中幫忙養育後代——也就是說，牠們像許多人類社會的父親那樣，投入在後代的撫育中。當然，正如90% 的哺乳動物那樣，也有許多鳥類既缺乏固定的配偶，雄鳥也不會投入巢穴、蛋或幼鳥的照料上。這種鳥類變異讓我們可以比較睪固酮對其他有著不同配對與交配模式的物種的影響。猜猜看我接下來會拿什麼做比較？

　　許多一夫一妻制的物種，例如歌帶鵐（Song Sparrows），雄性會試圖在每一次的繁殖季節都找到一個配偶。當交配季節開始時，牠不得不與其他雄性競爭，以建立自己的領地來吸引配偶。為了應對這樣的情況，歌帶鵐體內的睪固酮會開始上升並持續增加，直到牠的伴侶開始排卵為止。牠必須在這個關鍵時期全天候保護伴侶，並防止其他雄性干擾。一旦牠的伴侶懷孕了，牠體內的睪固酮就會下降並準備餵養和照顧雛鳥。當這一切結束後，牠因為不再需要保衛領地，睪固酮會再下降。相較之下，一夫多妻制的物種，如紅翅黑鸝（red-winged blackbird）雄性，會為了盡可能吸引更多配偶而爭奪大片領地。牠們的睪固酮會在繁殖季節上升，但在交配後即使伴侶懷孕或雛鳥出生也不會下降。這並不奇怪，因為這些一夫多妻制物種不會在巢穴裡幫忙照養雛鳥，而且會繼續尋找其他配偶以形成更多的配對。

　　因為研究人員可以對野生鳥類進行實驗，所以我們知道在一夫一妻制物種中，某些情況如陽光的季節性變化，會驅動睪固酮

　　　　西方文化的特立獨行如何形成繁榮世界

的變化，而這些荷爾蒙的變化也會影響牠們的行為轉變。例如：當歌帶鵐放入可防止雄性在配偶懷孕後睪固酮下降的植入物後，雄性就會繼續戰鬥，而與沒有被放入植入物的雄性相比，其領地面積會翻倍。放入植入物的雄性也會變成一夫多妻制，同時有著2個甚至3個配偶。其他鳥類若放入睪固酮植入物，會增加雄性歌唱和領地侵略，並且降低餵養雛鳥或保衛巢穴的投入程度。或許有人會說牠們忙於唱歌和打鬥而無暇照顧雛鳥。聽起來有種熟悉感，是嗎？[21]

在 WEIRD 群體的一夫一妻制社會中，男性有點像是一夫一妻制的鳥類：睪固酮在結婚和生了孩子之後下降。如果他離婚了，他的 T 值通常會再次攀升。婚姻與孩子會使男性的睪固酮衰減，這已經在北美不同群體中得到證實，但我最喜歡的研究來自菲律賓的宿霧市（Cebu）。2005 年，人類學家克里斯·庫薩瓦（Chris Kuzawa）年所領導的研究團隊，測量宿霧市 465 位 20 歲出頭的單身男性的睪固酮。在接下來的四年裡，這群受測者當中的 208 位男性結了婚，其中 162 人有了孩子。到了 2009 年，克里斯的研究團隊再次測量男性 T 值。他的研究發現也與美國一樣，男性的睪固酮隨著年齡增長而逐漸下降。但是圖 8.3 所示，下降速度取決於這些男性在這段期間發生了什麼事。已結婚生子的男性 T 值呈急劇下降，而單身男性的 T 值下降最少。值得注意的是，一開始睪固酮濃度最高的男性也最有可能結婚——也就是，在 2005 年睪固酮濃度較高的男性，被預期在接下來的四年中會成功競爭到配偶。[22]

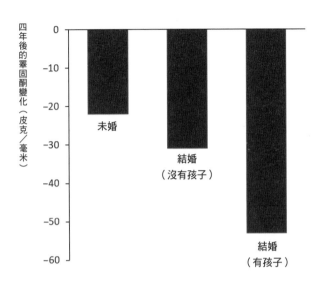

圖 8.3　宿霧（菲律賓）年齡介於 21.5 歲至 26.5 歲的男性，四年後早晨睾固酮濃度
下降。[23]

　　這一系列研究表明，人類跟鳥類一樣，擁有一個依據交配
機會、養育需求、地位競爭與其他心理層面來調節男性睾固酮的
生理系統。T 值會在必要時上升，讓雄性為爭奪地位和配偶做好
準備。但需要築巢和培育後代時，T 值就會下降。在整個人類社
會中，睾固酮濃度較低的父親會更關心他們的嬰兒，並且更能傾
聽嬰兒的哭聲。WEIRD 群體的一夫一妻制與其規範，透過減少
已婚男性交配機會以及讓他們更常接觸孩子，來操縱睾固酮的濃
度，這兩者都會降低他們的睾固酮濃度。[24]

　　如果將這些影響匯總至整體人口，我們可以開始看到一夫一

　　　　　西方文化的特立獨行如何形成繁榮世界

妻制規範如何在社會層面抑制睪固酮。透過禁止地位較高的男性壟斷潛在妻子，一夫一妻制規範讓更多地位較低的男性可以結婚（形成夫妻關係），並成為孩子的父親。因此，WEIRD 群體的婚姻規範確保有更高比例男性會經歷低 T 值以參與一夫一妻制婚姻和照料孩子。相較之下，在一夫多妻制的社會中，有更多的男性（圖 8.2 中的 40%）將終生留在圖 8.3 的「未婚」類別中。因此在一夫多妻制的社會中，較高比例的男性從未經歷如在一夫一妻制社會中所觀察到的睪固酮下降。一夫多妻制社會中的未婚男性也像一夫多妻制的鳥類一樣，其一生中保持著相對較高的睪固酮濃度。[25]

有趣的是，由於一夫多妻制婚姻也改變了已婚男性所面臨的社會世界，所以只關注低地位男性找結婚對象的問題，是低估了一夫一妻制的抑制作用。若要了解原因，請記住，在一夫多妻制的社會中，已婚男性仍在婚姻市場上有一席之地。因此與一夫一妻制社會不同，在一夫多妻制社會中，男性的睪固酮不會隨著年齡增長而下降。或者，如果確實有下降，與我們在 WEIRD 社會中看到的情況相比，這種下降是溫和的。在某些情況下，男性的睪固酮甚至會隨著年齡增長而上升。例如：在肯亞拉穆島（Lamu Island）講斯瓦希里語（Swahili-speaking）的居民中，結婚和生子都不會使男性降低睪固酮。然而，當地有大約四分之一的男性會娶第 2 個妻子，這與較高的睪固酮濃度有關。在這裡，較高的 T 值可能會促使男性尋找潛在妻子，或者新婚妻子可能會提高男性的 T 值。然而無論哪種方式，這些影響都在一夫一妻制的規範

下被抑制了。[26]

　　透過比較坦尚尼亞的達託加族（Datoga）牧牛人和附近的哈扎族狩獵採集者，我們可以看出不同社會規範是如何對男性生理機能造成影響。在達託加族的父系社會中，大約 40% 的已婚男性擁有多位妻子，而成為父親對 T 值並沒有顯著的影響。對達託加族的已婚和未婚男性來說，性生活的唯一規範約束是，絕對不可以和其他男性的妻子發生性關係。此外，達託加族男性不與他們的妻子及孩子生活和睡覺，而是與其他男性一起。嬰兒在斷奶前被認為是母親身體的一部分，因此達託加男性不會照料他們的嬰兒。有鑑於這些規範，達託加父親的睪固酮沒有下降也就不足為奇了。相比之下，在 20 位哈扎族男性中只有 1 位男性是一夫多妻制婚姻（5%），而當地的社會規範要求男性照顧嬰兒和小孩。因此，哈扎族男性的 T 值的確在生了小孩之後有些下降，而下降幅度與他們照顧孩子所花的時間成正比。[27]

　　人類和鳥類之間的主要區別，在於我們的文化演化可以產生社會規範，並利用我們內在的荷爾蒙反應來達到自己的目的。在像達託加族這樣的群體中，他們氏族和部落的生存（部分）取決於他們戰士的勇敢和凶狠，而族裡的每個男性都是戰士。透過維持較高的睪固酮濃度，像與妻子和孩子分開生活這樣的規範，可能會在與其他氏族和部落的競爭中提供優勢。相比之下，基督教一夫一妻制是抑制 T 值特別有效的方法。除了限制男人只能有一個妻子，教會的婚家計畫還包括其他幾種積極成分。首先，它限制男性在婚外尋求性行為（禁止嫖妓或擁有情婦）。為實現這一

目標，教會致力於結束賣淫和蓄性奴，同時制定社會規範，激勵社區監督男性的性行為並公開他們的違法行為。上帝當然也被徵召來監督和懲罰男人與女人的性犯罪，推動了基督教關於罪與內疚觀念的發展。其次，教會盡可能讓離婚變得困難，並且幾乎不可能再婚，阻止男性實行連續性一夫一妻制。事實上，根據教會的計畫，任何人能合法發生性行為的唯一方式，就是與配偶生育孩子。[28]

這與其他一夫一妻制社會形成對比，如雅典或信奉基督教之前的羅馬；在這些社會中，男性僅限於一個妻子，但在其他方面並沒有受到強烈的約束。男性不僅可以輕易離婚，還可以購買性奴、收外國人當妾、上無數個廉價的妓院。[29]

WEIRD 婚姻的結果，除了是建立在基督教婚姻觀的基礎上，也產生了一種特殊的內分泌學。醫生普遍認為，睪固酮會隨著男性年齡的增長而「自然」下降。在 21 世紀的美國，睪固酮下降是如此嚴重，以致於一些中年男性因低 T 值而接受醫生治療。但正如我前面解釋的，在擁有更多婚姻制度的人類社會中，我們不會經常看到這樣的下降，而且當 T 值真的有下降時，它們幾乎沒有像 WEIRD 社會那樣激烈。這好比是 WEIRD 內分泌學伴隨著我們的 WEIRD 心理。[30]

我花了一些時間在睪固酮上，是要勾畫我們其中一個生物途徑，被體制利用和發展成影響我們行為、動機和做決策的機制。你可以在這裡看到教會是如何透過一夫一妻制婚姻，抓住了男性的睪丸。毋庸置疑，文化演化已經找到無數個進入我們大腦和行

為的生物途徑。現在讓我們從荷爾蒙轉向心理，看看一夫一妻制婚姻是如何抑制男人的競爭、冒險和報復心理，也同時增加他們非個人的信任和自我調適。[31]

信任、團隊合作與犯罪

為了探討一夫一妻制婚姻如何影響人類心理，我將討論以下兩種證據。首先，我們現在知道一夫一妻制婚姻會抑制男性的 T 值，所以我們將據此思考這種激素如何影響人們的決策、動機和團隊合作。其次，因為一夫一妻制婚姻通常會增加潛在配偶（未婚女性）的可得性，我們將據此研究男性對配偶可得性的看法轉變，以及這如何影響他們的耐心和決策。

睪固酮對我們的行為有什麼影響？為了讓個體為地位或交配權的競爭做好準備，睪固酮透過各種複雜的生理過程來改變我們的心理。一般而言，當我們預期會遭遇地位挑戰時，包括柔道、國際象棋和多米諾骨牌等比賽，睪固酮濃度將會上升。[32] 操控睪固酮的實驗研究表明，提升睪固酮濃度會 (1) 激發競爭動機和增加攻擊性；(2) 加強對挑戰與威脅的社會防範；(3) 抑制恐懼感；(4) 提高人們對獎勵的敏感度，抑制他們對懲罰的反應。[33] 當然，睪固酮也會增加人的性欲。

睪固酮偏愛的競爭性與零和思維，可能得付出高昂的代價。在一個簡單的實驗中，一位男性與一位陌生人配對進行實驗，他們倆可以反覆按下按鈕 A（略微增加自己的現金收益）或按鈕 B

西方文化的特立獨行如何形成繁榮世界

（顯著降低另一位受試者的收益）。那些有興趣賺最多錢的受試者應該或總應該至少按下按鈕 A，但那些有意要賺得比另一位受試者還多的受試者（以最大化自己的**相對**收益），需要按下按鈕 B（降低另一位受試者的收益）。當男性被注射睪固酮時，會比他們被注射安慰劑時更可能花時間按下按鈕 B。這項實驗結果顯示，注射額外睪固酮的受試者會傾向擊敗他們的夥伴（對手？），但試驗下來的整體收益會比較少。[34]

此外，我們可以透過另一個實驗，更深入地理解荷爾蒙效應帶來的社會後果。這個實驗將受試者分成兩人一組，受試者可以在組內彼此競爭，或是一起合作與其他組別競爭。然而這並不是什麼摔角或拔河比賽，而是比賽誰可以拿到研究所招生用的研究所入學考試（GRE）最高分。在組內實驗中，如果受試者的分數贏過**夥伴**，就有機會參加抽獎。在組與組的實驗中，組內兩位受試者的分數總和如果超過另外一組，該組就有機會參加抽獎。

實驗結果顯示，那些在抵達實驗室時睪固酮濃度較高的受試者，在必須擊敗組內對手（也就是面對**組內**的零和競爭）時，他們的表現好上 18%。與此同時，睪固酮濃度較低的受試者在**組與組**的比賽中，表現要好上 22%。這些都表明，如果你遇到群體與群體之間的激勵競爭，包括組織、企業、國家或軍事單位等，而你在當中的任務是需要卓越認知能力或分析技能，那麼你應該避免高 T 值的人，或是設法使用 WEIRD 群體的婚姻規範來降低他們的 T 值。[35]

睪固酮濃度的上升也會降低一個人對陌生人的可信任度評

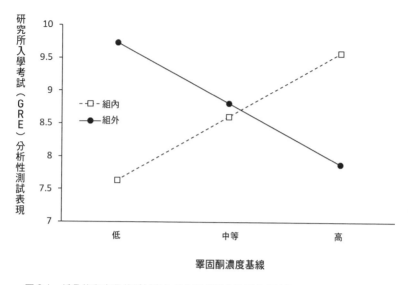

圖 8.4　低 T 值與高 T 值受試者在組內和組間的競爭表現比較。不意外地，高 T 值受試者在組內的個人比賽中表現出色。然而在組間比賽中，高 T 值受試者的表現則相對較差。研究所入學考試分數僅基於該考試的分析性測試，滿分為 15 分。[36]

估，這可能是睪固酮會影響他們的社會防範，並將世界視為是零和賽局。在一項研究中，受試者被要求根據 75 個不同陌生人的面部照片來判斷他們的可信度。每個受試者都進行了兩次試驗，第一次是在打一劑睪固酮後進行，另一次則是在打安慰劑後進行（當然，人們不知道他們每次注射的是哪一種）。相對於打安慰劑時的表現，打了睪固酮之後，受試者會對同一張臉孔表現得更不信任。有趣的是，即使受安慰劑影響的受試者會傾向於信任他人，但在打了睪固酮後，對陌生人的可信度會大幅下降。

　　　　　　　　西方文化的特立獨行如何形成繁榮世界

在後續的腦部掃描中，發現睪固酮會抑制前額葉皮質與杏仁核之間的連繫，以此對可信度評估造成影響。杏仁核若不受前額葉皮質的限制，會促使人們對不可信任的臉孔做出反應。因此，一夫一妻制婚姻透過抑制睪固酮濃度，讓男性可以有更多控制前額葉皮質的能力，促使更好的自我調節和自律（例如有關信任的非個人規範）。[37]

這類實驗證實，睪固酮是可以且確實偶爾會影響男性 (1) 對挑戰的直接反應、(2) 報復意願、(3) 對他人的信任、(4) 團隊合作的能力，以及 (5) 財務冒險。然而，我們不能過於簡化睪固酮會帶來的反應，因為它需要透過一套涉及其他荷爾蒙和腦部化學物質的複雜生理互動來運作。此外請記得，睪固酮並不是為了冒險、表現不耐煩、暴力舉動或不信任別人等等而存在。睪固酮可以評估和激發攀升地位最有效的行動。即使睪固酮會降低可信度評估，但如果與陌生人互動或團隊合作能帶來更高的地位，那麼有著高濃度睪固酮的個人是完全有可能這麼做的。他們可能會冒著被騙或被剝削的風險，因為攀上高峰的道路本來就不會安全。在社會層面上，當最可行或唯一通往更高地位（和交配）的道路，是要求攀爬者撒謊、欺騙、偷竊和殺戮才能爬上階梯時，這就產生了問題。[38]

像這種在實驗室發現的問題，並無法告訴我們這種影響是否會在現實世界中兌現。它們是否重要？

我們有充分理由認為這的確重要。許多研究已檢視男性長期睪固酮濃度與他們現實世界行為之間的關聯。根據對 WEIRD 社

會的研究，睪固酮濃度愈高的男性愈容易被逮捕、交易贓物、負債和持武器戰鬥。他們也更有可能吸菸、濫用藥物、酗酒、賭博和從事危險活動。睪固酮與青少年和成人的支配地位有關，睪固酮濃度與暴力攻擊（包括家庭暴力）之間存有微弱但持久的關係。當然，根據這些現實世界證據，我們並不知道是高睪固酮濃度造成了這些舉動，或者是這個人經歷的事情促使了睪固酮產生，然而像這類實驗性的研究認為這或許是雙向的。如果較高的睪固酮濃度真的能帶動低社會階層男性進行犯罪行為，而婚姻會相對降低睪固酮濃度，那麼結婚是不是能抑制男性犯罪的可能性？的確是這樣，但在我討論證據前，讓我們看看男性對性別比例的看法，是如何影響他們做出決策。[39]

　　許多心理學實驗表明，男性有時候會根據其所在地點的男性競爭者與目標女性的比例，調節雄性競爭的強度。他們會以一種因地制宜且可預期的方式，調整自己的耐心、可承擔風險與其他心理素質。例如：在類似第1章討論的延宕折扣決策實驗中，那些被實驗誘導而認為當地性競爭激烈的男性（男性比例多於女性）會更願意接受即時但較小的回報，而不是延宕但較大的回報。這個實驗與其他類似實驗表明，當男性感知到更強烈的雄性競爭時（過多的男性）他們經常表現得比較缺乏耐心並且更願意冒險。當然，正如其他心理實驗那樣，這只是在具WEIRD特質的美國人身上所做的實驗，所以我們應該要擔心這是否可以類推到全球人口身上。然而，這些實驗室裡的發現恰好與現實世界「剩男過多」對中國犯罪率的影響相吻合，我們將在下面做出分析。這些

研究發現與現實世界的趨同，讓我們增添了信心。[40]

　　像這樣的心理轉變，除了影響人的衝動、競爭和自我調節能力，也讓個人更有可能犯罪、酗酒和吸食毒品。當然，許多非心理因素也會影響人們犯罪和濫用毒品。有趣的是，被定罪的罪犯雖然在受控實驗室的實驗中表現出與社會上其他人相同的誠實及合作水準，但在英國與中國的實驗中，被定罪的罪犯會為了更高回報而接受更高風險。事實上，與其他大部分群體不同（女性承擔的風險較男性低），這兩國的女性囚犯承擔的風險都比男性囚犯略高一些。與既非囚犯也非吸毒者的群體相比，在受控的心理研究中（亦即在 WEIRD 群體當中），囚犯與吸毒者顯得更不耐煩和衝動。整體來說，這項研究顯示，一夫一妻制婚姻透過在關鍵方面轉變了男性的心理，應該可以降低犯罪率。[41]

一夫一妻制婚姻能減少犯罪事件

　　當一名男性在 WEIRD 社會結婚時，他犯下各式罪行的機率就下降了，就如同他的 T 值。首先，許多研究表明，未婚男性比已婚男性更可能犯下搶劫、謀殺和強姦。單身漢也更有可能賭博、吸毒和酗酒。即使考慮到年齡、社會經濟地位、就業與種族的差異，這些模式仍然成立。這些研究的問題是，它們並沒有告訴我們，結婚是否真的能使男性減少犯罪或減少喝酒，或者犯罪者和酗酒者是否比較難找到結婚對象。當然，這因果關係可能是雙向的。

　　回答這問題的方式，或至少部分回答這問題的方式，是跟隨

著同一位男性的生命歷程，並比較他結婚前後的行為。在一項知名研究中，追蹤了 500 位來自麻薩諸塞州感化院的男孩，從他們 17 歲起，到他們退休為止。這項研究顯示，無論是盜竊、偷竊和搶劫等財產犯罪，還是襲擊和毆打等暴力犯罪，結婚能降低一半的男性犯罪機率。在所有犯罪行為中，婚姻使犯罪率降低 35%。如果男人有個「好」婚姻，他們犯罪的可能性會更小。請記住，我們是把個人與他們生命歷程中不同時期做比較，因此個人自身情況無法解釋這樣的影響。[42]

　　當然，或許有人會認為這些研究參與者的不同生命階段可以解釋這些結果。也許精力旺盛的年輕人會犯罪，然後長大、安定下來和結婚（所以使婚姻看起來是導致犯罪率下降的原因），儘管它只是與「安定」階段看起來有相關。另一方面，這些男性當中的許多人，結婚、離婚好幾次，有些則成為鰥夫。男性犯罪的可能性不僅在離婚後（再次單身）增加了，在妻子離世後也是。許多研究也支持這樣的觀點，即在一夫一妻制社會中結婚，會降低男性的犯罪、酗酒和吸毒可能性。[43]

　　那麼，WEIRD 婚姻對犯罪的影響，可以告訴我們將一夫多妻制社會轉變為一夫一妻制社會的影響嗎？在一夫多妻制社會中，「數學問題」通常會產生更多地位低下的男性，其中許多人永遠沒有結婚或生育的機會。因此，他們不會經歷婚姻引起的心理變異，從而降低他們的犯罪機會。在沒有這種婚姻預防措施的情況下，社會地位低下的男性有可能被犯罪與其他社會弊病貫穿一生。他們會出於各種原因在年輕時便死去。因此，雖然前述研

西方文化的特立獨行如何形成繁榮世界

究以感化院男孩為對象，看起來很特殊，但正是他們這些社會地位低下的男性，會在一夫多妻制下，困在剩男群體中。[44]

上述推論雖然合乎邏輯，但我們如何確定社會中大量未婚男性真的會犯罪呢？中國著名的一胎化政策恰恰提供了檢驗這項推理所需的自然實驗。中國在 1970 年代後期開始實施一胎化政策，限制了家庭規模，也限制許多夫婦只能有一個孩子。[45] 由於中國的父系家庭歷史，許多人具有一種強烈的文化偏好，就是至少要有一個兒子來繼承血統。那些被限制只能有一個孩子的家庭會偏好男孩。結果，數以百萬計的女性胎兒被選擇性地流產，又或者，女嬰成為孤兒。隨著這項政策在不同時期實施於不同省份，性別比例開始逐漸往男性方向傾斜。1988 年至 2004 年間，「過剩」男性的數量幾乎翻了一倍，到 2009 年，「過剩」男性的數量達到了 3,000 萬人。[46]

隨著過剩男孩長成男人，犯罪逮捕率幾乎翻了一倍，全國犯罪率飆升，每年上升 13.6%。經濟學家莉娜・艾德倫德（Lena Edlund）和她的團隊分析從 1988 年至 2004 年的犯罪率與性別比數據，指出一胎化政策在不同省份成功實施後，過剩男性人數也逐漸增長，犯罪率開始不斷攀升。由於一胎化政策在不同省份的實施年份各有不同，因此其交錯效應彰顯於中國各地：在各個省份執行一胎化政策長達 18 年後，過剩男性人口愈加顯著，犯罪率也開始上升。隨著過剩人口不斷擴大，犯罪逮捕和犯罪率持續同步上升。[47]

由於男性犯下的罪行最多，你會以為犯罪率是因為男性人口

增多而上升。然而，詳細的研究分析顯示出明顯的心理變異：男性出生在男性人口比例高於女性的世代，抑或出生在比較不會偏愛男性且男性有類似收入與教育程度的世代，兩者相比，前者更有可能犯罪。[48]

當然。這些中國過剩男性並不是一夫多妻制造成的。然而，與前述實驗室證據和 WEIRD 婚姻對男性犯罪傾向的影響一致，中國一胎化政策所打造的自然實驗，顯示過多的「過剩」男性會產生心理轉變，並因此改變他們的決策過程，最後導致更高的犯罪率。[49]

這一切都表明了，經由數個世紀努力傳播和實施獨特的一夫一妻制婚姻，教會在**無意間**創造出逐漸馴化男性的環境，使許多人不再那麼具有競爭性、衝動和冒險精神，同時傾向對世界有正和（positive-sum）認知，也更願意與陌生人合作。在**其他條件都不變**的情況下，這應該會導致更和諧的組織、更少的犯罪行為和更少的社會混亂。[50]

拼湊碎片

一夫一妻制婚姻會改變男人心理，甚至是荷爾蒙，並對社會產生下游效應影響。儘管這種婚姻形式對於人類社會來說既不「自然」也不「正常」（並且與社會地位高或權貴男性的強烈傾向背道而馳），但它可以讓宗教團體與社會在群體競爭中擁有優勢。透過抑制雄性競爭以及改變家庭結構，一夫一妻制婚姻改變

西方文化的特立獨行如何形成繁榮世界

了男性心理，驅使他們減少犯罪、暴力、零和思維，同時促進更廣泛的信任、長期投資與穩定的經濟積累。在一夫一妻制社會中，地位低下的男性有機會結婚生子和投資未來，而不是追求衝動或冒險行為以提升自己的社會地位。即使地位高的男性仍會爭奪地位，但這種競爭不再是積累妻妾人數。在一個一夫一妻制的世界裡，零和競爭相對不那麼重要。因此，建立自願組織和團隊的空間更大，然後在團體的層級上相互競爭。[51]

請以這種心理認識為背景，看看中世紀歐洲著名歷史學家大衛・赫利希（David Herlihy）的反思：

> 中世紀早期一項偉大的社會成就，是對富人和窮人強加同等的性行為與家庭行為規則。無論是國王在他的宮殿裡，還是農民在他的小屋裡：沒有一個人是例外的。強者或許可以從中欺騙，但他們不能再恣意索取女性或奴隸。窮人娶妻生子的機會增加了。中世紀早期更公平分配女性的方式，很可能有助於減少綁架、強姦以及一般暴力的程度。[52]

這一切都發生在歐洲最早的民主制度、代議制議會、憲法和經濟成長之前，使赫利希和其他歷史學家認為，這可能代表了走向社會平等的第一步，包括男人之間與男女之間。無論是國王還是農民，每個男人都只能有一個妻子。當然，歐洲國王也竭盡全力規避這條規則。然而他們愈來愈受到任何中國皇帝、非洲國王

或波里尼西亞酋長所無法想像的約束。教會一夫一妻制意味著年齡相近的男女在成年時結婚，而且是基於雙方同意和可能不受雙方父母祝福。當然，中世紀早期距離現代的性別角色平等還很遙遠，但一夫一妻制婚姻已經開始縮小那樣的差距。[53]

一些研究人員認為，我們會依據成長過程所經歷的家庭環境發展心智模型，以便未來在更廣闊的社會世界中遊走。你的家庭組織和運作是你最熟悉不過的，而這會影響你對世界上其他地方的看法。例如：如果你的家庭相對專制和等級分明，那麼你可能會在往後的生活裡傾向於專制組織。但如果你的家庭更傾向平等和民主，那麼你可能會更喜歡更民主的方式。這意味著一夫一妻制婚姻的傳播，以及教會婚家計畫的其他要素，可能創造出比大多數緊密的親屬為本社會還要平等且不那麼專制的家庭（當然，這在現代人眼中並不特別平等；一切都是相對的）。當人們在 10 世紀和 11 世紀開始建立城鎮、行會和宗教體制時，他們會運用從一夫一妻制的核心家庭生活中獲得的直覺或見解，而不是從父系氏族或分支世系的生活中獲得的直覺或見解。這可能會影響他們發展的組織類型和他們偏好的法律。[54]

西方文化的特立獨行如何形成繁榮世界

--- CHAPTER 8 ---
WEIRD MONOGAMY
八、WEIRD 群體的一夫一妻制

--- 注釋 ---

1. Motolinía, 1973.

2. 托里比奧寫了大量關於他力圖改變的人、習俗和信仰，並利用他的影響力在他能力可及的時間和地方上保護與捍衛原住民。儘管他批評西班牙政府對原住民的態度，但他從未偏離他對傳播基督教的承諾，顯然他在一生中為超過 40 萬人受洗。托里比奧被認為是原住民的溫和聲音，與激情的恰帕斯州（Chiapas）主教巴托洛梅·德拉斯·卡薩斯（Bartolomé de las Casas）形成鮮明對比。

3. Jankowiak, 2008, pp. 172–73.

4. Jankowiak, 2008, p. 165. 另見：Jankowiak, Sudakov, and Wilreker, 2005.

5. 「特異」是歷史學家沃特·席代爾（Walter Scheidel，2009）用來描述古代世界一夫一妻制婚姻的詞彙。

6. Henrich, 2016; Muller, Wrangham, and Pilbeam, 2017; Pilbeam and Lieberman, 2017. 關於一妻多夫制，請見：Starkweather and Hames, 2012. 這

裡的「群居」，不包括像長臂猿這樣的靈長類動物。

7.　Buss, 2007.

8.　Henrich, Boyd, and Richerson, 2012; Hewlett and Winn, 2014. 你可能認為女人應該會偏愛一妻多夫。然而，這與擁有多個妻子的男性不同，女性面臨著截然不同的演化計算，這塑造了她們的演化傾向、情感與動機。一夫多妻制的女人不能像男人一樣「平行」繁殖，在同一時間內讓多個丈夫懷孕，因此沒有優勢。此外，她們做為哺乳類動物，需從事兩項最重要的工作，懷孕和育兒，她根本無法將這些工作分給額外的丈夫。更糟糕的是，與多個丈夫發生性關係會混淆父子關係，從而導致丈夫之間減少投入父職和增加性嫉妒。最後，一旦她進入更年期，隨年齡增長繼續增加年輕丈夫對她也沒有任何好處，至少從生殖角度來看（儘管這可能很有趣）。所以，多個丈夫很少是值得的，當然也不能像男性多娶妻那樣加快女性的繁衍方式。這演化推理意味著天擇塑造出女性對一妻多夫制婚姻保持警惕的傾向，而男性則傾向認為這種做法是完全令人厭惡的（通常，但並非總是如此！）。總而言之，我們的演化心理傾向壓制或抑制一妻多夫制婚姻規範的傳播和流行，儘管文化演化在某些條件下已經對這些心理障礙形成創造性的解決方案，並產生適當程度的一妻多夫制婚姻（Levine and Silk, 1997）。

9.　Henrich, Boyd, and Richerson, 2012; Levine and Silk, 1997. 這往往會發生在下列經濟情況下：(1) 家庭受益於多個丈夫的勞動；(2) 兄弟可以集體娶同一個女人，從而減輕對父職的擔憂。

10.　Henrich, Boyd, and Richerson, 2012; Hewlett, 1996, 2000; Marlowe, 2003, 2004.

11.　這 10% 的一夫一妻制狩獵採集者有點不那麼準確，因為大多數人實際上並不忌諱一夫多妻制或一妻多夫制婚姻。他們生活在生態條件和平等主義制度的結合下，這些制度消除男性之間的經濟不平等，以致即使是地位最高的男

西方文化的特立獨行如何形成繁榮世界

性也不能吸引一個以上的妻子。從女性角度來看，現有男性都非常類似，以致成為已婚男性的第二任妻子似乎比成為未婚男人的第一任妻子更好。在某些情況下，這些生態條件需要積極平息不平等的社會規範，而這是透過廣泛的食物分享等體制實現。事實上，像這樣的群體最終只能有一夫一妻制的婚姻。值得注意的是，其中一些「一夫一妻制」群體的社會規範允許丈夫將妻子「借」給其他男人一兩個晚上。借來的妻子提供的服務包括做飯，但也會包括性服務。因此很明顯，這些社會的規範與管理 WEIRD 群體一夫一妻制婚姻的規範大不相同。

12. Betzig, 1982, 1993; Henrich, Boyd, and Richerson, 2012; Scheidel, 2008, 2009. 請注意，將社會貼上「一妻多夫制」的標籤，意味著一妻多夫制婚姻的發生率從低到中等。重要的是要認知到，這種婚姻形式與一夫多妻制和一夫一妻制是同時發生的。

13. Bergreen, 2007; Betzig, 1982, 1986, 1993; Motolinía, 1973; Scheidel, 2008, 2009a, 2009b. 有人會說貴族婚姻與後宮的形成是純粹為了建立政治聯盟。雖然政治婚姻的確是其中一部分，但許多細節都指向性與繁衍在這當中占據中心地位。首先，正如正文中所指出的，出身世家的妻子經常被歸入一個特殊的類別（「聯盟」類別），但權貴男性也建立了較低階級女性的後宮。其次，政府官僚機構負責舉辦選美比賽以挑選皇帝的妻子或妃嬪。如果一切都與政治連繫有關，為什麼仍會重視美貌？第三，通常有專門機構關注這些妻妾的性行為。例如在中國，宮女監視後宮的月經週期，而後宮則由太監看守。

14. 當我第一次遇到像這樣的例子（後宮規模）時，我立刻擔心他們是刻意挑選的案例，並可能強調複雜社會的極端或過分行為（或西方觀察家的偏見）。然而，對人類學和歷史紀錄的深入研究表明，這些案例可能更接近高度分層社會的平均值，而不是極端情況。更引人注目的是，來自世界各地遺傳數據的最新分析顯示，一夫多妻制在過去一萬年中的興起是如此普遍，以致於它們在我們的 Y 染色體上留下了印記——僅由男性攜帶的遺傳基因。利用嵌

入在 Y 染色體和粒線體 DNA（僅從母親繼承）中的豐富訊息，遺傳學家估計母親與父親的數量，並追溯到我們的演化史。在純粹的一夫一妻制世界中，我們估計母親和父親的人數比接近於一。在農業開始出現前，研究數據顯示每位父親經常出現大約 2 至 4 位的母親比例。然而，在農業開始幾千年後，隨著人口的增長，母親的人數也迅速增加，父親的人數則一落千丈。也就是說，父親的人數下降了，但總人口卻在上升！在最高峰時期，每位父親都有超過 16 位母親。

這種遺傳模式與高度一夫多妻制和激烈群體競爭的結合最為一致。不斷擴張的農業氏族、分支世系制和酋長領地，殺死或奴役他們征服的社會中的所有男性，並接納所有具生育能力的女性做為他們的妻、妾或性奴隸（Heyer et al., 2012; Karmin et al., 2015; Zeng, Aw, and Feldman, 2018）。與此一致的是，父親人數下降最早出現在農業最初開始的地區、中東（例如美索不達米亞），以及南亞和東亞。農業較晚出現的歐洲則顯示最劇烈的下降，在 5,000 至 6,000 年前達到最低點。相對較晚開始農業的安第斯人直到 2,000 至 3,000 年前才出現父親人數下降情況。

15. Henrich, Boyd, and Richerson, 2012; Scheidel, 2009a, 2009b. 關於印度最高法院的研究，請見：www.ibtimes.co.uk/india-bans-polygamy-muslims-not-fundamental-right-islam-1487356.

16. 這是我對克雷格・瓊斯（Craig Jones）「一夫多妻制的數學問題」的詮釋。一妻多夫沒有這樣的數學問題。

17. Fenske, 2015; Field et al., 2016; Marlowe, 2000, 2003, 2005, 2010. 與現代非洲社會不同，我們假設人口沒有成長。

18. Henrich, Boyd, and Richerson, 2012. 這適用於國家級社會，但不一定適用於較小規模的社會。

19. 參見下列補充資料：Henrich, Boyd, and Richerson, 2012.

20. 公雞圖片改編自穆罕默德·馬赫迪·卡里姆（Muhammad Mahdi Karim）拍攝的一張圖片，可在 commons.wikimedia.org/w/index.php?curid=5507626 找到。

21. Beletsky et al., 1995; Wingfield, 1984; Wingfield et al., 1990; Wingfield, Lynn, and Soma, 2001. 同樣地，植入雄性激素抑制劑的一夫多妻鳥類往往會在巢穴中閒逛並照顧幼鳥。

22. Gettler et al., 2011. 最近的評論請見：Grebe et al., 2019.

23. 這些數據來自：Gettler et al. (2011). 下午的 T 值也發生同樣的情況。讀者可能想知道為什麼宿霧市人口是一夫一妻制，因為他們並不具備 WEIRD 特質。答案是婚家計畫。1521 年，前探險家斐迪南·麥哲倫（Ferdinand Magellan）抵達宿霧市。他的編年史家記錄下廣泛的一夫多妻制現象，寫道男性「可以擁有任意數量的妻子，但總有一個是首席」（Pigfetta, 2012, loc. 2322）。麥哲倫和他的牧師團隊立即開始宣揚基督教，並抱怨當地的一夫多妻制（Pigfetta, 2012, Chapter 25）。在麥哲倫之後，天主教傳教團在 16 世紀開始抵達菲律賓。在庫薩瓦和他的團隊抵達並測量當地男性的睾固酮之前，宿霧市已經接觸婚家計畫將近 5 個世紀。

24. Alvergne, Faurie, and Raymond, 2009; Booth et al., 2006; Burnham et al., 2003; Beletsky et al., 1995. Fleming et al., 2002; Gettler et al., 2011; Gray, 2003; Gray and Campbell, 2006; Gray et al., 2002; Mazur and Booth, 1998; Mazur and Michalek, 1998; Storey et al., 2000.

25. Beletsky et al., 1995.

26. Gray, 2003; Gray and Campbell, 2006; Gray et al., 2002; Muller et al., 2009. 請注意，WEIRD 群體的男性往往具有相當高的絕對睾固酮含量，這可能是因為他們通常吃得很好，並且生活在低病原體環境中。普遍認為重要的是相對的睾固酮含量，而不是絕對的睾固酮含量，這表明我們的內分泌系統校準達

到了一定水準（Wingfield et al.,1990）。

27. Muller et al., 2009.

28. Sellen, Borgerhoff Mulder, and Sieff, 2000.

29. Betzig, 1992; Harper, 2013.

30. Ellison et al., 2002.

31. Henrich, 2016, Chapter 14.

32. 這些荷爾蒙關係是很複雜的，很大程度上取決個人對情況的主觀評估（Salvador, 2005; Salvador and Costa, 2009）。

33. 有關睪固酮和心理狀態的評論，請見：Booth et al., 2006; Eisenegger, Haushofer, and Fehr, 2011; Mazur and Booth, 1998. 睪固酮還可以改善運動控制和協調（Booth et al., 2006; Mazur and Booth, 1998）。有關社會警惕和減少恐懼研究，請見：van Honk et al., 2001; van Honk et al., 2005. 有關收益和損失敏感性變化，請見：van Honk et al., 2004.

34. Kouri et al., 1995; Pope, Kouri, and Hudson, 2000. 這些實驗設計樣本不多，因此需要謹慎。

35. 這實驗涉及男性和女性，並以同性配對（Mehta, Wuehrmann, and Josephs, 2009）。這種影響在男性身上要強得多，但也出現在女性身上。圖 8.4 中高睪固酮個體是指高於平均值 1 個標準差或更多的個體，而低睪固酮是低於平均值 1 個標準差或更多的個體。在將數據合併到圖上之前，分別針對男性和女性數據進行調節和標準化。不幸的是，這個實驗中的樣本量很小（60 個人）。

36. 數據來自：Mehta, Wuehrmann, and Josephs, 2009.

37. Bos, Terburg, and van Honk, 2010. 這項研究只涉及女性。但有充分理由相

西方文化的特立獨行如何形成繁榮世界

信這些心理影響也適用於男性（Bos et al., 2010; Hermans, Putman, and van Honk, 2006; van Honk, Terburg, and Bos, 2011）。有關杏仁核連結的後續研究，請見：Bos et al., 2012.

38. Mehta and Josephs, 2010; Storey et al., 2000. 較高的睪固酮含量透過推動尋求地位的行為，也會促使男性承擔更大的財務風險，至少在一些情況下是如此（Apicella, Dreber, and Mollerstrom, 2014）。然而，正如我強調的，睪固酮含量與危險行為之間沒有簡單和直接的關係，而確認這種連繫的研究都出現不一致的結果（Apicella, Carré, and Dreber, 2015）。另一種研究方法是直接讓男性服用睪固酮，並讓他們做出經濟選擇。在一個類似現實生活的研究環境中，年輕男性服用睪固酮或安慰劑，然後有機會使用資金投資股票。與安慰劑組相比，人為提高睪固酮含量的男性，對風險較高的股票（那些價格波動較大的股票）增加了 46% 的投資（Cueva et al., 2015）。

39. Booth, Johnson, and Granger, 1999; Booth et al., 2006; Mazur and Booth, 1998; Soler, Vinayak, and Quadagno, 2000. 睪固酮含量高於平均值一個標準差的男性，比低於平均值一個標準差的男性更有可能從事犯罪活動。

40. Ackerman, Maner, and Carpenter, 2016. 一夫多妻制婚姻加劇了「贏家」與「輸家」在交配機會上的不平等。對這種贏家通吃環境的影響與研究，與本章研究結果一致（Becker and Huselid, 1992; Bothner, Kang, and Stuart E., 2007; Frick and Humphreys, 2011; Taylor, 2003）。

41. Arantes et al., 2013; Block and Gerety, 1995; Blondel, Lohéac, and Rinaudo, 2007; Cohn, Fehr, and Marechal, 2014; Hanoch, Gummerum, and Rolison, 2012; Khadjavi and Lange, 2013; Pratt and Cullen, 2000; Reynolds, 2006; Wichary, Pachur, and Li, 2015.

42. Henrich, Boyd, and Richerson, 2012; Sampson and Laub, 1993; Sampson, Laub, and Wimer, 2006.

43. Duncan, Wilkerson, and England, 2006; Farrington and West, 1995; Horney, Osgood, and Marshall, 1995.

44. Jin et al., 2010.

45. 實際政策比每對夫婦有一個孩子還複雜得多。例如政策曾修改，允許農村夫婦如果第一個孩子是女兒，那麼還可以生育第二個孩子。然而不管這些複雜性如何，最重要的是，生男孩的壓力改變了性別比例。

46. Edlund et al., 2007, 2013.

47. 出現剩餘男性的心理轉變，在兩方面強調了這些影響的力量。首先，在一胎化政策下，家庭裡通常得有一名男性繼承人來繼承血統、延續家族傳統和照顧年邁父母。有鑑於這種強烈價值觀，這種情況會激勵父母和祖父母盡其所能保證他們唯一兒子的健康、婚姻和繁榮。其次，這一切都發生在中國經濟大規模擴張期間，因此就業機會很多。然而，即使許多男性在經濟上比他們的父親表現好得多，他們面臨著更激烈的尋找配偶競爭。這兩種趨勢應可降低男性犯罪的可能性（Edlund et al., 2007, 2013）。

48. 一胎化政策造成的男性過剩與對犯罪的影響，都與各省財富、就業率、教育水準、社會不平等、遷移、警察、福利支出和人口年齡結構無關。不意外的是，剩餘的未婚男性，或者該領域研究人員所說的「強制單身漢」，更有可能從事商業性交易並感染性傳播疾病（Liu, Li, and Feldman, 2012）。

49. 20 世紀中葉的人類學家已經把較高的一夫多妻制婚姻比例與較高的犯罪率連結起來（Bacon, Child, and Barry, 1963; Burton and Whiting, 1961）。

50. 與一夫多妻制婚姻相比，一夫一妻制婚姻還影響了父職投入、家庭內部衝突和家庭組織，從而改善嬰兒和孩童的健康與安全（Henrich, Boyd, and Richerson, 2012）。

51. 這些社會層面的益處，可能與複雜、分層的人類社會最為相關。這些社會有

社區間貿易、常備軍、發達的商業和高技能職業。在這種情況下，一夫一妻制規範將促進群體間競爭的成功，並在社會之間傳播。需要強調的是，一夫一妻制婚姻規範並不總是受到群體間競爭的青睞（Henrich, Boyd, and Richerson, 2012）。在一些情況下，群體間的競爭可能有利於一夫多妻制婚姻（Fleisher and Holloway, 2004; Sahlins, 1961; White, 1988）。

52. Herlihy, 1985.

53. 儘管墨洛溫王朝和加洛林王朝積極大力宣傳教會的亂倫禁忌，但他們的統治者都是一夫多妻制。查理曼大帝有 10 位已知的正妻和側室。

54. Herlihy, 1995; Todd, 1985.

社會人文　BGB523

西方文化的特立獨行如何形成繁榮世界（上冊）
The WEIRDest People in the World
How the West Became Psychologically Peculiar and Particularly Prosperous

作者 — 約瑟夫‧亨里奇 Joseph Henrich
譯者 — 鍾榕芳、黃瑜安、陳韋綸、周佳欣
專業名詞審訂 — 洪澤

總編輯 — 吳佩穎
研發副總監 — 郭昕詠
責任編輯 — 張彤華
校對 — 林勝慧、凌午（特約）
封面設計 — 虎稿｜薛偉成（特約）
版型設計暨內頁排版 — 蔡美芳（特約）

出版者 — 遠見天下文化出版股份有限公司
創辦人 — 高希均、王力行
遠見‧天下文化 事業群董事長 — 高希均
事業群發行人／CEO — 王力行
天下文化社長 — 林天來
天下文化總經理 — 林芳燕
國際事務開發部兼版權中心總監 — 潘欣
法律顧問 — 理律法律事務所陳長文律師
著作權顧問 — 魏啟翔律師
地址 — 台北市 104 松江路 93 巷 1 號 2 樓
讀者服務專線 — 02-2662-0012 ｜ 傳真 — 02-2662-0007, 02-2662-0009
電子郵件信箱 — cwpc@cwgv.com.tw
直接郵撥帳號 — 1326703-6 號　遠見天下文化出版股份有限公司

製版廠 — 東豪印刷事業有限公司
印刷廠 — 祥峰印刷事業有限公司
裝訂廠 — 台興印刷裝訂股份有限公司
登記證 — 局版台業字第 2517 號
總經銷 — 大和書報圖書股份有限公司 電話／(02)8990-2588
出版日期 — 2022 年 7 月 29 日第一版第 1 次印行

定價 — NT1000 元（上、下冊不分售）
ISBN — 978-986-525-660-9
EISBN — 9789865256586（EPUB）；9789865256593（PDF）
書號 — BGB523
天下文化官網 — bookzone.cwgv.com.tw

西方文化的特立獨行如何形成繁榮世界／約
瑟夫‧亨里奇（Joseph Henrich）著；鍾
榕芳, 黃瑜安, 陳韋綸, 周佳欣譯. -- 第一
版. -- 臺北市：遠見天下文化, 2022.7
440 面；14.8×21 公分. -- 〔社會人文；
BGB523〕

譯自：The WEIRDest People in the World:
How the West Became Psychologically
Peculiar and Particularly Prosperous

ISBN 978-986-525-660-9〔全套：平裝〕
1. 社會心理學 2. 認知心理學 3. 西洋文化
541.7　　　　　　　　　　111008547

天下文化

BELIEVE IN READING